الدماغ والتعلّم والتفكير

رقم التصنيف: 370.15

المؤلف ومن هو في حكمه: د. ذوقان عبيدات ، د. سهيلة أبو السميد

عنـوان الكتـاب: الدماغ والتعلم والتفكير

رقم الإيـــداع: (2004/9/2416)

الترقيم الدولي: ISBN: 978-9957-90-031-1

الموضوع الرئيسي: التفكير/ التعلم/ الذاكرة/ علم النفس التربوي/ الفلسفة/ العقل (علم النفس)

* تم إعداد بيانات الفهرسـة والتصنيف الأولية من قبل دائرة المكتبة الوطنية

مركز ديبونو لتعليم التفكير

يطلب هذا الكتاب مباشرة من مركز ديبونو لتعليم التفكير

عمّان- شارع الملكة رانيا- مجمع العيد التجاري - مبنى 320- ط4

هاتف: 962-6-5337003 / 962-6-5337029

فاكس: 962-6-5337007

ص. ب: 831 الجبيهة 11941 المملكة الأردنية الهاشمية

E-mail: info@debono.edu.jo

www.debono.edu.jo

الدماغ والتعلّم
والتفكير

تأليف

د. ذوقان عبيدات   د. سهيلة أبو السميد

الناشر

مركز ديبونو لتعليم التفكير

بسم اللـه الرحمن الرحيم

﴿ يَرْفَعِ اللـه الَّذِينَ آمَنُوا مِنكُمْ وَالَّذِينَ أُوتُوا الْعِلْمَ دَرَجَاتٍ ﴾

صدق اللـه العظيم

(سورة المجادلة: 11)

المحتويات

مقدمة

بماذا يختلف هذا الكتاب؟

ليس هناك داع لإضافة كمية في موضوع التفكير وتعليم التفكير، فلدينا العديد من الكتب التي تحمل هذا العنوان !! إذن بماذا يختلف هذا الكتاب عن غيره؟

إنه كتاب يركز على مفاهيم بسيطة ومتكاملة في موضوعات الدماغ والتعلّم والتفكير.

وجاء شاملاً للمفاهيم المختلفة في إطارها التطبيقي العلمي مسترشداً بتجارب عديدة بذلت لتطوير تعليم التفكير في عدد من المدارس في بعض الأقطار العربية.

إنه كتاب يدعو إلى التفكير من أجل التعليم Thinking for learning، والتعليم من أجل التفكير Learning for thinking، والتعليم بوساطة التفكير Learning by thinking. ولا يدعو إلى تعليم التفكير كمادة مستقلة أو حتى كمهارات مستقلة Teaching thinking.

وهو كتاب اشتمل على نتائج البحوث الحديثة في الدماغ وتطبيقاتها التربوية، وبيّن أهمية خبرات المعايشة والانغماس في عمليات التعلّم، وأهمية استخدام الحواس التسع عشرة جميعها في عمليات التعلم، دون أن يخوض في التركيبات المعقدة للدماغ.

إنه كتاب استعرض حشداً وعدداً من موضوعات التفكير واستراتيجياته، ووظفها في عملية التعلّم: القبعات الست، برنامج الكورت، الذكاءات المتعددة، المجاز والإثارة العشوائية.

وعرض تطبيقات عملية عليها مع نماذج صفية من المناهج الدراسية في عدد من الدول العربية، خاصة المملكة العربية السعودية ودولة الإمارات العربية والأردن.

وهو كتاب استعرض استراتيجيات إنتاج الأفكار الإبداعية، وكيفية تدريب الطلبة وغيرهم على ممارسة الإبداع كمهارة عملية استخدمها من قبل كل شخص.

إنه كتاب عرض أنماط التفكير المختلفة مع مؤشرات يمكن للقارئ أن يستخدمها لمعرفة أي نمط هو. كتاب موجه للطلبة وغيرهم. للتربويين وغيرهم. للباحثين وغيرهم.

وهو أخيراً؛ تميّز بلغة سهلة واضحة، لا تتطلب مـن القـارئ بـذل جهـد لمعرفـة معـاني المفردات والجمل، بل يقوده إلى استكمال إنشاء المعاني والتطبيقات العملية.

إذن هو كتـاب تطبيقـي، موجـه لخدمـة التربـويين مـن قيـادات تربويـة ومـديري مـدارس ومشرفين، وفي مقدمتهم المعلمين والمعلمات الذين سيجدون مئات التطبيقات العملية التي يمكن أن تساعدهم في تطوير أنشطتهم التدريبية، بهدف زيادة إمتاعهم في التـدريس وزيـادة قـدرتهم على إقناع طلابهم في عملية التعلم.

ذوقان عبيدات   سهيلة أبو السميد

الفصل الأول

الدماغ
معلومات أساسية

الفصل الأول

الدماغ: معلومات أساسية

دماغنا: معلومات أساسية

1- وزن الدماغ 2% من وزن الجسم بمتوسط 1.3- 1.4 كغم.

2- يستهلك الدماغ 20% من وزن طاقة الجسم. 20% من الأكسجين الوارد إلى الجسم.

3- يصل الدماغ 8 جالون دم في الساعة.

4- يحتاج الدماغ إلى 8 - 12 كأس ماء يومياً. ماء وليس عصيراً.

5- 90% من خلايا الدماغ غروية، 10% خلايا عصبية هي المسؤولة عن التفكير.

6- لو فقدنا ½ مليون خلية عصبية يومياً. وعشنا قروناً. فلن نفقد شيئاً من طاقة الدماغ. فلدينا 100 بليون نيرون.

7- نستخدم حالياً جزءاً بسيطاً من طاقتنا الدماغية 1000/1.

8- التعلّم هو تغير فيزيولوجي يحدث في خلايا الدماغ العصبية.

9- يعمل الدماغ بزيادة عدد الحواس. ويحتاج إلى الحواس التسع عشرة حتى يكون التعلّم فعالاً.

10- يؤثر الغذاء جداً على الدماغ. السكر والبروتين أولاً ثم الكربوهيدرات.

11- الموسيقى هامة جداً لنمو الدماغ: وتوفير بيئة عمل مناسبة له.

12- العواطف هامة جداً لنمو الدماغ.

13- القشرة الدماغية غطاء خارجي سميك تشبه قشرة البرتقالة لكنها مليئة بالتلافيف.

14- يتكون الدماغ من نصفي كرة: أيمن وأيسر مرتبطين بألياف عصبية عددها 250 مليون. يعالج كل جانب أموراً مختلفة، ويمكن استخدام الجانبين معاً.

مصادر معلوماتنا عن الدماغ

تقدمت وسائل معرفة الدماغ مع تقدّم التكنولوجيا، حيث أصبح بالإمكان تصوير العمليات التي تجري داخله في ظروف وأوضاع مختلفة، ومن أبرز وسائل معرفتنا بالدماغ:

1- **أجهزة التصوير:** الرنين المغناطيسي Magnetic Resonance Imaging أو ما يعرف MRI، والرنين المغناطيسي النووي Nuclear أو ما يعرف NMRI. حيث بالإمكان الحصول على صورة كل 50 ملثانية بما يسمح بقياس تسلسل التفكير، وتتبّع مقدار النشاط الدماغي في أثناء حل المشكلات.

2- **الدراسات الإكلينيكية** حيث يمكن قياس زمن الرجع أو سرعة الاستجابة Reaction time من خلال وجود متطوعين في العيادة أو المختبر.

3- **جهاز التصوير الشعاعي الطبقي:** Position Emission Tomography أو ما يسمى PET. حيث يقرأ هذا الجهاز كمية المادة المشعة الناتجة عن استهلاك الدماغ للجلوكوز، كما يقرأ نشاط الجلوكوز في مختلف أجزاء الدماغ.

4- **التشريح:** إن إجراء عمليات تشريح للدماغ كشفت كثيراً من المعلومات، ومن أبرز هذه الاكتشافات ما يحدث للشجيرات العصبية في الدماغ حين يتعرض الدماغ لمواقف صعبة، حيث اتضح أن من خضعوا لمهام تعليمية أو غير تعليمية معقدة تغيرت أدمغتهم فزيولوجياً بدرجة أكبر. ونمت لديهم شجيرات عصبية أكبر.

5- **مقاييس الطيف:** وهي أجهزة تقيس كيماويات الدماغ والإرشادات العصبية الناتجة عن نشاطه.

الدماغ «استخدمه أو فقدته Use or Lose»

أظهرت بحوث الدماغ الحديثة أن الأفكار القديمة عن الذكاء لم تعد صالحة الآن. فالذكاء ليس سمة عامة يمتلكها الشخص، فيكون ذكياً أو غير ذكي. كما أن الذكاء ليس سمة ثابتة حددت لنا عبر الوراثة، فنحن كما يقول جاردنر نمتلك أنواعاً مختلفة ومتفاوتة من الذكاء، كما أن البيئة الغنية والإرادة يمكن أن تقوي الذكاء. فالذكاء ينمو من خلال الخبرة. وكما ترى Diamond فإن التعلم يزيد من النمو المادي للدماغ وأن الدماغ يتغيّر فيزيولوجياً حين ينغمس في بيئة غنية بالمثيرات (Diamond, 98) وحدد Diamond التغيرات التالية في الدماغ:

متطلبات نمو الدماغ

1- اختر معطيات حسية متنوعة وقوية.
2- أغن البيئة بالمعطيات والمواقف القوية.
3- لا تترك نفسك أمام التلفاز فترة طويلة.
4- تدرّب على إتقان المهارات.
5- خذ وقتاً كافياً للتأمل والتدريب.
6- تخلّص مما لا يلزمك من معارف ومهارات.

1- تزداد كثافة الدماغ وثقله، وروابطه العصبية عندما تزداد تفاعلاتنا مع الحياة، فإذا كان الإنسان مندمجاً في تفاعلات ومواقف صعبة فإن النيترونات العصبية تنشط وتزدهر.

2- إن البيئة الغنية، و هي البيئة التي توفر لنا معطيات حسية عديدة يمكن أن تزيد نمو الدماغ بنسبة 20% عن أولئك الذين يعيشون في بيئات فقيرة بهذه المعطيات.

3- لا تجلس دون عمل أو دون تفكير، حتى لو كنت شاهدت فيلماً سينمائياً أو مسلسلاً تلفزيونياً حاول إشغال نفسك بالتحليل والتأمل والبحث عن الروابط والعلاقات والأسباب والنتائج.

إن الدماغ يعمل بمبدأ: «استخدمه أو إنك ستخسره»

أي أننا مطالبون بتشغيل الدماغ دائماً، وأن لا نمر بفترات ركـود، حيـث أوضحت دراسات أن أربعة أيـام مـن الركود والكسل كافية للتأثير سـلباً عـلى الروابط العصبية (Goldberg.2001)

مواصفات المنهج الملائم لنمو الدماغ

1- منهج مفاهيم وعلاقات لا منهج حقائق.
2- منهج مرتبط بالحياة الحقيقيـة ومشكلاتها، لا بالكتب وأوراق العمل.
3- منهج يشجع الممارسة والتطبيقات الحقيقية.

العناصر الأساسية لنمو الدماغ:
تطبيقات عملية

تحدثنا د. سوزان كوفاليك ود. كـارين أولسن عن أن الدماغ ينمو في ظروف وشروط معينة. يجب توافرها حتى يصل إلى أفضل نحو.

فالحيـاة المدرسية التـي تتسـم بـالجمود وقلة الحركة، وضعف المعطيات الحسية، والمقررات الثابتة، والهـدوء والجلـوس سـاعات طويلـة للاسـتماع إلى المعلمين، ليست هي الشروط الملائمة، بل على العكس تماماً، إنها ظروف معيقة لعمل الدماغ.

فـما هـي العنـاصر أو الشروط الأساسية التـي تيّسر عمل الدماغ؟ (كوفاليك، أولسن: 2003)

عناصر أساسية لنمو الدماغ

1- بيئة غنية.
2- خبرات ذات معنى.
3- التعاون والتآزر.
4- الحركة.
5- البدائل والخيارات.
6- الوقت الكافي.
7- التغذية الراجعة الفورية.
8- الإتقان.
9- غياب التهديد.

أولاً - البيئة الغنية:

إن حواسنا تسع عشرة حاسة، وليست خمس حواس كما كان معروفاً، وحتى هذه الحواس الخمس لم تستثمر حتى الآن في عمليات التدريس والتعلّم.

البيئـة الغنيـة هـي التـي تـوفر اسـتخدام تسع عشرة حاسة، تـزود الـدماغ بمعطيـات حسية قوية ومتنوعة وشاملة.

وهذا يفسّر صعوبة الحياة المدرسية الحالية، وصعوبة حفظ المعلومات وتذكرها وبطء نمو الدماغ وانخفاض مستوى أدائه.

فالحواس المستخدمة حالياً هي السمع والبصر، وحتى البصر لا يستخدم إلا نادراً فكيف نشرك حواسنا كاملة في عمليات التعلّم؟

تقدم كوفاليك و أولسن نموذجاً للتعلم مبنياً على أساس استخدام أكثر كمية من الحواس. وتصنفان المعطيات الحسية إلى خمسة معطيات هي:

> **التعليم التقليدي**
>
> 90% من المعطيات الحسية تتم من خلال الكتب والمحاضرات والتمثيليات الرمزية: الكلمات، الخطوط، والعلاقات.
>
> وهذه أدنى المعطيات وأقلها إثارة للدماغ.

1- خبرات المعايشة:

وتتم هذه الخبرات من المشاركة في الأحداث والحقيقية كما حصلت وفي سياقها الحقيقي. فإذا أردنا أن نتعلم البيع و الشراء، فإن خبرات المعايشة تتم في السوق أو السوبر ماركت، حيث يعيش الطلبة الخبرة الحقيقية في مكانها الحقيقي. وهذه الخبرة تشغل جميع الحواس التسع عشرة مما يولد أفضل ظروف لنمو الدماغ، وهذه الخبرات تنتقل الفصل إلى العالم.

2- الانغماس:

وهي خبرة معايشة أو حضور الحدث الحقيقي، لكن في غير سياقه الطبيعي، فإذا أردنا أن نغمس الطلبة في هذه الخبرة فإننا نحضر لهم الخبرة الحقيقية إلى داخل الفصل، فالبيع والشراء مثلاً يمكن أن يتم بفتح سوبر ماركت كامل داخل الفصل. بحيث يعيش الطلبة الخبرة الحقيقية ويتبادلون عمليات البيع والشراء كما تتم فعلاً لكن داخل الفصل وليس في مكانها الحقيقي، وهذه الخبرات تنقل إلى العالم الفصل.

> **الحواس ذات الصلة بالانغماس**
>
> - المغناطيسية.
> - الكهربائية.
> - القرب.
> - الدهليزية.
> - الاتزان.
> - الأنفية.
> - الألم.
> - الحرارة.
> - الشم.
> - الذوق.
> - اللمس.
> - الخيال.
> - السمع.
> - البصر.

إننا هنا أعددنا الفصل ليكون سوبر ماركت مليئاً بالمواد المختلفة، والأدوات الحاسبة، والبائعين، والمشترين والمحاسبين والإداريين... الخ.

3- المعطيات الحقيقية:

وهي خبرات حقيقية، تختلف عن خبرات المعايشة التي تتم في سياقها الحقيقي، وتختلف عن خبرات الانغماس التي لا تتم في سياقها. كأن نحضر بائعاً من السوبر ماركت و معه بعض المواد و آلة حاسبة، ليقوم الطلبة بدراسة أو معايشة هذه الخبرة وتحليلها، فهي عينات من الخبرات الحقيقية.

وتعمل هذه الخبرة على تشغيل أو تنشيط عشرة حواس. ويسهل على المعلمين استخدام هذه الخبرة الجزئية لكنها أقل فاعلية من خبرات المعايشة وخبرات الانغماس.

الحواس ذات الصلة بالأشياء الحقيقية

- الاتزان.
- الأنفي.
- الألم.
- الحرارة.
- الشم.
- الذوق.
- اللمس.
- الخيال
- التذكري.
- السمع.
- البصر.

4- الخبرات التمثيلية:

وهذه الخبرات تمثل الخبرات الحقيقية. كنماذج لها. كأن نحضر نموذجاً بلاستيكياً لطائرة أو لخضار وفواكه. وهذه الخبرات تشغل أو تنشط أربع حواس فقط هي اللمس والخيال التذكري والسمع والبصر.

5- الخبرات الثانوية:

وهي الخبرات اللفظية أو البصرية كالكتب والأفلام والصور وترتبط هذه الخبرات بتوصيف الأشياء كأن نصف الفاكهة أو تصويرها كأن تقدم صورة لها. وتشغل هذه الخبرات ثلاثة حواس فقط

التعليم التقليدي

يشغل حاستين فقط هما السمع والبصر. ويتعلم بهما فئة قليلة من الطلبة (20%) فقط.

هم السمع والبصر والخيال التذكري. وهي من أكثر الخبرات شيوعاً في مدارسنا، مع أنها لا تعمل على تنشيط الدماغ ولا تساعد الدماغ على البحث عن نمط أو معنى.

6- الخبرات الرمزية:

وهي الخبرات اللغوية، ويهتم بها 20% من الطلبة وهي الخبرات المرتبطة بالكلمات والقواعد اللغوية والعبارات الرياضية ويحتاج الطلبة إلى ذكاء لغوي عالٍ للإفادة منها.

مصادر إثراء بيئة الدماغ:

تبدأ عمليات الإثراء منذ مرحلة ما قبل الولادة، حيث يمكن البدء بالقراءة وإسماع الأطفال الموسيقى.

وتتعدد مصادر إثراء الدماغ بعد الولادة:

1- **القراءة:** يقرأ الآباء والأمهات لأطفالهم. فالأطفال مستعدون للقراءة من سن 3-4 سنوات، وتكتمل استعدادات الأطفال للقراءة في سن 12 سنة. ولذلك تعتبر هذه الفترة شبابيك القراءة أو فرص القراءة الملائمة، حيث تكون الخلايا العصبية جاهزة. أما بعد ذلك السن، فتصعب عمليات تعلم القراءة بسبب انشغال الخلايا العصبية بمهام أخرى. والكتابة والقراءة مهمتان في استثارة الدماغ.

2- **الحركة:** عرفنا أن أطفال اليوم محرومون من الحركة لدواعٍ أمنية. فهم يجلسون أوقاتاً طويلة، وحتى يمنعون من الزحف. ولذلك تزداد حاجتهم إلى الحركة، وهذه مهمة أساسية لرياض الأطفال والمدرسة الابتدائية التي يفترض أن تدمج الأنشطة التعليمية بالحركة.

وسنتحدث عن أهمية الحركة للدماغ والتعلم في جزء لاحق.

3- **التفكير وحل المشكلات:** تكتمل قدرة الأطفال على التفكير المجرد بعد اكتمال نمو الجسر الواصل بين الدماغين الأيمن والأيسر في سن 11-13. وقد ثبت أن الدماغ يصرف جلوكوزاً أكثر حين يواجه مشكلات أكثر تعقيداً. كما أنه يصرف أكثر حين يبدأ تعلم مهارة أو معلومات ومفاهيم جديدة. ثم يقل صرفه للطاقة بعد إتقان هذا التعلم. ومن المهم أن يتدرب الدماغ على حل المشكلات. فنمو الدماغ يحدث نتيجة التفكير لا نتيجة الحصول على الإجابات الصحيحة ولذلك يجب أن تشجع المدرسة عمليات التفكير ومواجهة المشكلات، بدلاً من غرفة الصف التقليدية التي تحد من استراتيجيات التفكير حين يصر المعلمون على الحصول على الإجابة الصحيحة.

> إن عملية التفكير نفسها هي التي تنمي الدماغ. وليس مجرد الحصول على المعلومات والحقائق أو التوصل إلى الإجابات الصحيحة. فسواء حصل الطفل على الإجابة أم لا، فإن دماغه ينمو لمجرد التفكير.

وحين يكتفي المعلمون بإجابة واحدة بدلاً من البحث عن بدائل وخيارات. (الدماغ: ص20)

4- **الفنون:** وتشمل الموسيقى والتركيب، فالموسيقى مثيرة وحافزة وناقلة للأفكار، حيث أظهرت دراسات تفوق الطلبة الذين يسمعون الموسيقى في القراءة. (الدماغ: ص48)

5- **إثراء البيئة الجانبية:** إن غرفة الصف يجب أن تكون غنية بمصادر متعددة وألوان ورسوم وكتب وأشكال لها صلة بما يتعلمه الأطفال. وجميع هذه المصادر تحفز الدماغ.

الحواس التسع عشرة

في الموقف التالي، تمت صياغة الموقف لتحديد الحواس المختلفة فيه.

«وبعد يوم ماطر، أشرقت الشمس، وارتفعت درجات الحرارة. قاد الأب سيارته للتنزه شرق الحقول.وبعد لحظات غرزت السيارة في طريق طيني لزج. نزلت حنان مع

أخيها يدفعان السيارة بقوة، غاصت رجلاهما في الطين اللزج والحجارة ولكن بقيا على ثباتهما. بينما كانت عجلات السيارة تتحرك ببطء إلى الأمام تارة وإلى الخلف تارة. اختلطت رائحة الطين بالعرق المتصبب على وجه حنان وأخيها، وهما يضحكان بصوت يعلو صوت محرك السيارة.

جلست حنان وأخوها تحت أشعة الشمس. شربا العصير في محاولة لأخذ قسط من الراحة بعد هذا العناء والألم والشعور بالانتعاش». تبادلا الذكريات قبل مواصلة السفر.

إن هذه القطعة احتوت على عدد كبير من الحواس:

الحاسة	المعطى الحسي العام أو المثير	المعطى الحسي في الموقف
1- البصر	النور	نور الشمس، والمنظر ككل
2- السمع	الأصوات	أصوات الضحك، صوت محرك السيارة
3- اللمس	الاتصال اللمسي	لمس السيارة. غوص الأقدام في الطين
4- الذوق	الطعم	طعم العصير
5- الشم	الرائحة	رائحة الطين
6- الاتزان	الثبات والتوازن	المحافظة على ثبات أقدامهما في الطين.
7- الدهليزية	الحركة المنتظمة	حركة عجلات السيارة. حركة الموتور
8- الحرارة	حركة الجزيئات في المادة	ارتفاع درجات الحرارة وتأثيرها
9- الألم	التعب والألم	الشعور بالتعب والألم والحاجة إلى الراحة

10- الخيال التذكري	تذكر صورة ما	صورة الموقف، وتذكر الموقف بعد فترة
11- المغناطيسية	الموقع	موقع الحادث، المتنزه
12- تحت الحمراء	أشعة الشمس. أمواج طويلة	أشعة الشمس
13- فوق بنفسجية	أشعة الشمس. أمواج قصيرة	أشعة الشمس
14- الأيونية	الشحن الكهربائية	الانتعاش
15- الأنفية	الرائحة الكيماوية	رائحة العرق، رائحة الطين، دخان السيارة
16- القرب	المجاورة	جلوسهما معاً، الدفع بقرب بعضهما
17- الكهربائية	الشحنات	الكهرباء الساكنة
18- البارومترية	الضغط الجوي	الضغط الجوي في ذلك المكان
19- الجاذبية الأرضية	الإحساس بالكتلة	الكتل: السيارة، الطين، الحجارة

إن وجود مثل هذه الحواس، واستخدامها في الدرس، يجعل الدماغ منشغلاً ونشطاً ويجعل الدرس خبرة معايشة حقيقية، وتجعل التعلم غير قابل للنسيان.

والتحدي أمام الجميع، هو كيف نضع دماغنا في مثل هذه المواقف دائماً؟ ما الشروط الأخرى لجعل الدماغ نشطاً؟

تنقل ما سيتضح في الجزء التالي.

ثانياً- المحتوى ذو المعنى:

إن المحتوى ذو المعنى هو المحتوى المرتبط بحاجات الأطفال وخبراتهم السابقة. فلا معنى لكثير من الخبرات التي تقدمها المدرسة إلا إذا كان الطفل يمتلك بعض الخبرات السابقة عنها.

فالمدرسة لا تستطيع بناء خبرات دون أساس، ولذلك أطفال الأمس وأطفال اليوم تفشل الكثير من المناهج المقدمة للأطفال لعدم استنادها إلى خبرات سابقة، أو لعدم ربطها مع خبرات سابقة. أو لعدم تقديمها في سياق معايشة حقيقي.

ويمكن تحديد المحتوى ذي المعنى بما يلي:

1- إنه محتوى مرتبط بحاجات الأطفال وخبراتهم السابقة. وهذا ما يجعل الدماغ منتبهاً، نشطاً، ومهتماً.

> يمتلك أطفال الأمس خبرات حقيقية، خبرات معايشة في المزارع والأسواق والشوارع.
> أما أطفال اليوم فقد خسروا معظم هذه الخبرات لدواعي أمنية. فليس مسموحاً لهم أن يتحركوا خارج منازلهم.

2- إن الخبرة ذات المعنى هي الخبرة التي تأتي في سياق حقيقي، وخبرات المعايشة أو الانغماس أو الخبرات شبه الحقيقية مثل العينات أو الأجزاء الحقيقية. ويلاحظ المهتمون أن لا وجود لفروق بين الأطفال في الخبرات الحقيقية و هي خبرات المعايشة.

> إن تقديم خبرة معايشة للأطفال تقضي على مظاهر عدم المساواة والتكافؤ. وتجعل جميع الأطفال فاعلين ونشطين ومهتمين. فلا فروق بين الأقوياء والضعفاء.

أما الخبرات الرمزية و هي خبرات الكتب و اللغة، فالفروق كبيرة، ذلك لأن هذه الخبرات تمثيلية لا ترتبط بكثير من الحواس. فإذا أردنا القضاء على مظاهر عدم التكافؤ بين الأطفال علينا تقديم خبرات معايشة حقيقية لهم.

3- إن الخبرات ذات المعنى هي الخبرات التي تستند إلى دراسة مفاهيم وعلاقات، وليس

دراسة حقائق. فالحقائق جامدة ثابتة لا تحرك الدماغ، بينما تعمل المفاهيم على تنشيط الدماغ وجعله يبحث عن روابط جديدة وعلاقات جديدة بشكل متواصل.

4- اجعل الطفل جزءاً من موقف التعلم، ودعه يشعر بأن الموضوع ذو صلة مباشرة فيه، وأنه ليس مجرد مراقب للأحداث أو المشاهد لها.

إن إدماج الطفل في الموقف التعليمي يتطلب إحداث خبرات معايشة أو خبرات انغماس، تلزم الطفل باتخاذ موقف مما يجري، كأن يحكم على صحة الموقف، أو يقيّم الموقف، ويقترح تعديلات أو إضافات عليه.

ثالثاً- التعاون:

التعليم التعاوني مطلوب لنمو الدماغ. فالتعليم التقليدي المستند إلى الجلوس والهدوء والعمل المنفرد أصبح قاصراً عن إثارة دماغ الأطفال. فالأطفال يتعلمون من خلال اتصالهم بالآخرين وتفاعلهم معهم، وتبادل الخبرات والأحكام والآراء.

> إن معلماً واحداً يواجه صفاً من ثلاثين دماغاً مختلفاً. لا يتمكن من أداء مهماته. فلابد من تعاون الطلبة معاً.
>
> **«كوفاليك، وألسن»**
>
> تجاوز التوقعات (1) ص 22:1

فالطلبة يمتلكون خبرات متنوعة، لا بد من تداولها وتبادلها لإغناء خبراتهم كأفراد.

وينظم العمل التعاوني بما يجعل كل مشارك في مجموعة يؤدي عملاً يخدم المهمة التي تقوم بها هذه المجموعة، وبحيث لا يستطيع أي مشارك أن يقوم بكل العمل نيابة عن المجموعة. وقد أوضحت الدراسات العديدة فوائد العمل التعاوني وعمل المجموعات في زيادة تحصيل الطلبة وتحسين أدائهم وإكسابهم المهارات الحياتية المختلفة.

رابعاً- الحركة:

> إذا أردت أن تخلق مشكلة مع طفل، امنعه من الحركة.

تعتبر الحركة من العوامل الهامة لتنشيط الدماغ.

فالألعاب والأرجوحة والقفز والمشي مهمة جداً في تنمية الأذن الداخلية، وهي أول جهاز ينضج لدى الإنسان، كما أنها مهمة لنمو المخيخ.

ويرى العلماء أن الحركة تطلق عامل BDNF وهو مادة مغذية للدماغ تعزز التفكير وتقلل التوتر. ولذلك ينصح بإجراء تمارين منتظمة على مدى الأسبوع، بمعدل ثلاث مرات أسبوعياً ولمدة عشرين دقيقة في كل مرة.

التوتر يطلق كيماويات تقتل الخلايا العصبية المرتبطة بالذاكرة طويلة الأمد. ويؤثر على الهايبوكامبوس مركز هذه الذاكرة.

وتشير الملاحظات أن أطفال اليوم محرومون من الزحف ومن الحركة، فلم يعودوا ينطلقون في الشوارع والمزارع والأحياء ولم يعودوا يستخدمون المراجيح والألعاب بداعي خطورتها. وبقوا في منازلهم يجلسون ساعات طويلة دون حراك يشاهدون التلفزيون على مدى ساعات طويلة. إن الحركة تساعد الطفل على التعلم، ولذلك يستغل المنهج الحديث الحركة ويوظفها في التعلم، حيث تشير دراسات أن من يمارسون نشاطاً رياضياً بتحسن أدائهم الأكاديمي بنسبة 13%، كما تشير دراسات إلى علاقة إيجابية بين انخفاض الحركة والعنف، حيث يزيد عنف الأطفال المحرومون من الحركة. إن استغلال الحركة في التعلم يتطلب.

- صفوفاً ذات حجم كبير.
- أنظمة تسمح بالحركة والمشي وتغيير المقاعد.
- أنشطة تعليمية تتطلب حركة مثل: ابحث عن ....، أحضر ....، جد زميلاً ....
- ممارسة تمارين المدّ والاسترخاء والحركة.

الحركة والسرور

ترتبط الحركة بإثارة كيماويات تولد السرور وقلتها تولد الإحباط.

خامساً- البدائل والخيارات:

كل دماغ فريد من نوعه، له روابطه العصبية وخلاياه الخاصة والتي تشكلت عبر ما مرّ به من خبرات، ولذلك فإن تعليم الأطفال بطريقة موحدة، ومادة واحدة هو نقيض للدماغ، فكل دماغ يحتاج إلى تعلّم خاص وبطريقة خاصة.

ومن هنا فإن من المهم وضع الأطفال أمام خيارات وبدائل، وتستطيع المدرسة الناجحة تقديم الخيارات التالية:

> لعل من أبرز الخيارات والبدائل تلك المرتبطة بأنواع الذكاءات الثمانية. والتي تعكس خيارات مفضلة للطلبة.

- تقديم تعليم جماعي ومجموعي وزوجي وفردي.
- تنويع التعليم حسب مستويات أهداف بلوم: التذكر والاستيعاب والتطبيق والتحليل والتركيب والتقويم.
- تنويع التعلم حسب ذكاءات «جاردنر» الثمانية والتي سيتم التحدث عنها في فصل لاحق.
- تقديم خيارات حسية أو معطيات حسية متنوعة يختار منها الطالب تفضيلا ته الخاصة.

> لأنهم ليسوا متماثلين قدّم لهم خيارات

- تقديم خيارات في الوقت، بحيث يحدد الطالب أوقاتاً أكثر ملاءمة.
- إن تقديم الخيارات للطلبة يولد تعلّماً نشطاً وساراً، ويجعل الطلبة أكثر دافعية للتعلم.

سادساً- الوقت:

ولأن كل دماغ فريد، فإنه يحتاج إلى وقت خاص ويختلف الوقت اللازم للتعلّم باختلاف أدمغة الأطفال. ولكن بشكل عام، يحتاج التعلم إلى وقت. ويحتاج الدماغ إلى وقت كافٍ للقيام بالعمليات التالية:

> من المهم تعليم الأطفال كيف يديرون وقتهم؟ وكيف يخططون؟

- معالجة المعلومات.
- التأمل في المعلومات.
- إحداث التغييرات الفيزيولوجية اللازمة في الدماغ.
- نقل المعلومات إلى الذاكرة بعيدة المدى.

ويمكن للمعلمين توفير الوقت اللازم باستخدام الاستراتيجيات التالية:

1- تقليل عدد الحقائق والموضوعات المعطاة، لصالح التعمّق في عدد محدود من المفاهيم والأحداث والعلاقات. فالنوع أكثر أهمية من الكم.

2- إعطاء الطلبة وقتاً كافياً للتأمل واستيعاب المواقف ومعالجة وتحليل الأمور.

> فترة وقت الانتظار من 3-5 ثوان

3- إن استخدام استراتيجيات تدريس مثل التعلّم التعاوني أو حل المشكلات يتطلب وقتاً أطول من التعليم التقليدي.

4- يعطي المعلم وقت انتظار كاف للطالب حتى يجيب عن السؤال فلا يجوز أن ينقل السؤال فوراً من طالب إلى آخر دون أن يعطى فترة انتظار كافية لإنتاج الإجابة المطلوبة أو استدعائها.

> يشترط في الواجبات أن لا تكون تكراراً لما تعلمه الطالب بل استكمال وإضافة وامتداد وتطبيق وتقويم.

5- شجع الطلبة على استخدام وقت إضافي داخل المدرسة وخارجها من خلال الواجبات المنزلية بشرط المحافظة على شروط الواجب السليم.

6- وأخيراً، يفترض تدريب الطلبة على تخطيط الوقت ووضع برنامج زمني مرن يمكنهم من إنجاز مهامهم التعليمية وغير التعليمية.

سابعاً- التغذية الراجعة الفورية:

> يفترض أن تكون التغذية الراجعة إيجابية، فورية، مستقبلية

التغذية الراجعة هي ما يقدمه المعلم تعليقاً على سلوك قام به الطالب. وهذه مفيدة لنمو الدماغ. حيث يطلق الدماغ كيماويات تجعل الطفل يشعر بالارتياح لما تلقاه من ملاحظات خاصة إذا كانت إيجابية تحفز الطفل أو تصحّح موقفاً له دون إحراج أو نقد أو إحباط.

إن الأطفال يتلقون التغذية الراجعة بشكل فوري في حياتهم اليومية، فحين يتحدثون

أو يأكلون أو يمارسون نشاطاً ما، يتدخل ذووهم مباشرة في تقديم التغذية الراجعة بخلاف ما يحدث في المدرسة حيث تؤجل التغذية الراجعة. ومن مظاهر التأجيل ما يلي:

1- توزع أوراق الامتحان بعد فترة طويلة نسبياً.

2- تعلق نتائج الطلبة في نهاية العام.

كما تقدم المدرسة تغذية راجعة سريعة، وغالباً ما تكون حكيمة أو تغذية خارجية. فالمطلوب تنظيم التغذية الراجعة بحيث تراعي ما يلي:

1- أن تكون فورية بعد القيام بالسلوك مباشرة. وأن لا تؤجل.

2- أن تقدم لهم بصفة دورية مستمرة وليست موسمية على فترات ثابتة.

3- أن تطوّر المدرسة استراتيجيات جديدة مثل:

> إن تأجيل حصول الأطفال على التغذية الراجعة يؤدي إلى توتر، وارتباك وعجز وهذه عوامل مضادة لعمل الدماغ.

- تغذية راجعة داخلية.

- تأمل الطفل لأنشطته.

- تجول المعلم بين الطلبة لتقديم التغذية.

- تقديم تغذية قبلية تقلّل الوقوع في الأخطاء.

- يتبادل الطفل التغذية الراجعة مع جاره أو زميله.

- أن يحكم الطفل على نشاطه استناداً إلى معيار أو مرجع.

- إدماج الآباء في تقديم التغذية الراجعة.

ثامناً- الإتقان:

الإتقان عادة عقلية، يمارسها الدماغ بعيداً عن العجرفة والغرور، وهذه العادة تعكس ثقة بالذات، ويعتبر الدماغ متقناً لمهارة ما أو موضوع إذا تحقق ما يلي:

- إذا تحدث الشخص مستخدماً مصطلحات ولغة الموضوع.

- إذا قام بأداء المهارة في مواقف جديدة وطارئة.

- إذا استخدم المهارة في حل مشكلات جديدة.

- إذا استطاع تعليم المهارة إلى شخص آخر. (Caine:94)

فالإتقان لا يعني حصولنا على درجة كاملة. فقد نحصل على هذه الدرجة دون أن نتقن مهارة الأداء. ويمكن للطفل أن يحكم على نفسه في مدى إتقانه للموضوع أو للمهارة. فإذا كان التعلم يمر بخطوتين هما:

- تكوين المعنى مما نتعلمّه.
- تكوين برنامج عقلي وخزنه في الذاكرة البعيدة فإن الإتقان يعني أن نتقن هاتين الخطوتين معاً.

إن المدرسة الجيدة لا تكتفي بأن يصل 20% من الأطفال إلى مستوى الإتقان كما هو معهود في منحنى الذكاء. فالتعلّم الإتقاني يستطيع إيصال الطلاب جميعاً إلى مستوى إتقاني مرتفع.

> الإتقان لا يعني الحصول على علامة 100% في موضوع ما. بل هو القدرة على أداء سلوك ما أو مهارة ما.
>
> (كوفاليك - أولسن 2002)
>
> ص: 27:2

تاسعاً- غياب التهديد:

إن التعليم ليس نشاطاً اختيارياً في معظم دول العالم.

فالتعليم إلزامي، ومع ذلك فإن جو التعليم الحالي مليء بالتهديدات والمخاوف:

- تهديد عدم إتقان المادة.
- تهديد الخوف والفشل والقلق في الامتحان.
- تهديدات الأنظمة والقوانين.
- تهديدات من معلمين غير مؤهلين: عقوبات، ضرب،
- غياب العدالة وعدم النزاهة.
- تهديدات من زملاء سلبيين.

> **لا تسبّب الأذى**
>
> إن أول قوانين أبقراط في الطب هو: لا تسبّب الأذى للمريض.
> أليس ذلك حرياً بأن يكون قانوناً مدرسياً؟

هذه التهديدات غالباً ما توجد في معظم المدارس. فالطلبة مهدّدون فهل يجب عليهم تحمّل التهديد والبقاء في المدرسة؟

إن التهديد يجعل الطلبة متوترين وخائفين، ويصعب على الدماغ المهدّد أن ينتبه، فهو مشغول بالبحث عن الحماية أو رد العدوان، فالمهدد يشغل وقته بالبحث عن مصادر تهديد، أو الوقاية منها، أو في البحث عن ضحايا لعنف أو عدوان قادم.

التوتر والتهديد يطلقان الكورتيزول الـذي يقلّـل المناعـة ويقتل الخلايـا الدماغية المرتبطة بالذاكرة.

كما يقللان من السيراتونين مما يطلق العنان للأطفال العدوانية والعنف.

إن الدماغ المهدد يطلق كورتيزول وأدرينالين وهذان الكيماويان يغيران من طريقة تفكيرنا وشعورنا.

إن خلايا الدماغ تتضاءل وتضعف في أثناء التهديد، ويميل الإنسان المهدّد إلى الانكفاء حول ذاته والتمركز حول موضوع التهديد، فيفقد قدرته على مواجهة موقف التعلّم أو الانتباه له.

استراتيجيات مدرسية للحماية من التهديد

- تقديم خيارات أمام الطلبة.
- إعطاء الطلبة وقتاً كافياً.
- التعلّم التعاوني والاعتماد المتبادل.
- وضع قواعد للتعامل مـع مصادر التهديد.
- توفير الاستراحة.
- توفير مكونات عاطفية مثل الحب والحنان.

والمدرسـة الجيـدة تحمـي الـدماغ مـن التهديد، فتبعد مصادر التهديد، وتوفر الأمن، ولا تلـزم الأطفال بمواعيد دقيقـة وثابتـة وحرجه. ولا تضع قواعد تعامل غير مقبولة أخلاقياً أو منطقياً. ولا تستخدم العقوبـات والنقد كوسائل للتعليم وإثارة الحوافز والـدوافع، فالطلبة ليسوا عمال بنـاء كي نحفـزهم بالمكافـأة ونهددهم بالعقوبات. فالـدماغ يحفـز مـن الـداخل. فالتعلم هـو الحافز على التعلم.

الدماغ والانفعالات

تميل النظرة التقليدية إلى اعتبار الانفعالات عاملاً سلبياً للمنطق وإن إدخال الانفعالات إلى قراراتنا هو تشويه للمنطق والقرار، فالعلم يدور حول حقائق وليس انفعالات ومشاعر.

فعالم الانفعالات هو عالم شرير، متقلب في حين أن عالم المنطق والعقل عالم راشد مستقر موثوق.

إلا أن البحوث الحديثة تشير إلى عكس ذلك. فالانفعالات هي التي تقودنا إلى عمل العديد من القرارات السليمة، وإن غياب الانفعال سيؤدي إلى قرارات غبية ويستندون في ذلك إلى ما يلي:

- الانفعالات هي التي توجه انتباهنا وتساعد العقل على التركيز ووضع الأولويات.
- الانفعالات هي التي تكون معنى مما نفعله.
- الانفعالات هي التي تثبت الذاكرة.
- الانفعالات تجعلنا نتخذ قرارات سريعة وجيدة.

إن العقل هو الذي يضع أهدافنا لكن الانفعالات هي التي تجعلنا نتحمس لتحقيق هذه الأهداف.

الدماغ والانفعال:

تتوزع المناطق الخاصة بالانفعال في مختلف أجزاء الدماغ. ولكنها تتركز في ما يسمى باللوزة Amygdale التي تحتوي على (12-15) منطقة انفعالية أبرزها المنطقتان المرتبطتان بالخوف.

إن فقدان الأميجدالا في عملية جراحية تجعل الشخص غير مكترث بنفسه وبالآخرين، منطوٍ، لا يمتلك مشاعر. فالايجدالا هي مخزن الـذاكرة العاطفية.

جولمان:2000، ص 33

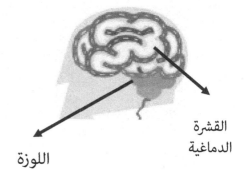

القشرة الدماغية

اللوزة

وتقاس الانفعالات بوسائل متعددة مثل:

استجابة الجلد، ضربات القلب، تصوير النشاط الكهربائي للدماغ، موجات الدماغ، الرنين المغناطيسي، تحليل قوة ضربات القلب، سرعة التنفس.

كيماوية الانفعال:

تنطلق كيماويات من مناطق مختلفة في الدماغ مما يجعل هذه الكيماويات تؤثر على سلوكنا إلى درجة يصعب على القشرة الدماغية أن توقفها ومن أبرز المواد الكيماوية النورأدرنالين الذي يؤدي إلى يقظة شديدة ونبض سريع وزيادة احتمال العنف. والسيراتونين الذي يعمل في اتجاه معاكس للنورأدرنالين فيثير مخاوفنا، ويقلل من ردود الفعل.

الذاكرة والانفعال:

توجد مركبات كيماوية يمكن أن تعمل على تحسن الاسترجاع أو إضعافه. مثل الكالبين والنوربينفرين والأدرينالين (مثبت)، الليسيثين (محسن للاسترجاع).

خطوات التخزين

(1) معلومات كثيرة

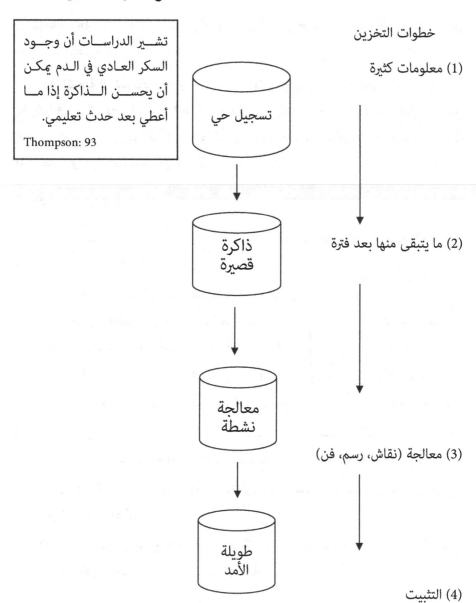

تشــير الدراســات أن وجــود السكر العــادي في الـدم يمكن أن يحســن الـــذاكرة إذا مــا أعطي بعد حدث تعليمي.

Thompson: 93

تسجيل حي

ذاكرة قصيرة

(2) ما يتبقى منها بعد فترة

معالجة نشطة

(3) معالجة (نقاش، رسم، فن)

طويلة الأمد

(4) التثبيت

في المرحلة الأولى تنتقل المعلومات عبر الحواس إلى الدماغ، حيث يقوم الدماغ بعملية تسجيل حية لهذه المعلومات.

وفي المرحلة الثانية يبقى بعض هذه المعلومات ويحزن في الذاكرة قصيرة المدى. ولن يتم تخزينها في الذاكرة بعيدة الأمد إلا إذا قام الدماغ بعمليات معالجة لهذه المعلومات من خلال النقاش والحوار أو رسمها بشكل مخطط، أو ربطها بوقائع أخرى. في هذه الحالة تثبت المعلومات. ويسهل استخدامها في أي وقت لاحق.

خصائص الذكي عاطفياً:

يحدد الباحثون خصائص من يتمتعون بالذكاء العاطفي، ويربطونها بالكفاءات والمهارات التالية:

1- القدرة على معرفة الشخص لعواطفه ومشاعره في لحظة حدوث الحدث أو اتخاذ الموقف، كما يعرف تطور هذه المشاعر مع تطور الحدث لحظة بلحظة.

> الـذكي عاطفياً يرصد مشاعره لحظة بلحظة

2- القدرة على إدارة عواطفه، وإبداء ما يلزم منها وإخفاء أو تأجيل ما هو غير ملائم بما في ذلك القدرة على التحكم وعدم إبداء رد فعل انفعالي سريع والتخلّص من الكآبة والقلق.

3- القدرة على فهم عواطف الآخرين، والتعاطف معها. وعمل انعكاسات Mirroring بحيث يشعر الآخرين بأنه يعيش نفس مشاعرهم.

4- القدرة على التأثير في عواطف الآخرين وتطويعها، وكسب دعم شعوري منهم، والحصول على تأييدهم وتضامنهم.

5- القدرة على تأجيل إشباع العواطف والتحكم بالانفعالات وإعلائها من خلال التسامي وربطها بأشياء وحاجات راقية كالفن والرياضة.

ويتميز الأذكياء عاطفياً بامتلاكهم عدداً من السمات والخصائص مثل الصراحة والمرح والقدرة على التعبير عن المشاعر، وإقامة علاقات ناجحة مع الآخرين وتحديد أفعال وسلوكيات بديلة، كما يتميزون بالرضى عن الذات وتحمّل المسؤولية وضبط النفس. (جولمان2000: ص71)

المدرسة والانفعالات:

حقيقة بحثية

لا علاقة بين معامل الذكاء وبين سعادة البشر.

لا تعترف المدرسة التقليدية بالمشاعر والانفعالات، بل على العكس تضع الأطفال في أجواء تجعلهم يركزون على المعرفة والمنطق فقط، متجاهلة أننا نمتلك عقلين: عقل يفكر وعقل يشعر، وأن الشعور هو الذي يزود التفكير بالحماس والانتباه وحتى بالمعلومات، فالمدرسة الحديثة تدرس مشاعر الطلبة وتتابع تطوراتها إزاء كل موضوع أو كل حدث، كما تبعدهم عن التهديد والخوف والانفعالات الشديدة وتهيئ لهم استراتيجيات للتخفيف من حدة الانفعالات ومن أبرزها:

- إتاحة وقت للتأمل بحيث يفحص الطالب مشاعره ويعيها.
- تغيير الإطار المعرفي للمشاعر الحادة السلبية.
- توفير أجواء من المتع والمرح والرياضة والفنون.
- إبعاد الأطفال عن حالات العجز المعرفي أو العجز عن التفكير السليم.

تركيب الدماغ:

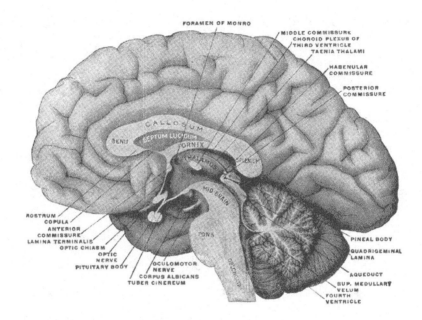

- اللوزة: الاميجدالا Amygdale

  تعالج المشاعر والأحاسيس

- ساق الدماغ: Brain stem

  يربط أسفل الدماغ بنصفي الدماغ.

- منطقة بروكا: Brocas area

  جزء من المنطقة الأمامية اليسرى، تحول الأفكار إلى كلمات.

- المخيخ: Cerebellum

يقع في أسفل مؤخرة الـرأس. ويسـمى الـدماغ الصـغير. مسـؤول عـن الحركـة والتـوازن والوقوف والتفكير والانفعالات.

- القشرة الدماغية : Cerebral Cortex

الطبقة الخارجية للدماغ، تتكون من تجاعيد وست طبقات.

- الجسم الجاسئ: Cingulate

ملايين الحزم العصبية التي تربط بين جانبي الدماغ يبلغ طولها 10 سم، وتضم 200-300 مليون من الألياف العصبية.

- الدوبامين: Dopamine

هرمون تفرزه خلايا عصبية يؤثر على المشاعر والانفعالات والفرح والحركة.

- الأندر وفين: Endorphin

ناقل عصبي مهدئ تفرزه الغدة النخامية إلى الدماغ يحمي الجسم من الألم.

- الفصوص الأمامية: Frontal lobes

منطقة رئيسية في الدماغ مسؤولة عن الحركة والإدارة وحل المشكلات.

- الهايبوكامبس: Hippocampus

ويسمى قرن آمون، في وسط الدماغ، له صلة وثيقة بالذاكرة والتعلم.

- الهايبوثلامس: Hypothalamus

وهو تركيب أشبه بميزان الحرارة شكلاً، يهتم بتنظيم الانفعالات والجنس والهضم والدورة الدموية والنوم.

- الببتايدات: Peptides

هرمونات مرتبطة بالحالات النفسية والتفكير.

- السيروتونين: Serotonin

ناقل عصبي مسؤول عن تنظيم المزاج والاسترخاء، يقل تأثيره نتيجة لمضادات التسكين.

- الثلاموس: Thalamus

محطة التقوية الحسية. يقع في أسفل الدماغ.

التعلم والدماغ

استثمار جانبي الدماغ

جانبي الدماغ: الأيمن والأيسر

إن البحوث التي أجريت على الدماغ في السنوات الخمس عشرة الأخيرة أوضحت أن لدينا دماغاً واحدا.ً وكل دماغ يعمل بطريقة مختلفة وفي مجالات مختلفة.

إن بحوث Sperry & Ornstein كشفت عن أن الدماغ الأيسر يهتم باللغة والمنطق والترتيب والأرقام والتفكير الخطي والتحليلي، أو في الأنشطة التي تسمى عادة بالنشطة الأكاديمية.

أما الجانب الأيمن فيهتم بالنغم والتصور واللون وأحلام اليقظة والتصور المكاني والنظرة الكلية.

الدماغ الأيمن	الدماغ الأيسر
الكل	
العشوائية	الأجزاء والتحليل
المشاعر، الحدس	المنطق والأرقام
الحركة	التتابع والتسلسل
الموسيقى والإيقاع	الوقت
الفن الإبداع والألوان	اللغة
الهندسة	الجبر والحساب
إدراك المكان	

وقد تابع البروفيسور Zaidel أبحاث Spreey، واكتشف أن كل جانب من الدماغ يحتوي على قدرات عديدة تمكن من القيام بأنشطة عقلية متنوعة. وجاءت هذه النتيجة

مخالفة لما هو شائع، ولأن معظم أصحاب العقول الكبيرة كانوا من أصحاب القدرات الفردية. فأينشتاين مثلاً كان يُصَنف على أنه يساري الدماغ بينما بيكاسو يصنف على أنه يستخدم الجانب الأيمن من الدماغ. إن الوقائع تشير إلى أن أينشتاين رسب في اللغة الفرنسية وتفوق في العزف والفن وألعاب التصور والخيال، بل إن حلم اليقظة الذي قاده إلى أن يركب شعاعاً للجانب البعيد من الكون ليصل إلى سطح الشمس هو الذي جعله يكشف نظرية النسبية.

ومن هنا برزت أفكار أن أصحاب العقول الكبيرة يمكن أن يستخدموا الجانب الأيمن والجانب الأيسر معاً. إن ليوناردو دي فنشي كان فناناً نحاتاً وفيزيولوجياً وعالماً ومعمارياً وعالم فيزياء، وميكانيك ومؤلفاً موسيقياً. مما يشير إلى استخدام جانبي الدماغ لديه.

إننا حين نصف أنفسنا بأننا موهوبون في مجال وضعفاء في مجال آخر، فإن ذلك لا يعكس استخدامنا للجانب الأيمن أو الأيسر بمقدار ما يعكس أننا طورنا بعض قدراتنا في حين لم نطوّر قدرات أخرى.

وقد اهتم الباحثون بإيجاد تقسيمات أخرى لقدرات الدماغ، فأعلن Ned Herman's عن تقسيم الدماغ من أربعة أبعاد هي:

- الجانب الأيمن، ويشمل الدماغ الأيمن العلوي والسفلي.
- الجانب الأيسر، ويشمل الدماغ الأيسر العلوي والسفلي.

كما هو مبين في النموذج التالي:

الدماغ الإبداعي	الدماغ النظري المنطقي
الدماغ العاطفي	الدماغ المنظم

ولكل دماغ وظائف معينة.

فالنظريون: يحبون المحاضرات، الحقائق، التفاصيل، التفكير الناقد والقراءات، فالجانب المسيطر هو الجزء الأيسر العلوي من الدماغ.

والمنظمون: Organizers يفضلون التعلم من خلال التمرينات وحل المشكلات والخطوات المنظمة، والجانب المسيطر هو الجزء الأيسر السفلي من الدماغ.

والمبدعون: Innovators أو المكتشفون، يفضلون أنشطة مثل العصف الذهني، والتشبيهات المجازية والصور، والخرائط العقلية والتركيب والنظرة الكلية، والجانب المسيطر هو الجزء الأيمن العلوي من الدماغ.

والإنسانيون: Humanitarians يفضلون التعلم التعاوني، ونقاش المجموعات وتمثيل الأدوار، والدراما، والجانب المسيطر هو الجانب الأيمن السفلي من الدماغ.

الأنشطة التعليمية المفضلة والأنشطة المحبطة:

النمط الدماغي	الأنشطة المفضلة	الأنشطة المحبطة
النظريون	تعريفات محددة،التعلم المباشر، الحقائق	الغموض، التعليمات غير الواضحة
المنظمون	التعلم خطوة، التاريخ، التسلسل الزماني والمكاني	سوء تنظيم الوقت والتدريب، غياب التسلسل، نقص الوقت
المبدعون	النشطة الحرة، العلاقات الحرة، العصف الذهني، الصور البصرية،الخرائط العقلية.	البطء، غياب النظرة الشاملة، وجود الأطر.
الإنسانيون	القصص ذات الدلالة الشخصية، التعلم التعاوني	غياب البعد الشخصي أو النماذج الشخصية، غياب الأحاسيس والمشاعر.

استخدام الدماغ بجانبيه:

يقوم التعليم باستخدام الدماغ بجانبيه، الأيمن والأيسر على الافتراضات التالية:

1- يختلف الطلبة في أنماط التفكير والتعلم المفضلة لديهم.

2- تؤثر تفضيلات الطلبة على:

- طرق حفظهم للمعلومات.
- طرق استعادتهم للمعلومات.
- اشتقاق المعاني من المعلومات.

3- تتكون مجموعات الطلبة من أفراد يفكرون بطرق مختلفة، وبمعارف مختلفة وبأنماط تعلم مختلفة.

4- التعلم الفعال هو الذي يستخدم الدماغ بجانبيه.

5- يستخدم المعلمون أو ينظمون خبرات التعلم وفق تفضيلا تهم الشخصية وطرقهم في التفكير.

6- إن محتوى التعليم، وتصحيحه، وتقديمه يجب أن يكون وفق أبعاد الدماغ بجانبيه حتى يتناسب مع تفضيلات جميع الطلبة.

يبدو أن الدماغ المتكامل هو الذي يستخدم الجانبين معاً. فالبحوث الحديثة في الدماغ وضعت تساؤلات عديدة حول فكرة تقسيم جانبي الدماغ إلى وظائف متباينة. وقدمت شكوكاً حول أن الجانب الأيمن مسؤول عن الإبداع، والأيسر مسؤول عن المنطق.

نموذج تعليمي على أساس الدماغ الكامل:

يقدّم المعلم الأنشطة التالية:

- عرض جدول أعمال (للطلبة المنظمين)
- تقديم أمثلة واضحة (للطلبة المنظمين)

- عرض ومحاضرة (للطلبة النظريين)
- مراجعة نقدية (للطلبة النظريين)
- نشاطات وإحماء (للطلبة الإنسانيين)
- قصص وأحداث (للطلبة الإنسانيين)
- نظرة كلية (للطلبة المبدعين)
- خرائط تنظيمية، عصف ذهني (للطلبة المبدعين)

يبدو أن الدماغ المتكامل يستخدم الجانبين معاً. فالبحوث الحديثة في الدماغ وضعت تساؤلات عديدة حول فكرة تقسيم جانبي الدماغ إلى وظائف متباينة، وقدمت شكوكاً حول أن الجانب الأيمن مسؤول عن الإبداع والأيسر مسؤول عن المنطق.

مؤشرات هامة حول
مدى استخدام جانبي الدماغ

جانبا الدماغ:

فيما يلي مجموعة من المؤشرات حول استخدام جانبي الدماغ.

وهي مؤشرات عامة لا تشكل اختباراً أو مقياساً. ولكنها قد تلقي ظلالاً قد يساعد في التعرف على شخصيتنا، وفيما إذا كنّا منطقيين أو إبداعيّين، بغض النظر عن مدى دقة النظرية التي تدعم ذلك.

«المؤشرات»

ضع دائرة حول رقم العبارة التي تنسجم مع سلوكك، ضع مربعاً على رقم العبارة التي لا تنسجم مع سلوكك.

1- لا أجد صعوبة في اتخاذ القرارات حول الأشياء الصحيحة بشأن أعمالي.

2- عادة ما أرى الموقف أو الصورة ككل وليس مجموعة من الأجزاء والتفاصيل.

3- أنا أفضل أن أتبع التعليمات المكتوبة والواضحة أمامي، وأفضل التحدث والكتابة.

4- غالباً ما أفكر بعدة موضوعات بنفس الوقت، وليس موضوعاً واحداً في وقت واحد.

5- أنا عادة أحرص على الوقت وأستخدمه بدقة.

6- حين أعرف شخصاً للمرة الأولى، فإنني أركز على وجهه وأنسى بعد فترة اسمه وأتذكر ملامح وجهه.

7- أواجه مشكلاتي بشكل تحليلي ومنطقي.

8- حين أقارن الأشياء أركز على ما بينها من تشابه لا على ما بينها من اختلاف.

9- أفضل اختبارات نعم، لا، أو اختيار من متعدد بدلاً من اختبارات المقال.

10- استخدم مخيلتي وأفكر بطريقة مجردة.

11- حين تواجهني مشكلة، أعمل على تفكيكها إلى أجزاء.

12- أتعلم أفضل إذا شاهدت تطبيقاً عملياً أو قرأت التعليمات.

13- إنني أفضل أن أكون بحدود المشكلة، ولا أفضل اتخاذ مخاطرات.

14- أفضل الواجبات والمهام المفتوحة وليست المحددة.

15- أتعلم أفضل من خلال السمع والنظر.

16- أتعلم أفضل من خلال اللمس والعمل.

17- أستخدم نمط تفكير محدد، وأحل مشكلاتي بأسلوب الخطوة خطوة.

18- حين أحاول تذكر معلومة أبحث لها عن صورة في ذهني.

19- على الرغم من شعوري بالإحباط أحياناً، فأنا شخص منطقي.

20- أتخذ مخاطراتي في وقت الضرورة.

21- أتحدث أحياناً إلى نفسي لأفكر أو أتعلم شيئاً ما.

22- أنساق مع مشاعري، فأنا عاطفي.

23- أحل مشكلتي بطريقة منطقية لا بطريقة حدسية عاطفية.

24- يقولون عني: مبدع خلاق.

25- أفضل أن أفكر بشيء واحد في وقت واحد.

26- أفضل أن أعمل بشكل تلقائي.

27- أحب تخطيط الأشياء، ومعرفة ما الذي سيحدث مستقبلاً.

28- أتذكر الأنغام والألحان بسهولة.

29- أنا عادة أسيطر على مشاعري.

30- أعمل جيداً في الهندسة والجغرافيا.

31- أسترجع المعلومات التي أحتاجها بسرعة وبسهولة.

32- أستمتع بقراءة الشعر.

33- أستطيع التركيز على الموضوع عندما أريد.

34- حين أعمل في مجموعة أحس بمشاعر الآخرين.

35- أستوعب المفاهيم الرياضية بسهولة.

36- حين أحل مشكلة أو أكون في امتحان فإنني أعتمد على فكرة تقودني إلى أخرى للوصول إلى النتيجة.

37- أتعلم المفردات الجديدة بسهولة.

38- حين أخطط لشيء أو حفلة، أضع إطاراً ولا أضع كل التفاصيل.

39- أتعلم بسهولة من أي معلم.

40- أكون على وعي بكل ما يدور في الصف.

41- ألاحظ وأتذكر التفاصيل في المواقف المختلفة.

42- أستطيع رؤية الصورة كاملة بغياب بعض أجزائها.

43- لا مانع من تكرار الشيء من أجل حفظه وإتقانه.

44- أنا أكثر نجاحاً في الاتصال الشخصي المباشر من الاتصال بالهاتف.

45- أستطيع تذكر النكات.

46- يصعب علي أن أركز حين أشعر بضرورة التركيز.

47- أستطيع كتابة التعليمات بشكل واضح ومنطقي.

48- أعتمد أحياناً على حدسي حين أتخذ قراراً.

49- أنا أعمل ضمن روتين يومي ونظام محدد التزم به غالباً.

50- أستطيع تذكر الأشياء حسب أين أراها في الصحيفة.

أحسب كم دائرة حول الأرقام الزوجية؟

أحسب كم دائرة وضعت حول الأرقام الفردية؟

أحسب كم مربعاَ ً وضعت حول الأرقام الزوجية؟

أحسب كم مربعاً وضعت حول الأرقام الفردية؟

النتائج

عدد الدوائر على الأرقام الفردية - عدد المربعات على الأرقام الفردية=
مدى استخدام الجانب الأيسر.

عدد الدوائر على الأرقام الزوجية - عدد المربعات على الأرقام الزوجية=
مدى استخدام الجانب الأيمن

الفصل الثاني

مبادئ أساسية في
عمل الدماغ
وتطبيقاتها التربوية

الفصل الثاني

مبادئ أساسية في عمل الدماغ
وتطبيقاتها التربوية

مبادئ عمل الدماغ

يعمل الدماغ وفق قواعد أساسية توضّح أساليب عمل الدماغ وطرقه في التعامل مع المعلومات والمعاني. وفيما يلي عرض لهذه المبادئ:

1- الدماغ نظام، حي، نامٍ:

يعمل الدماغ كنظام. صحيح أن هناك مراكز خاصة للعواطف Amygdale ومراكز خاصة للذاكرة Hippocampus. وأن لكل منطقة وظائفها الخاصة. لكن الدماغ يعمل ككل، والعواطف والذاكرة تؤثران على بعضهما.

والدماغ كنظام حي له خصائص.

- يبحث النظام عن البقاء، وحماية نفسه.
- ينمو النظام، ويتطور ويتكيف مع بيئته.
- والنظام يمتلك وقاية وقدرة سريعة على التعافي، حيث يمكن أن يستوعب مؤثرات قوية، دون أن تترك أية آثار.

وهناك أبحاث تركز على أن الدماغ والعقل والجسم تتفاعل معاً بعمق. فالتوتر مثلاً

يمكن أن يضعف نظام الحصانة. والراحة والاسترخاء يدعمان هذا النظام. ومن يلعب بيانو أو يغني أو يتحرك، ينمي قدرته على التعليل والتفسير والتفكير المجرد. فالعقل والجسم مترابطان يؤثران ويتأثران ببعضهما.

2- الدماغ اجتماعي Brain Social:

يتأثر دماغنا - طوال رحلتنا - بما يحيط بنا، وبمن يتفاعلون معنا. والأفراد المحيطون بنا هم جزء من نظام اجتماعي أكبر. وإن جزءاً كبيراً من ذاتنا وهويتنا يعتمد على ما نتأثر به من مجتمعنا، ومن انتمائنا. والإنسان بمجرد ولادته، يبدأ دماغه بالتأثر والاستقبال والاستجابة لما يحيط به أو من بيئته المبكرة.

ويسجل الباحثون التغيرات الدماغية لدى الأطفال من خلال تفاعلهم المبكر مع البيئة الاجتماعية، فابتسامة الأهل تؤثر على الدماغ. كما يبدأ الدماغ بالاستجابة لصوت الأم حتى في مرحلة ما قبل الولادة. ومنذ الولادة يستطيع تمييز صوت الأم عن صوت آخر.

ومن أبرز القدرات التي تتأثر بعمق من خلال التفاعل الاجتماعي هي اللغة، ومع أننا جميعاً ولدنا مزودين بالقدرة على التحدث، لكنّ تطور لغتنا يعتمد كلياً على استماعنا لحديث الآخرين.

يولد الطفل مزوداً بقدرات تمكنه من إدراك لغات عديدة، لكن يبدأ بفقدان مرونته، حتى السنة الأولى التي تعلم بها لغة معينة. ويرى الباحثون أن قدرة الطفل على التفكير والحوار الداخلي تعتمد أيضاً على خبراته وحواراته مع الآخرين.

3- البحث عن المعنى سلوك فطري للدماغ:

إن المقصود بالبحث عن المعنى هو ترجمة خبراتنا إلى مشاعر وأحاسيس، وهذه العمليات تتغيّر مع العمر. إن كل فرد يولد مزوداً بتجهيزات بيولوجية تسمح له بفهم العالم حوله، بل الغرض الأساسي للدماغ هو وضع تمثيلات ذات معنى للعالم. إن من

يستمع إلى أسئلة الأطفال «لماذا؟» يعرف أن الأطفال مزودون برغبة أو حاجة إلى لمس الأشياء وملاحظتها، والاستماع لها، وبخبرة عامة في فهم العالم.

إن الدماغ يحتاج ويسجل أوتوماتيكياً الأشياء المألوفة حوله في نفس الوقت الذي يستجيب فيها للأشياء والمثيرات الجديدة.

4- يتم البحث عن المعنى من خلال الأنماط:

لا يعمل الدماغ كآلة منطقية آلية، بل يهتم كثيراً بفهم العالم من خلال ترتيبه للأشياء وتصنيفها في أنماط، إنه يبحث عن التشبيهات والاختلافات والمقارنات.

إننا جميعاً مزودون منذ الولادة بالقدرة على فهم العالم المحيط بنا من خلال وضع المفردات والخصائص العديدة في أصناف وأنواع. فنحن عادة نصنّف الأشياء إلى خطوط، زوايا، منحنيات: إلى مضيء ومعتم: فوق تحت: روائح، أذواق، حسب درجات الصوت: حسب اللون: حسب الحجم... الخ.

إن دماغنا مشحون ومزود بعدد من الحواس التي تعطينا وعياً بالعلاقات بين الأرقام 3، 2، 1، ومع تعقد الخبرات تتطور القدرات لوضع أنواع أو تصنيفات أخرى مثل شجر، ناس، ومع مرور الوقت تتكون لدينا مجموعات أكثر غنى أو أنماط أكثر عمقاً.

إن هذه التصنيفات لا تظهر إلا إذا تفاعلنا مع البيئة، كما أن الدماغ الإنساني مزود بالقدرة على تطوير خريطة مكانية تجيب عن سؤال أين نحن؟ وخريطة زمانية تجيب عن سؤال من نحن؟

إن الإنسان يبني نماذج خاصة به لمعرفة العالم، وبعد ذلك نتصرف أو نتفاعل مع العالم وفق هذه النماذج.

5- العواطف مهمة في تشكيل الأنماط:

تجاهل العلماء دور العاطفة في التعلم بسبب تجاهلهم للعمليات الداخلية غير المحسوسة، فالسلوكيون ركزوا على ما يمكن قياسه من ظواهر وعواطف. وبعد ذلك تم الاهتمام بالعواطف لكن بشكل منفصل عن التفكير، ولم يدركوا الارتباط بين التفكير والعاطفة.

ولكن الأبحاث الحديثة ترى أن العواطف مهمة حتى لمهارات التفكير العليا، فالدماغ والجسم بما فيه العاطفة يعملان معاً ويشكلان وحدة متينة.

إن القاعدة الرئيسية هي أن العواطف والأفكار تتفاعلان وتدعمان وتشكلان بعضهما بعضاً، ومع أنه يمكن التحدث عن كل منهما على انفراد في بعض الأحيان، إلاّ أنهما لا ينفصلان في الدماغ ولا في عمليات التعلم. إن كل فكرة مهما كانت بسيطة تأتي مصحوبة بإحدى العواطف. وإن أحد أبرز الأسباب لثبات الأنماط وصعوبة تغييرها أنها مرتبطة بعواطفنا، ولذلك علينا أن نكون على وعي بما يلي:

- ضرورة تعليم الأطفال كيف يدركون مشاعرهم، ومشاعر من حولهم.
- يستنفذ القلق والتهديد طاقة الجسم والدماغ.
- ضرورة فهم مشاعر الطلبة وانفعالاتهم.
- العواطف مهمة في تحفيز الدماغ.

6- يدرك الدماغ وينظم الكل والجزء تلقائياً:

لدينا ميلان منفصلان لتنظيم معارفنا:

- الأول: تجزئة الموقف إلى أجزاء بسيطة.
- الثاني: إدراك الموقف ككل أو كسلسلة متصلة.

وهذان الميلان منبثقان من الدماغ وتنظيمه، وحسب نظرية نصفي الدماغ، فإن الجزء الأيسر من الدماغ لفظي وتحليلي، والجزء الأيمن بصري وحدسي. وهذا يعني أن الدماغ يمكن أن يكون تحليلياً أو حدسياً. ولكن عند بعض الناس فإن جانبي الدماغ يعملان معاً ويتصلان معاً، ومترابطان معاً.

والمشكلة أننا لا نعرف أحياناً ما الذي يشكل جزءاً أو كلاً. إن رمي كرة إلى طفل مثلاً هل هو موقف جزئي أم كلي؟ هل هو لعبة كاملة أم جزء من لعبة؟ إن الحياة تبدو وكأنها مجموعة من الكليات التي يمكن للدماغ التعامل معها بسهولة، وتتضمن هذه الكليات: قصصاً، أحداثاً، مشروعات، العاب، مواقف، علاقات، مفاهيم. كما أننا ندرك الأحجية حتى ولو كنّا نركز على أحد أجزائها، كما أننا ندرك الجزء ونحن نركز على الكل.

7- يتضمن التعلّم انتباهاً مركزاً وإدراكاً محيطاً جانباً:

Focus Attention and peripheral Perception

إن الدماغ أو العقل مهتم ومنتبه دائماً في مجال حسي أو صورة أو موضوع، وأن عليه أن يختار ما يختار، ويتجاهل ما يتجاهل. فالانتباه لموضوع ما هو أمر طبيعي، وغالباً ما يتم انتباهنا لموضوعات ترتبط بحاجاتنا ورغباتنا.

وفي أثناء انتباهنا المباشر لموضوع ما، فإننا أيضاً نتأثر بمعلومات وموضوعات أخرى غيره، وليست في بؤرة الانتباه مثل (الأصوات، الألوان، الحركات،...) وهذه المؤثرات تعمل بشكل دائم وفي كل مكان. وهي هامة خاصة للأطفال الذين ينتبهون لموضوع درس معين.

إن كثيراً من هذه المؤثرات الخارجية يُخزّن في الذاكرة البعيدة. فلو كنت مثلاً في غرفة مليئة بالأشياء، فإنك بعد أن تترك هذه الغرفة قد لا تكون قادراً على تعداد الأشياء التي كانت في هذه الغرفة وحتى يمكن أن تنكر وجود بعض هذه الأشياء. ولكن إذا عُرضت عليك قائمة طويلة بأشياء من بينها أشياء كانت في الغرفة، فإنك تكون قادراً على تحديد الأشياء التي كانت في الغرفة حتى لو أنك لم تتذكر أنك رأيتها.

إن الحقيقة هي أن ما نراه في البيئة المحيطة - خارج اهتمامنا - له دور هام في التربية، لأن ذلك يعني أن المؤثرات البيئية في المدرسة والبيت تؤثر على تعلّم الطلبة. فتصميم البناء، ألوان الجدران، الملصقات، الجرس، وسائل الإعلام، المواقف العاطفية كلها عوامل

هامة مؤثرة، كما أن لغة الجسد قد تعكس الرضى أو عدم التقبل، الصبر أو الانزعاج، الاحترام أو الاحتقار، الأمن أو التهديد وهذا يؤثر بعمق على تعلم الطلبة.

ومن هنا، فإن غنى البيئة وتنظيمها، وتنظيم العقل أو حالة العقل، والموجودون في المدرسة والبيت لهم تأثير هام على كيف نتعلم؟ وماذا نتعلم؟

8- يتضمن التعلم دائماً عمليات واعية وغير واعية:

إن اللاشعور أو اللاوعي من الحقائق الأساسية في حياتنا، وهذا يتضّح في تحليلنا. ومن تذكرنا للأحداث الماضية، إن نسبة كبيرة من استنتاجاتنا وحدسنا وإدراكنا للأنماط تأتي من خلال اللاشعور.

ويرى علماء النفس أن الفهم هو عملية عميقة متتالية. وأن التعلم المعقّد يعتمد على قدرة الشخص على تحمل مسؤولية خبراته ووعيه بهذه الخبرات وبما يجري حوله.

وحين ننمو فإننا نمتلك الفرصة لتطوير ما يسمى بالوعي العقلي «Mindfulness» وهي حالة تعني أن يبقى الإنسان وعيه حياً إزاء الخبرات الواقعية. إننا حين لا نفكر فإننا ندخل في حالة من جمود التفكير والملاحظة. وجميعنا جربّنا هذه الحالة إلى حد ما.

تؤثر عوامل ومثيرات عديدة على الدماغ، ومن الصعب الانتباه لها كلها بنفس الدرجة. فالمثيرات الأقرب إلى الوعي أكثر تأثيراً من تلك البعيدة عن وعينا. والمثيرات القريبة من وعينا تشكل التعلم المقصود. أما المثيرات الأخرى البعيدة عن الوعي فإنها تشكل التعلم غير المقصود.

9- نمتلك طريقتين في تنظيم الذاكرة:

> التعلم الحقيقي هو الذي يخـــزن بشـــكل بـــرامج في الدماغ.

حين نفكر في الـذاكرة، فإننا تلقائياً نفكر بما هو مخزون لدينا، وبما نستطيع أن نستعيده من هذا المخزون. ولكن الأمور ليست بهذه البساطة، لأن الـذاكرة تعمل

أيضاً طوال الوقت وبشكل دائم وطوال تفاعلنا مع البيئة، وتحاول أن تجد معنى من هذه الخبرات التي تحصل عليها. إن المخزون في الذاكرة لا قيمة له إذا لم نستطع استخدامه. وما يقرر حاجتنا له هو المواقف المتتالية التي نعيشها أو اللحظات المتتالية في حياتنا.

ويميز العلماء بين نوعين من الذاكرة: الثابتة والدينامية. فهناك أنظمة خاصة لخزن المعلومات الثابتة مثل الحقائق، المعاني، المهارات، المشاعر. هذه الأنظمة الثابتة يمكن أن تبرمج بشكل مستقل أو من خلال الخبرات، وهي التي توضح لماذا نستطيع أن نتعلم حقائق منفصلة أو استجابات عاطفية، أو تهجئة كلمات منفصلة عن المعاني.

ومن جهة أخرى هناك الذاكرة الدينامية التي تعمل لحظة بلحظة والتي تسمى الذاكرة المكانية الدينامية Local. وهذه الذاكرة هي التي تحدد أين نحن، وتسجل الأحداث التي نجريها، إنها أشبه بمذكرات حية مستمرة. تضع خارطة ذات معنى لعالمنا، إنها توصل إلى العقل الأشياء المختلفة التي نراها ونسمعها ونشعر بها والتي تستمر في العمل ونحن نتحدث أو نفكر أو نعمل.

إن الذاكرة الثابتة - العاطفية - ناضجة منذ فترة مبكرة من العمر، لكن الذاكرة الدينامية تتطور عبر الوقت. وهذا ما يفسر أن الأطفال يخزنون انطباعات هامة منذ طفولتهم المبكرة.

10- التعلم نام ومستمر Developmental:

إن الدماغ على الرغم من أنه شديد التعقيد، وله إمكانات هائلة، إلاّ أنه شديد المرونة وشديد التغير. إن الدماغ والتعلم وجهان لعملة واحدة، وهو لا ينمو بمجرد الغذاء والحماية ولكن من خلال الخبرات الحية التي تقود إلى روابط عصبية وإفرازات كيماوية. ويمر الدماغ في نموه بمراحل:

1- نمو سريع جداً في السنوات الثلاث الأولى بعد الولادة حيث تنشأ الكثير من الروابط العصبية وفي هذه المرحلة تنمو الروابط العاطفية أكثر من الروابط التفكير العقلية.

2- وحتى البلوغ يبدي الدماغ قابلية هائلة للتغير، ومن هنا تظهر أهمية الوقت الملائم للتعلّم في هذه المرحلة، ومن السهل تعلم لغة أجنبية في هذه المرحلة قبل الوصول إلى مرحلة البلوغ.

3- وفي العقد الثاني أو الثالث من الحياة يستمر نمو الدماغ وتنضج مهارات متقدمة مثل القدرة على التخطيط، إن من المهم أن نعرف أن كل تعلّم يبني على خبرة سابقة تم تعلّمها. كما أننا نفسّر أي خبرة جديدة وأي أفكار جديدة من خلال ما تعلمناه من أفكار وخبرات سابقة. يشير الباحثون إلى أننا نولد ونحن مزودون بالقدرة على معرفة أنماط مثل فوق وتحت، داخل وخارج. ونستمر في التعلم مدى الحياة إلاّ إذا تأثر بعض الأفراد بأمراض أعاقت تعلمهم.

> يستمر عمل الدماغ مدى الحياة ما دمنا نفكر، فإن دماغنا ينمو.

11- يحتاج الدماغ إلى تحدٍ واستثارة. ولكنه يعاق بالإحباط والتهديد:

تصل المعلومات من الحواس إلى الدماغ. وإذا حملت معها تهديداً ومخاوف تذهب إلى منطقة الأميجادا في الدماغ، فيحدث الدماغ استجابة سلبية أو عنف، وإذا لم تحمل معها مخاوف تصل إلى منطقة القشرة الحاسية Sensory Cortex، حيث تنقّي المعلومات فنسمع الأشياء ونراها بوضوح فيحدث الدماغ استجابة إيجابية.

> يميل الدماغ المهدد إلى الانتباه إلى ذاته ليرد التهديد المحتمل أو الخلق تهديد مقابل من أجل حماية الذات.

إن الدماغ المهدّد يطلق كورتيزول وهو مادة كيماوية تقلّل المناعة وتقتل الخلايا الدماغية، كما أن التهديد والتوتر يقلل السيراتونين مما يزيد من الاستجابة العدوانية.

وهناك علاقة بين التهديد وضعف التحصيل الدراسي وانخفاض تقدير الذات (جنسن 2001)، فالتهديد يجعل من الصعب على الطالب متابعة الأنشطة التعليمية حوله.

إن بعض التوتر لا يكون سيئاً، فالمطلوب استثارة محدودة تتحدى الدماغ لكي يعمل

بحماس على أن لا ترتفع درجة التوتر لتكون معيقة، وفي التعلّم فإن المدرسة الحديثة تعمل على تقليل درجة التوتر وإبعاد التهديد والإحباط واليأس عن الطلبة أو تخلق حالة تسمى Relaxed Alertness ، التوتر المريح أو الاسترخاء الواعي.

12- كل دماغ فريد في تنظيمه Uniquely Organized:

وعلى الرغم من أن كل إنسان يمتلك دماغاً، بنفس النظام إلاّ أن كل دماغ يختلف عن غيره، وإن سبب الاختلاف هو نفسه سبب التشابه ، فنحن مثلاً نولد مزودين بمئات البلايين من الخلايا العصبية، لكن الخريطة الجينية لكل فرد في تفاعلها مع الخبرات والميزات سوف تتشكل من طرق وممرات تختلف عن أي فرد آخر، من المستحيل وجود دماغين متشابهين في روابطهما العصبية. وكذلك يتعلم كل شخص بطريقة تلائم دماغه، خاصة وأن لكل فرد بيئة اجتماعية وثقافية تختلف في مؤثراتها عن البيئات الأخرى.

> من المستحيل وجود دماغين متشابهين في روابطهما العصبية. ولذلك يكتسب كل شخص خبرات خاصة ويتعلّم بطريقة خاصة تلائم دماغه.

وهكذا يدرك كل منا العالم بطريقة مختلفة، ويتصرف بموجب إدراكا ته، ويُكون حقائق خاصة به قد تتفق أو تختلف مع حقائق الآخرين.

تطبيقات : الدماغ والتعلم

12 مبدأ جديداً

إن البحوث في الدماغ طرحت المبادئ التالية:

1- إغنِ بيئة التعلم بالإثارات! ألوان، مواد، ملصقات، عينات (شرط أن تكون من إنتاج الطلبة لا المعلمين). (يتأثر الدماغ بما هو محيط).

2- وفر أماكن للتعلم المجموعي - مساحات واسعة، طاولات، زوايا وأركان لتسهيل العمل التعاوني (الدماغ اجتماعي).

3- اربط بين النشاطات داخل الصف وخارجه، وفر مجالاً للحركة، سهّل الإفادة من الأكسجين النقي.

4- علق ملصقات في الممرات والساحات في موضوعات ترتبط بأغراض المدرسة العامة.

5- وفر أماكن آمنة، قلّل الأخطار والتهديدات خاصة في الأماكن الخارجية.

6- وفر أماكن متنوعة الألوان والأشكال والإضاءات والمظلات.

7- غيّر البيئة، والمثيرات بداخلها، غيّر المعروضات.

8- وفر الأدوات والمصادر اللازمة: المواد التربوية والمادية لتشجيع اشتقاق أفكار وعلاقات جديدة.

9- وفّر مرونة تسمح بالحركة والخيارات والبدائل.

10- وفر أماكن إيجابية وسلبية (للتأمل والانعزال عن الآخرين ولتنمية الذكاء الداخلي) وإيجابية (للأنشطة التعاونية والاجتماعية).

11- وفر أماكن خاصة وشخصية تمكن الطلبة من التعبير عن الذات واثبات الذات أكثر من مجرد خزائن وأدراج خاصة.

12- استخدم المجتمع كبيئة تعلم واسعة، فالمدرسة يجب أن تمتد إلى المجتمع لتخلق بيئة تعلم مستمر مدى الحياة.

ويمكن تلخيص هذه التطبيقات بقولنا إن بيئة التعلم سواء كان التعلم مدرسياً أو حياتياً يفترض أن تكون غنية مليئة بالإثارات والعلاقات والصلات. وأن المتعلّم هو الذي نفسه في بيئة مليئة بالمعطيات الحسية والخبرات الحقيقية.

بحوث الدماغ الحديثة

وتطبيقاتها الرئيسية في مجال التعليم

التسلسل	نتائج البحوث	تطبيقات تعليمية
1	يمارس الدماغ وظائفه تلقائياً. ويحتاج التعلم والدماغ إلى بيئات مليئة بالإثارات.	استخدام استراتيجيات تدريس متنوعة، جسمية، تعليم فردي تعاوني، فنية، موسيقى.
2	يتأثر الدماغ بما يحصل للجسم من تطورات، راحة، عواطف...	يراعى مراحل نضج الطفل ، إدارة التوتر - التغذية - التمرينات - الراحة - الحركة.
3	يبحث الدماغ عن المعنى بشكل فطري.	قدم أنشطة ودروساً مرتبطة بخبرات الطفل وحياته العملية اليومية.
4	يدرك الدماغ الأنماط ويعمل على تشكيلها	قدم المعلومات ضمن سياق، خبرات عملية حياتية، حتى يستطيع الطلبة ربط المفردات بأطر لها معنى في حياتهم.
5	العواطف والأفكار لا تنفصلان، والعواطف مهمة جداً في عمليات حفظ المعلومات واستدعائها.	إن بيئة صفية تسودها اتجاهات إيجابية ومشاعر إيجابية بين المعلم- طالب، طالب - طالب، طالب- مادة. - شجع الطلبة على إدارة مشاعرهم.
6	يدرك دماغنا الكل والجزء تلقائياً	حاول تجنّب المعلومات المبعثرة أو الجزئية، لأن ذلك يجعل التعليم صعباً.

التسلسل	نتائج البحوث	تطبيقات تعليمية
		صمّم أنشطة تتطلب تفاعل الدماغ الكلي مع الموقف.
7	يتطلّب التعلّم التركيز على بؤرة الموضوع وعلى العوامل المحيطة بالبيئة.	أغن البيئة بالملصقات والشعارات والموسيقى والصور خارج موضوع الدرس.
8	يتضمن التعلم عمليات واعية ولا شعورية	شجع عمليات التأمل ليكون الطالب على وعي بما يتعلمه.
9	لدينا ذاكرة مكانية تسجل خبراتنا اليومية بدقة وذاكرة معلوماتية تسجل الحقائق والمعلومات المنفصلة	إن فصل المعلومات عن خبرات الطلبة السابقة تجعل التعلم معتمداً على ذاكرة الحفظ فقط، تجنب عمليات الحفظ الآلي
10	نتعلم أفضل حين تكون الحقائق والمهارات متضمنة في الذاكرة المكانية.	استخدم تقنيات تبني على الخبرة العملية والحسية والتطبيقات والتشبيهات، وترابط المعلومات وتكاملها.
11	يحفز التعلم بالإثارة والتحدي، ويكبت بالتهديد وانعدام الأمن.	وفر جواً من الأمن والإثارة، وقلّل من الرعب والتهديد والخوف.
12	كل دماغ نسيج وحده، ويتغيّر تركيب الدماغ من خلال التعلم.	استخدم استراتيجيات تدريس متنوعة لجذب اهتمامات الطلبة من مختلف الأنماط: السمعي - اللمسي - البصري - العاطفي.

نظرة تحليلية:

إن بحوث الدماغ ما زالت حديثة. ومن الصعب إصدار أحكام بالثقة أو عدم الثقة في نتائجها، فلا بد من مزيد من الأبحاث ومزيد من الوقت. فهناك باحثون اعترضوا على كثير من نتائج البحوث الدماغية وما رافقها من خلط وخاصة في مجال استخدام جانبي الدماغ وبيئة الدماغ.

وتقدم فيما يلي عدداً من الانتقادات التي وجهت إلى هذه البحوث.

1- التوتر:

المغالطة: التوتر يعيق التعلّم

النقد: إن درجة التوتر قد تكون مفيدة للتعلم. ففي بعض الحالات نحتاج درجة قليلة وفي حالات أخرى نحتاج إلى توتر أعلى. إن تعلم اللغات والرياضيات يحتاج إلى توتر خفيف. لكن إذا كان علينا أن نواجه امتحاناً متوتراً فإن من المفيد أن نستعد في ظروف متوترة أيضاً. وعلينا أن نتذكر دائماً: «الاسترخاء المتوتر».

2- التكرار:

المغالطة: إن التكرار معيق ومؤلم للدماغ.

النقد: يتدعم التعلّم بالتكرار. والتكرار مؤذٍ فقط إذا كان مملاً وعلى المعلمين أن يستخدموا المرح وأساليب أخرى في حال التكرار لجعله غير ممل.

3- بيئة المدرسة:

المغالطة: إن بيئة المدرسة هي التي تحدد نجاح المتعلم.

النقد: يتأثر المتعلم بعوامل عديدة مثل الرفاق، الجينات، التغذية، والبيئة العامة، ولكن يمكن فهم ذلك إذا اعتبرناها جزءاً من البيئة ما عدا الجينات الوراثية.

4- استخدام الدماغ:

المغالطة: يستخدم معظم الطلبة 5 - 10% من الدماغ

النقد: قد تكون الفكرة صحيحة. لكننا نستخدم يومياً معظم دماغنا حسب المهام المختلفة التي نؤديها.

5- العواطف:

المغالطة: انفصال العاطفة عن العقل.

النقد: صحيح أن لكل منهما منطقة خاصة في الدماغ، ولكن هناك تقاطعات عديدة بينهما وممرات عديدة بينهما. ولذلك فهما ليستا منفصلتين.

6- الموسيقى:

المغالطة: إن موسيقى موزارت هي الأفضل للتعلم.

النقد: هناك أنواع عديدة من الموسيقى تحفز التعلم. وإن تأثير الموسيقى يعتمد على هل نريد تأثيراً مؤقتاً أم دائماً! نريد أن نحفز الذاكرة أو التحليل المنطقي.

7- الذكاءات المتعددة:

المغالطة: إن أنماط التعلم، والذكاءات المتعددة هي تعلم مستند إلى الدماغ.

النقد: إنهما مرتبطتان فيما نعرف عن الدماغ. وكلاهما تنسجمان مع الدماغ. وتطورتا قبل بحوث الدماغ الحديثة. وترتبطان بعلم النفس والعلوم الاجتماعية وليس بعلوم الدماغ.

8- الإجابة الصحيحة:

المغالطة: الحصول على الإجابة الصحيحة مباشرة هو الأفضل.

النقد: أعط قيمة وفرصة للتجربة والخطأ. اجعل الطالب يفكر، يتأمل. لا نريد سرعة ولا تباطؤاً، والبحث عن الإجابة قد يكون أكثر أهمية من الحصول على الإجابة الصحيحة.

9- غنى البيئة:

المغالطة : تحتوي البيئة على موسيقى، صور، ملصقات، حركات، فالبيئة الغنية هي الأهم في التعلم.

النقد: يأتي الغنى من عمليات التعلم: التحدي، التغذية الراجعة، الإتقان، الوقت. فهناك من يرى إذا كان علينا أن نختار بين البيئة وبين المعلم الجيد فإننا مع المعلم الجيد.

10- محتوى التعلم وحجمه:

المغالطة: المادة الكثيرة أفضل.

النقد: يحتاج التعلم إلى وقت لهضمه وتحليله والتفكير فيه. نحتاج إلى وقت لإقامة العلاقات والروابط بين أجزاء المادة. وكل متعلم يمتلك حداً مما يستطيع تعلمه في ساعة. وهذا يعتمد على صعوبة الموضوع وحوافز المتعلّم، وخلفيته. إن المهم عمق التحليل وليس كثافة المادة.

11- حدود التعلم:

المغالطة: بإمكان كل شخص أن يتعلم ويصل إلى مستويات عليا.

النقد: الجزء الأول من هذه الجملة صحيح. لكن الجزء الثاني غير صحيح. فكل من يواجهون مشكلات التهديد، الإحباط، المخدرات، الديسكلسيا،... لا يتقدمون كثيراً. إن من يصل إلى المستويات العليا هم الأصحاء دماغياً. بعض الطلبة يواجهون مشكلات، لكن ببعض الوسائل نستطيع أن نساعدهم للوصول إلى المستويات العليا. لكن بعض الطلبة لن يصلوا...

12- نصفا الدماغ:

المغالطة: النصف الأيسر منطقي، والأيمن إبداعي.

النقد: النصف الأيمن يتعامل مع الكل، ومع المعلومات المكانية. ولا يتضمن أي من هذه جوانب إبداعية أو تحقيق الإبداع.

إن الجزء الأيسر أفضل في مجالات مثل، اللغة التتابع، الأجزاء، خلق الحوار الداخلي، وهذه لا تتضمن حدوث الإنتاجيات المنطقية.

13- الروابط العصبية:

المغالطة: مزيد من الروابط يعني مزيداً من الذكاء.

النقد: ما زالت النتائج البحثية متضاربة في هذا الموضوع.

الفصل الثالث

الدماغ والخريطة الذهنية
كيف يعمل الدماغ؟

الفصل الثالث

الدماغ والخريطة الذهنية
كيف يعمل الدماغ؟

كيف يعمل الدماغ؟
الخريطة الذهنية

كان يعتقد سابقاً أن دماغنا يعمل بشكل خطي Linear، وأن طريقة الاتصال كانت: حديث - استماع.

وإننا في الاستماع أو الحديث مضطرون للتحدث كلمة - كلمة ونستمع كلمة - كلمة في نفس الوقت ولذلك كان يعتقد أن الحديث خطي، على النحو التالي:

يأتي الأمر من دماغ (أ) إلى فمه، ثم يرسل إلى أذن (ب) ثم إلى دماغه ليتم تفسيره.

إن أ يرسل كلمة كلمة

و ب يستمع كلمة كلمة

فالحديث ينساب هكذا ---------------------

والكتابة أيضاً هكذا تنساب بشكل خطي:

حرف - حرف، كلمة- كلمة، ثم جملة - جملة بشكل خطي أفقي، وقد تعلمنا في المدرسة ذلك، كما تعلمنا أننا حين نريد أن نأخذ مذكرات قصيرة أو نلخص أو نعد لعرض موضوع أن نعمل هكذا أيضاً. ---------------------

----

التغير الكبير:

الدماغ لا يعمل بشكل خطي، إنما يعمل ضمن أنماط، ويضع علاقات ضمن أبعاد مختلفة.

صحيح أننا نتحدث كلمة - كلمة، ونستمع كذلك، لكن ليس المهم هو هذا، المهم ما يحدث في الدماغ من عمليات قبل الحديث وبعد الحديث عند الاستماع.

إن ما يحدث فعلاً هو أن دماغنا يمارس عمليات معقدة مثل خزن المعلومات وملاحظة ردود الأفعال، واختيار الكلمات. إن شبكة من التفاعلات تحدث في الدماغ حتى يستطيع اختيار الكلمات لنقل المعنى إلى المستمع، وهذا ما يحدث أيضاً لدى المستمع فالاتصال يتم إذن هكذا.

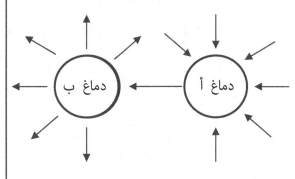

> **التغير الكبير**
>
> إن دماغنا يلاحظ ما يحيط بنا من أحداث ومن رسومات وأفكار بطريقة غير خطية، فيقوم بعمليات معقدة في خزن واختيار ما يريد. إنه يتلقى هذه الأمور ضمن سياقات محيطة ويقوم بعمل تفسيرات لها ويحللها وترميزها ونقدها فالدماغ لا يعمل خطياً.

إذن تتم العملية هكذا...

يبحث (أ) عن علاقات وأفكار وكلمات في دماغه ثم يرسلها إلى (ب) وإن (ب) يستقبل الرسالة ويرسلها إلى دماغه الذي يقيم علاقات جديدة لتفسيرها. فالعملية ليست خطية إذن.

إن أي شخص يتحدث تكون لديه افتراضات ومسلمات أخرى، وهذا ما يفسر

سوء الفهم أو الاتصال أحياناً. إن الدماغ قادر على التصرف بشكل غير خطي، وهو لا يفهم الحديث بمجرد انسيابه في سطور خطية، إنما يحاول وضع صور وتخيلات وتفسيرات، ويقيم روابط وعلاقات غير تلك الموجودة في السطور الخطية. وهذا يعني إنه يقيم خريطة تنظيمية.

فما المقصود بالخريطة:

قبل الإجابة عن هذا السؤال، فإن من المهم أن نعرف أثر الصورة الذهنية على عملية التعلم. فالخريطة الذهنية هي صورة ذهنية لموضوع ما.

في إحدى التجارب على طلبة من أعمار 9-10 سنوات، قدمت لهم الكلمات التالية: الدماغ، المجلة، المشكلة.

تم تقسيم الطلبة إلى ثلاث مجموعات:

أ-   أعطيت الكلمات الثلاث: قرأوا الكلمات ثم قرأوا تعريفاتها وكتبوها عدة مرات.

ب-   أعطيت الكلمات مع تعريفاتها ومع صورها.

ج-   أعطيت الكلمات مع تعريفاتها، وطلب من كل طالب أن يضع صورة لكل كلمة.

كانت النتيجة، تفوقت المجموعة الثالثة (ج) على المجموعتين أ، ب وتفوقت المجموعة (ب) على المجموعة (أ). (Buzan. 95).

الأمر الذي يشير إلى أهمية خلق الصور أو الخرائط الذهنية في عملية التعلم.

الخريطة الذهنية

Mind Map

عرفنا أن إرسال المعلومات أو الاستماع إليها أو خزنها لا يتم بطريقة خطية. فنحن وإن كنا نتحدث كلمة - كلمة، أو نكتب كـذلك، أو نسـمع كـذلك، فـإن دماغنـا لا يعمل بشـكل خطي، إننا حين نتحدث أو نستمع فإننا نقوم بعمليات معقدة من الارتباطات ونقيم شبكات نختار ونحذف ونشكّل أنماطاً، ونضع تفسيرات، وبمعنى آخر فإننا نقيم خريطة ذهنيـة، فـما المقصود بالخريطة الذهنية؟

الخريطة الذهنية:

التفكير الإشعاعي هو انتشار الأفكـار مـن المركز إلى كـل الاتجاهات

إنها وسيلة يستخدمها الدماغ لتنظيم الأفكار وصياغتها بشكل يسمح بتدفق الأفكار، ويفتح الطريق واسعاً أمام التفكير الإشعاعي.

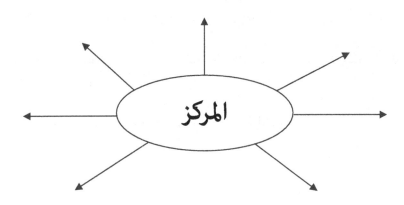

التفكير الشعاعي

إننا حين نفكر بموضوع ما، نضع هذا الموضوع في المركز، ثم نلاحظ الإشعاعات التي تصدر عن هذا الموضوع. وبما أن كل دماغ فريد في نوعه، فإن كل دماغ يصدر إشعاعات مختلفة بحيث يستحيل تطابق ما يصدر عن دماغ بما يصدر آخر. فلو أردنا مثلاً أن نلاحظ الإشعاعات الصادرة عن كلمة مثل «السعادة»، وطلبنا من مجموعة أشخاص أن يحددوا المعاني التي تصدر أو تشّع من هذه الكلمة لما وجدنا أي تقارب بين إجاباتهم، وربما من المستحيل أن نجد إشعاعاً واحداً مشتركاً.

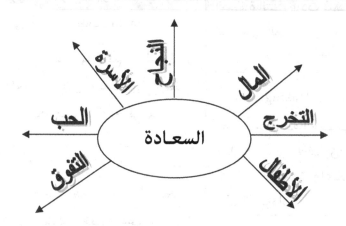

هذه إشعاعات كتبها أحد الطلبة. فلو أردت أن تكتب أنت ماذا تعني لك السعادة، فإنك ستكتب معاني أخرى غير تلك. وتتعدد هذه الإشعاعات بتعدد الأفراد. وحتى لو كتب عشرون شخصاً إشعاعات عن كلمة السعادة فإننا قد لا نجد بينهم كلمة واحدة مشتركة.

إن هذه الفكرة تقودنا إلى فكرة هامة جداً وهي أن لكل شخص طريقته في التفكير وإشعاعاته الخاصة وبذلك لا يجوز فرض طريقة أو معلومة معينة أو علاقات معينة. إن المعلم حين يوضح فكرة فإن الطالب لا يستطيع أخذ طريقة تفكير المعلم نفسها، أو إن مؤلف الكتاب حين يضع كتابه فإنه يضع خريطة ذهنية خاصة به، قد لا يأخذها الطالب بسهولة. ومن هنا كان من المهم أن نترك الحرية لكل طالب بأن يضع صورته، أو خريطته الذهنية الخاصة به.

إن هناك فرقاً كبيراً بين أخذ الملاحظات Note-taking وبين عمل الملاحظات -Note Making.

أخذ الملاحظات وعمل الملاحظات:

حين يتحدث المحاضر أو المعلم. فإن الطلبة يحاولون تسجيل أو تلخيص أفكار المعلم. فيأخذون العناوين الرئيسية. أو الأفكار الأساسية، هذه العملية تسمى، أخذ ملاحظات Note - taking.

إنها محاولة نقوم بها لفهم أو لحفظ أو لاستخدام المعلومات التي تحدث بها المحاضر. وغالباً ما تكون الملاحظات بشكل خطي هكذا:

فأخذ الملاحظات هو تسجيل أو تلخيص أفكار الآخرين بشكل خطي وعلى خطوط مستقيمة في الغالب.

أما عمل الملاحظات Note-making فهي عملية مختلفة تماماً، حيث يقوم الطالب بعمل خريطة ذهنية خاصة به يسجّل خلالها الأفكار كما تبدو له، ويضع لها نظاماً شخصياً خاصاً به نفسه. وقد لا يكون مفيداً إلا له وحده، بعكس التلخيص أو أخذ الملاحظات التي يمكن أن تكون مفيدة لآخرين.

أخذ الملاحظات Note -Taking هـي تسجيل أفكـار المعلـم بـنفس الصورة التي وردت فيها وبـنفس التسلسل والترتيب وربما الكلمات.

Note-Making

هـي عمليـة الحصـول عـلى معلومـات مـن الآخرين: أشخاص، كتـب، محاضرات وإعـادة تنظيم هذه المعلومات.

أهمية عمل الملاحظات

• سـهولة تـذكر مـا نعـده مـن ملاحظات.

• سهولة حفظ ما نعده.

• سهولة اشتقاق أفكار جديدة.

• إقامـة ترابطـات جديـدة مـع معلومات أخرى.

• إقامـة حـوار داخـلي بـين أفكـار المتحدث وبين أفكارنا.

ففي عمل الملاحظات فإننا نقوم بما يلي:

- نحدد الأفكار الرئيسة كما تبدو لنا.
- نضع علاقات وروابط بين الأفكار كما تبدو لنا.
- نضع رموزاً وألوان وخطوط ومؤشرات خاصة بنا وباختصار فإننا نعمل خريطة ذهنية خاصة بنا.

فوائد عمل الملاحظات:

إن عمل ملاحظات خاصة بنا يعني أننا نفكر وننظم وفق نشاط دماغنا، لا وفق تنظيم الآخرين. وهذه العملية تساعدنا في سهولة حفظ المعلومات لأننا نضعها نحن، كما يساعدنا في سهولة تذكرها والرجوع إليها وتطويرها وتعزيزها بمعلومات جديدة وإيجاد علاقات وروابط بينها وبين معلومات أخرى.

إن هذه العملية تحفز الدماغ على القيام بمهارات أساسية في وصف الأفكار والأشياء والأحداث وتحليلها وتقييمها، وإعادة تركيبها.

> الخريطة الذهنية تساعد على خزن المعلومات بشكل منظم أشبه بمخزن منظم للمعلومات.

إن عمل الملاحظات هو بداية إعداد الخريطة الذهنية، حيث تعتبر الملاحظات التي نعدها نحن خريطة ذهنية أولية.

خطوات إعداد الخريطة الذهنية:

إن من يريد وضع خريطة ذهنية لموضوع أو درس أو كتاب، فإنه يبحث أولاً عن الفكرة الهامة جداً فيه ويضعها في المركز، فلو كنا بصدد وضع خريطة ذهنية لموضوع مثل الذكاء المتعدد، فإن أهم فكرة في الموضوع هي: الذكاءات الثمانية.

> **خطوات إعداد الخريطة**
>
> 1- ابحث عن الفكرة المركزية وضعها في المركز.
>
> 2- ابحث عن العناصر الأساسية وضعها بشكل إشعاعات صادرة عن المركز.
>
> 3- ابحث عن فروع العناصر الأساسية وضعها بشكل إشعاعات صادرة عن الفروع، وهكذا.

1- إننا نضع هذه الفكرة في المركز لأنها أهم الأفكار في هذا الموضوع.

2- نضع الأفكار الأساسية المرتبطة بها بشكل إشعاعات صادرة عن المركز هكذا...

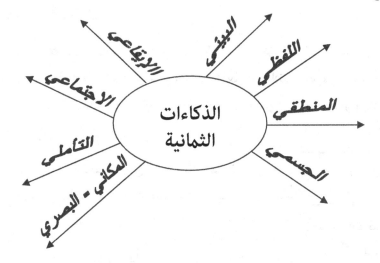

3- نضع الأفكار الفرعية بشكل إشعاعات أخرى هكذا....

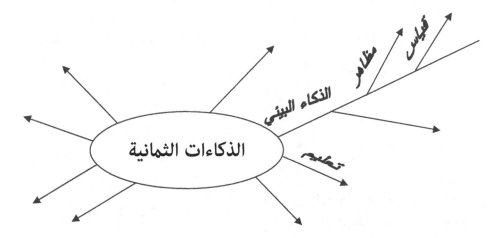

وهكذا تكون لدينا خريطة ذهنية، تستطيع أن نفهمها بمجرد النظر إليها، كما نستطيع تذكرها دائماً، وإضافة أية روابط جديدة عليها.

ومن المهم عند وضع الخريطة الذهنية مراعاة ما يلي:

1- إغناء الخريطة بالرسوم أو الصور والرموز، فالصور تساعد على التذكر بدرجة تفوق الكلمات. ولذلك يمكن أن تكون الخريطة كلها رسوماً أو صوراً. وليس من الضروري أن تكون الرسوم بشكل متقن، وعلينا قبول الرسم من الطلبة مهما كانت درجة إتقانه. علماً بأن قدرة الطلبة على الرسم الجيد تتحسن مع الوقت.

أن قدرة الدماغ على التعرف على الصور قدرة غير محدودة, ففي تجربة تم عرض عشرة آلف صورة على طلبة، وبعد فترة تم خلطها بصور أخرى، وعرضت على عدد من المفحوصين حيث بقيت نسبة التعرف عليها عالية جداً جداً أكثر من 95%.

2- إذا استخدمت كلمة في المركز بدلاً من الصورة يستحسن أن تكون الكلمة كبيرة ملونة أو ثلاثية الأبعاد، هكذا.

3- استخدم الألوان في داخل الخريطة، فالصورة في المركز يمكن أن تكون ثلاثية الألوان، كما أن الإشعاعات الصادرة عنها يمكن أن تكون ملونة أيضاً.

4- استخدم الأسهم والرموز لتوضيح العلاقات بين أجزاء الخريطة.

5- استخدم مساحة واسعة، واجعل الخريطة مفتوحة تسمح بإضافات جديدة.

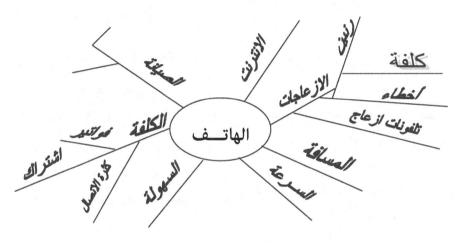

خريطة ذهنية لـلهاتف

إن هذه الفكرة توفر ما يلي:

- حشد جميع الأفكار التي تفكر بها حول الفكرة الرئيسة.

- إنك تمارس عملية عصف ذهني لإنتاج أفكار كثيرة وبسرعة.

- توفر الوقت والجهد وصعوبات تسجيل المذكرات Notes.

- إنها خريطة نامية تستطيع إضافة أي فكرة عليها في أي وقت بما يهيئ لك إيجاد أنماط وروابط جديدة.

- تنظم الخريطة مهاراتنا في الدراسة والمذكرات والإعداد للامتحانات.

6- ضع الكلمات على الخطوط مباشرة، واجعل الخط مناسباً للكلمة. هكذا...

هاتــف

فالخط تحت الكلمة هو الهيكل العظمي للكلمة.

7- استخدم الكلمات، وليس الجمل أو أشباه الجمل. فالكلمات أكثر إشعاعاً وغنىً من الجملة.

إن كلمة «منزل» مثلاً تصدر إشعاعات أكثر بكثير من شبه جملة «في المنزل» أو من جملة مثل: بنى الرجل منزلاً.

8- استخدم الكلمات مطبوعة على الخريطة أو اكتبها بشكل واضح جداً وملون. فالكلمات المطبوعة أو الملونة أكثر قدرة على حفز الدماغ.

الكلمة تقود إلى معانٍ عديدة بخلاف الجملة التي لا تحمل أكثر من معنى.

9- اعمل روابط بين لإشعاعات المختلفة.

10- ارسم الخريطة على ورقة عمودية وليس أفقية عرضية. فالوضع العمودي يعطي حرية أكبر ومساحة أكبر.

الدماغ فريد، ولكل خريطته الذهنية:

إن كل دماغ فريد في الروابط التي يقيمها. فإذا سمعنا كلمة، أو شاهدنا صورة فإن كل شخص يقيم روابط مختلفة، وربما عشرات أو مئات أو ملايين الروابط التي لا يشاركه فيها أحد.

إن خاصية تفرد الدماغ تفيد في النواحي التالية:

1- إن كل شخص يخمل أفكاراً وروابط تختلف عما يحمله غيره.

2- إن بعض الأفكار التي يحملها الآخرون قد تكون هامة جداً. ومن المفيد أن نستمع إلى بعضنا لمعرفتها، وإغناء أفكارنا.

3- إن تنوع الأفكار ظاهرة صحية، وإن كل شخص يشارك بجانب هام في عملية التفكير أو البحث عن معارف.

4- يمكن إعادة النظر في أي رأي غير عادي أو موقف معين، لنكتشف أنه حل لمشكلة وليس جزءاً من المشكلة.

5- التعامل مع الناس كمجموعات لا كأفراد، وأن الإنتاج الفكري هو خلاصة أفكار مجموعات.

ثلاثة أشكال من الخرائط:

نريد أن نرسم خريطة ذهنية للعبارة التالية:

امتحان بالغ السوء

1- رسم الخريطة للجملة

يلاحظ أن الجملة تقيد صاحبها، ولا تشع أفكاراً عديدة. فهي تحمل فكرة واحدة.

2- رسم الخريطة لكلمات الجملة:

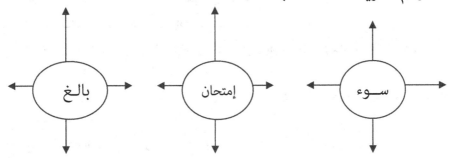

يلاحظ أن كل كلمة تثير إشعاعات وروابط عديدة.

3- رسم الخريطة لصور

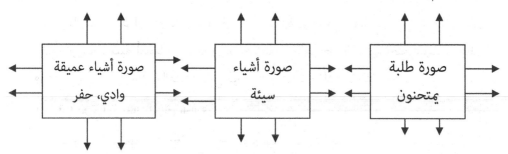

إن كل صورة يمكن أن تزودنا بإشعاعات عديدة جداً.

وهكذا فإن الخريطة الذهنية الغنية هي التي تستخدم الصور وليس الجمل أو الكلمات.

الخريطة الذهنية والتعلم:

تستخدم الخريطة الذهنية في مختلف التعليم والتعلم، فالمعلمون يمكن أن يكتبوا محاضراتهم بشكل خريطة ذهنية تساعدهم في عرض الأفكار وتوضيحها. كما يمكن أن يدربوا طلابهم على طريقة إعداد الخريطة الذهنية، بدءاً من إعداد خريطة ذهنية للكتاب وهي خطوة ضرورية لتعريف الطلبة بالموضوعات التي سيدرسونها، وبالعلاقات بين هذه الموضوعات، حتى يأخذ الطالب فكرة متكاملة عن هذه الموضوعات.

ويستطيع الطلبة أن يعملوا خريطة ذهنية للوحدات الدراسية أو لأي درس يدرسونه، إن هذا يساعدهم في:

1- حفظ المادة الدراسية وسهولة تذكرها.

2- سهولة مراجعتها في أي وقت، وبزمن قصير.

3- سهولة ربطها بموضوعات أخرى.

4- سهولة إضافة معلومات جديدة في أي وقت.

كيف تستخدم الخريطة الذهنية في عمليات اتخاذ القرار؟

إننا حين نريد أن نتخذ قراراً بشأن شراء سيارة أو اختيار تخصص أو بناء منزل، فأن وضع خريطة ذهنية أمامنا يساعدنا في اتخاذ القرار. فالخريطة الذهنية تضع أمامنا حاجاتنا ورغباتنا، إمكاناتنا، أولوياتنا، العقبات التي تواجهنا فلو أردنا اتخاذ قرار بشأن شراء سيارة.

1- إننا نضع أمامنا الحاجات التالية:

نوع جيد، مريح، كلفة معقولة، توفر قطع غيار، سهولة البيع.

2- كما أننا نضع أمامنا إمكاناتنا المالية والفنية:

الراتب، الأقساط، قيادة سيارة صغيرة.

3- والعقبات أيضاً:

الاستهلاك، بعد المسافة، سوء الطرق.

4- نضع لكل عامل درجة من 100 سلباً أو إيجابا.

5- نحسب مجموع الدرجات.

6- نرسم الخريطة ونحدد الدرجات.

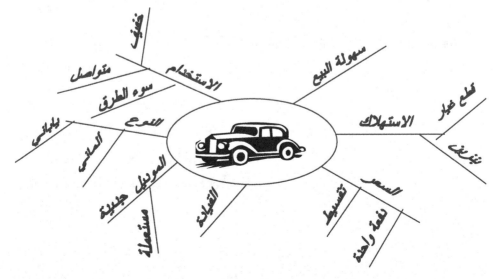

فإذا افترضنا أن شخصاً ما أراد أن يشتري سيارة وقيمها بالدرجات التالية:

سهولة البيع وصعوبته	:	- 70%
الاستهلاك	:	- 80%
الاستخدام	:	- 40%
الموديل	:	- 70%
السعر	:	+ 90%
القيادة	:	+ 70%

فإن مجموع الدرجات الإيجابية هو : 90+70 =+ 160+

فإن مجموع الدرجات السلبية هو : 70+80+40+70=- 250

فالقرار إذن ! عدم شراء هذه السيارة !

الفصل الرابع

التعلم من أجل التفكير

مهارات التفكير والتفكير الناقد

الفصل الرابع

التعلم من أجل التفكير
مهارات التفكير والتفكير الناقد

التفكير : المفهوم والخصائص

يعرف التفكير بأنه ما يقوم به الدماغ من فعل، ويعرفه بعض الباحثين بأنه «ما نمارسه من تفكير». وبعيداً عن التعريفات النظرية والتي تتفق على أن التفكير مفهوم معقد يتركب من عناصر وأبعاد متشابكة، ومكونات متنوعة مثل: العمليات والمهارات (ملاحظة - تصنيف - ترتيب... الخ) وموضوعات ذات مضمون أو محتوى (مقررات دراسية، مواقف عملية... الخ) واتجاهات وخصائص شخصية (دقة، موضوعية، انفتاح... الخ). بعيداً عن ذلك كله، فإننا ننهج منهجاً عملياً، ونحدد ما خصائص التفكير الجيد، والمفكر الجيد؟ وما الذي يتغيّر لدى الشخص الذي يتعلّم التفكير؟ وما الفرق بين من يفكر ومن لا يفكر؟ أو بين من يفكّر تفكيراً فعالاً، وتفكيراً مشوشاً؟ إن ذلك كله يمكن أن يقودنا إلى فهم أفضل للمقصود بالتفكير كمنطلق للحديث عن تعليم التفكير.

خصائص التفكير الجيد

يفهم التفكير الجيد أو الفعال على أنه تفكير يؤدي إلى الحصول على النتائج التالية:

1- نتائج موثوقة، قابلة للتصديق بسبب وضوحها ودقتها.

2- التفكير الجيد يطرح آراء أكثر انفتاحاً، وأكثر شمولاً، وأكثر عمقاً.

3- التفكير الجيد يقود إلى قرارات أكثر نضجاً ورشداً بما يحسّن حياة الشخص الذي ينجح في إصدار قراراته.

4- التفكير الجيد يؤدي إلى فكر نقدي دقيق وإصدار أحكام نقدية تتسم بالقوة والقرب من الصواب.

5- والمفكر الجيد يتسّم بمجموعة من الاتجاهات والخصائص التالية:

- الشك وعدم الثقة الكاملة بالموضوع.
- الاعتماد على مصادر دقيقة وموثوقة.
- البحث عن البدائل، وموازنة كل بديل بدراسة إيجابياته وسلبياته.
- الموضوعية والتروي وعدم التحيز والانقياد.
- التمييز بين الفكرة وصاحبها، وبين الرأي والحقيقة.
- الاستعداد لتعديل الموقف في حال ظهور معطيات جديدة.
- الاهتمام بالبحث عن الأسباب، والتمييز بين الأسباب والنتائج.
- التأني والتروي عند إصدار القرار.
- تحدّي الافتراضات والأفكار الذائعة.

6- والمفكر الجيد يبتعد عن السلوكيات غير الفعّالة مثل:

- استخدام الألعاب والمناورات اللغوية.
- الخروج عن الموضوع.
- التفكير بطريقة أما... أو...
- الانسياق نحو الأفكار الذائعة والمألوفة.
- التبسيط الزائد للموضوعات والمواقف.
- استخدام المغالطات.
- إصدار الأحكام وفق معايير جزئية.

إن مجموع هذه الخصائص والسلوكيات إذا توفرت في الإنسان فإنه يمكن أن يكون مفكراً جيداً يتميز عن سائر الآخرين.

فما الذي يميز المفكر عن غيره؟ وما الذي ينمو أو يتغيّر لدى الإنسان حين يتعلّم التفكير ويمارسه؟

هذا ما سيتضح في الجزء التالي:

ما الذي ينمو لدينا حين نتقن ممارسة التفكير؟

إن الطالب الذي تعلّم التفكير، ومارسه والتزم بقواعد التفكير الصحيح، ومارس السلوكيات التي يستخدمها المفكر الجيد، وابتعد عن ممارسات التفكير الخاطئ، يمكن أن نميزه بسهولة من خلال ملاحظة ما يلي:

1- يزداد الوعي بعملية اتخاذ القرار، فالمفكر يهتم بملاحظة نفسه وهو يتخذ القرار، ويدرس قراراته، ويعمل على تحسينها بشكل مستمر.

2- يبذل جهداً كبيراً في اتخاذ القرار، ويصدر قراراته دون تسرّع، إنه يدرس أبعاد القرار ونتائجه الإيجابية والسلبية، كما يدرس احتمال تنفيذ القرار وصعوبات التنفيذ، فالمفكر يبذل جهداً.

3- إنه يعدل من طريقته في اتخاذ قراراته، ويبحث عن طرق بديلة، كما أنه يناقش قراراته مع الآخرين، ويشعر بمسئوليته تجاه ما يتخذ من قرارات، فالمفكر يشعر بأهمية قراراته.

4- إنه يبحث في خيارات عديدة وليس مضطراً لاتخاذ قرار معين بالذات. إنه يتوقف أمام البدائل ويوازن بينها قبل الوصول إلى القرار، إنه لا يعتمد على البديهة والمألوف، فالمفكر يعمل بتنظيم دقيق.

5- والمفكر يقارن بين البدائل، ويلاحظ ويبحث عن الأفضل، ويضع بدائل جديدة، وينظر إلى الموضوع من زوايا متعددة، ويفكر في العواقب. فالمفكر يمتلك مهارات فرعية عديدة.

6- والمفكر حين يمارس التفكير واتخاذ القرار في فترة معينة، فإنه يكتسب المرونة والسلاسة،

فلا تعود عملية التفكير صعبة ومعقدة لديه فالقرارات تصبح تلقائية دون أن يفقد المفكر قدرته على التأمل. فالمفكر مرن وتلقائي وحذر.

7- والمفكر يفكّر في طريقة تفكيره، إنه يعود إلى نفسه ويلاحظ طريقة تفكيره، والعمليات في داخله، والأسباب التي تدعوه إلى اتخاذ القرار، إنه يخطط ويتنبأ ويتأمل، ويتعلّم. فالمفكر يكتسب مهارات فوق المعرفية Meta-Cognitive.

مهارات التفكير عند بلوم

وضع بلوم تصنيفاً لمهارات التفكير، وحدده بستة مستويات هي:

1- **المعرفة والتذكر:** وتستند إلى قدرة الطالب على حفظ المعلومات وتخزينها،وإعادة استرجاعها عند الحاجة.

2- **الاستيعاب والفهم:** وتظهر في قدرة الطالب على تفسير المعلومات أو التعبير عنها بطريقة جديدة أو شرحها أو تلخيصها وفهم معانيها.

3- **التطبيق:** وتظهر في القدرة على استخدام المعلومات والخبرات التي تتعلمها في مواقف جديدة، كأن تستخدم مهارة ما في مجال جديد، أو معلومة ما أو قاعدة أو نظرية في مجال غير المجال الذي تعلمناها فيه.

4- **التحليل:** وتظهر في القدرة على تجزئة الموقف إلى عناصره، وإدراك العلاقات بين الأجزاء والعناصر.وبين الجزء والكل. والقدرة على التمييز بين الحقائق والآراء، وبين الأسباب والنتائج.

5- **التركيب:** وتظهر في القدرة على إعادة تنظيم العناصر بشكل جديد، والقدرة على تقديم المقترحات والبدائل والخطط.

6- **التقويم:** وتظهر في القدرة على إصدار الأحكام وتقويم الأفكار ونقدها والمفاضلة بينها.

المدرسة وتصنيف بلوم للأهداف:

اتهمت المدرسة بأنها تهتم ببعض المهارات على حساب مهارات أخرى، فالمدرسة سواء كانت عالمية أم محلية تركز اهتمامها على مستويات الحفظ والتذكر والاستيعاب بشكل كبير، بينما تقلّل اهتمامها بمهارات مثل التطبيق والتحليل والتركيب، ولذلك كانت مناهج التعليم وطرق التعليم والامتحانات، واهتمامات المعلمين والطلبة وأولياء الأمور منصبّة على حجم المعلومات التي يحفظها الطالب أو يخزنها أو يسترجعها أو يفسرها. ولذلك تحددت الخبرات التعليمية والاهتمامات في المدرسة حسب الهرم التالي:

لاحظ مدى سعة الاهتمام بمستويات التفكير الـدنيا، وتضـاؤل الاهـتمام بمسـتويات التفكير العليا، الأمر الذي دفع المربين إلى تعديل هذا الهرم، فمنهم من نادى بإعطاء نفس الاهتمام لكل مستوى ليكون الهرم على النحو التالي (سلماً وليس هرماً).

التقويم
التركيب
التحليل
التطبيق
الاستيعاب
الحفظ والتذكر

وهذا يعني أن حاجة الطلبة إلى مختلف المهارات. ولا شك أن إعادة صياغة الهرم على هذا النحو يتطلب تحسيناً في المناهج وطرق التدريس ونظام الامتحانات.

غير أن هذا التعديل كما يراه بعض المربين هو تعديل جزئي وليس إصلاحاً شاملاً، ولذلك يطالبون بأن تنتقل المدرسة من المستويات الدنيا إلى المستويات العليا أو على الأقل وضع برامج جديدة للطلبة المتفوقين تستند إلى نظام هرم مقلوب على النحو التالي:

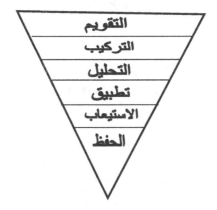

إن تعديل هذا الهرم على هذا النحو يتطلب تعديلاً جذرياً في أنظمة التعليم ومناهجه وطرق تدريسه وبرامجه وحتى في فلسفته.

وفي ظل هذا الاقتراح تصبح المادة الدراسية وسيلة لا هدفاً.

وأن هدف التعليم الأساسي هو تنمية مهارات التفكير والبحث لدى المتعلمين، ويصبح دور المعلم تعليم التفكير وليس مجرد تعليم محتوى مواد دراسية معينة.

مهارات التفكير

اختلف المربون في تحديد مهارات التفكير وفي تصنيف هذه المهارات حسب أنواع التفكير المختلفة. فهناك من يصنف التفكير إلى تفكير أساسي ونقدي وإبداعي، وهناك من يصنف التفكير إلى تفكير فعّال وغير فعّال، أو تفكير معرفي وفوق معرفي، وهناك من يرى أن مهارات حل المشكلات واتخاذ القرارات هي أنواع أخرى من التفكير، وبعيداً عن هذه التصنيفات، فإننا سنعتمد هنا في هذا الجزء على نقطتين أساسيتين هما:

مهارات التفكير
• مهارات التفكير الأساسية.
• مهارات التفكير الناقد.
• مهارات التفكير الإبداعي.

- تحديد مهارات التفكير.

- تقسيم التفكير إلى تفكير منطقي وتفكير إبداعي.

وسنتحدث فيما يلي عن مهارات التفكير المنطقي والتي تشمل المهارات الأساسية في التفكير ومهارات التفكير الناقد، وسنخصص فصلاً خاصاً للتفكير الإبداعي ومهاراته.

مهارات التفكير المنطقي

مهارات التفكير الأساسية
1- مهارات جمع المعلومات.
2- مهارات حفظ المعلومات.
3- مهارات تنظيم المعلومات.
4- مهارات تحليل المعلومات.
5- مهارات إنتاج المعلومات.
6- مهارات تقييم المعلومات.

يقصد بالمهارات الأساسية مجموعة المهارات الضرورية اللازمة لأية عملية تفكير منطقية، وتشتمل على مهارات أساسية قاعدية ومهارات التفكير الناقد.

ويمكن عرض هذه المهارات كما يلي:

1- مهارات جمع المعلومات:

تتحدد هذه المهارات بما يلي:

- مهارات الملاحظة العابرة والمقصودة.

- مهارات الشك والتساؤل.

إن اكتساب الطلبة لهذه المعلومات تمكنهم من الحصول على المعلومات التي يحتاجون إليها، سواء كانت المعلومات ناتجة عن استخدام الحواس والملاحظة البسيطة والمنظمة، أو من خلال عمليات أكثر تعقيداً مثل البحث والتجريب والشك والتساؤل والتأمل.

وإن من المهم أن تنمي مهارات الطلبة في جمع المعلومات من مصادرها المختلفة، وعدم الاعتماد على مصدر واحد مثل المعلم أو الكتاب.

2- مهارات حفظ المعلومات:

وتتحدد هذه المهارات بما يلي:

- مهارة تخزين المعلومات أو ما تسمى بمهارة الترميز.

- مهارة تذكر المعلومات واسترجاعها عند الحاجة.

وقد جاءت هذه المهارات في أدنى سلّم المهارات في تصنيف بلوم حيث تعتبر المعرفة هي المادة الأساسية التي ينطلق منها التفكير.

ويهتم المعلمون كثيراً بهذه المهارات في عمليات التدريس والامتحان وتقييم الطلبة.

3- مهارات تنظيم المعلومات:

إن عملية الحصول على المعلومات وتخزينها تتطلب مهارات أخرى في تنظيم هذه المعلومات وفق معيار ما.

كأن نرتّبها أو نصنفها، وإن أبرز مهارات التنظيم هي:

- مهارة المقارنة، ويقصد بها القدرة على إيجاد أوجه الشبه والاختلاف بين مجموعات مثل : أفكار، أشياء، أشخاص، أعمال.

الأنظمة التربوية

تركز الأنظمة التربوية على تنمية مهارات الحفظ والتخزين والاسترجاع والتذكر.

فالمناهج وطرق التدريس والامتحانات كلها ترتبط بهذه المهارات.

والمتفوقون هم من يحفظون ويتذكرون.

مهارات تنظيم المعلومات

- مهارة المقارنة.
- مهارة الترتيب.
- مهارة التصنيف.

- مهارة الترتيب، ويقصد بها تنظيم المعلومات أو الأشياء وفق تسلسل ما، قد يكون زمانياً كأن نعرض أحداثاً تاريخية وفق حدوثها الزمني وقد يكون مكانياً كأن نعرض الأشياء أو الأحداث حسب قربها أو بعدها وقد يكون حسب معايير أخرى مثل: الترتيب حسب الحجم، الوزن، الطول... الخ.

4- مهارات تحليل المعلومات:

مهارات التحليل
1- التمييز.
2- تحديد العناصر والمكونات.
3- تحديد العلاقات والروابط.

يحتل التحليل مكانة عالية في تصنيف بلوم حيث يعتبر من المهارات العقلية العليا، والتحليل يعني تجزئة الموقف الكلي إلى مجموعة من العناصر والأجزاء والمكونات من أجل إيجاد علاقات داخلية بين هذه المكونات، أو بين المكوّن والموقف الكلي.

وتتحدد مهارات التحليل بما يلي:

مهارة التمييز
التمييز بين:
- الآراء والحقائق.
- المصادر الموثوقة وغير الموثوقة.
- الأسباب والنتائج.
- الأفكار الرئيسة والأفكار الهامشية.
- الدليل والبرهان.

- مهارة التمييز، وترتبط بالقدرة على تحديد خصائص الشيء، والتمييز بين الآراء والحقائق وبين الأسباب والنتائج وإن من يتقن هذه المهارة يستطيع أن يفكر تفكيراً ناقداً.

- مهارة تحديد العناصر والمكونات، إن إدراكنا للموقف الكلي لا يغني عن ضرورة البحث في هذا الموقف للتعرف على مكوناته وعناصره الأساسية.

- مهارة تحديد العلاقات والروابط، وتعني هذه المهارة القدرة على إدراك وظيفة الجزء وعلاقاته بالأجزاء الأخرى أو علاقة الجزء بالكل ومدى تأثير الجزء في الكل، وتأثير الكل في الجزء.

5- مهارات إنتاج المعلومات:

إن مهارات إنتاج المعلومات مهارات واسعة قد تبدأ بمهارات التوقع والتنبؤ ووضع الفروض إلى عمليات الاستقراء والبحث والتجريب وصولاً إلى مهارات الإبداع وإنتاج أفكار إبداعية.

> ### مهارات إنتاج المعلومات
>
> - البحث والتجريب.
> - الاستقراء.
> - التوقع والتنبؤ.
> - الإبداع.

- **مهارات التوقع والتنبؤ والفروض:** وتستند إلى قدرة الطالب على وضع فروض لتفسير الأحداث والمواقف السابقة، أو إلى قدرته على التفكير في الأحداث القادمة وإصدار أحكام أو توقعات وتنبؤات لما سيحدث.

فهذه المهارات مرتبطة بتوجيه اهتمام الطلبة بتفسير المستقبل استناداً إلى مؤشرات ومعايير حالية أو سابقة.

> اهتمت الأنظمة التربوية بتفسير الأحداث السابقة، ولم تحاول تنمية مهارات الطلبة على التنبؤ أو التوقع بما سيحدث وبذلك شدت الطلبة نحو الماضي بدلاً من إطلاق عقولهم نحو المستقبل.

- **مهارة الاستقراء:** وتعني القدرة إلى إصدار حكم كلي من خلال الحكم على أجزاء، أو عينة، فإذا رأينا مجموعة طلبة مبدعين من مدرسة ما، فإننا نعمّم الحكم على بقية الطلبة، وفي ذلك مخاطرة في الوقوع في الخطأ.

> ### دقة الاستقراء
>
> تعتمد دقة الاستقراء على سلامة اختيار العينة، وعلى قدرة العينة على تمثيل المجتمع الكلي لها.

ولذلك فإن ممارسة الاستقراء تدريباً عالياً لإتقان هذه المهارة خشية الوقوع في مخاطر التسرّع في الأحكام والاستنتاجات، ولذلك يجب أن تبني مهارات الاستنتاج والاستقراء على ملاحظات دقيقة، ولذلك يعمد البعض إلى الاستقراء التام وهو الانتقال من الحكم على كل طالب إلى الحكم على جميع الطلاب.

- **مهارات البحث والتجريب:** تعتمد هذه المهارات على القدرة على تحديد المشكلة وتوضيحها وعلى المعلومات والبيانات ووضع الفروض لتفسيرها، والقيام بمهارات البحث المختلفة مثل: اختيار العينة، تصميم الأدوات... الاستنتاج.. الخ.
- **مهارات الإبداع:** وهي مهارات إنتاج أفكار جديدة دون التقيد بقواعد التفكير المنطقي أو بمهاراته المختلفة، وسنتحدث عن مهارات الإبداع في فصل خاص.

6- مهارات تقييم المعلومات:

وترتبط هذه المهارات بالقدرة على إصدار الأحكام، واتخاذ القرارات وملاحظة مدى صحة المعلومات ودقة مصادرها، والكشف عن التناقضات والمغالطات والأخطاء والواردة من التعميم والتبسيط.

مهارات تقييم المعلومات
• اتخاذ القرار والحكم على صحة المعلومات.
• بيان دقة المصادر.
• بيان الأخطاء والتناقضات.
• الكشف عن المغالطات.
• تحديد أخطاء التعميم.

إن هذه المهارات حين يكتسبها الطالب، فإنه يكون قادراً على الحصول على المعلومات بدقة ووضوح ومن مصادر موثوقة، وقادراً على التمييز بين المعلومات والآراء والحقائق والعلاقات وغيرها، وبذلك يحمي نفسه من الوقوع في أخطاء بسيطة ناتجة عن التعميم السريع أو الاستنتاج الخاطئ أو التحيز لفرض غير معقول.

خصائص المفكر المنطقي:

إن من يستطيع ممارسة مهارات التفكير الناقد يتمتع بمجموعة من السلوكيات يمكن عرضها فيما يلي:

1- يستخدم قواعد المنطق الأساسية، ولا يقع في التناقضات.

2- يميز بين الآراء والحقائق وبين الأسباب والنتائج.

3- يعتمد على معلومات من مصادر موثوقة.

4- يؤجل إصدار الحكم حتى الحصول على برهان أو أدلة كافية.

5- لا يتسرع في إصدار الأحكام.

6- يعالج الجوهر أو لب الموضوع ولا يخلط الأوراق.

7- يضع نفسه أمام خيارات وبدائل.

8- يدرك المترتبات على قراراته.

9- يفحص الافتراضات والمسلمات خوفاً من الوقوع في الأخطاء.

قواعد المنطق الأساسية

1- كل شيء يساوي نفسه أ= أ ويسمى قانون الهوية.

2- الجزء أصغر من الكل أصغر من أ.

3- لا يمكن للشيء أن يكون نفسه ونقيضه بنفس الوقت.

لا يمكن أن تكون أ هي أ ولا أ بنفس الوقت.

ويسمى قانون عدم التناقض.

إن فحص الافتراضات مهارة هامة جداً، لأن الافتراضات قد تقودنا إلى مشكلات وتوقعنا في ورطات، فحين نفيق من النوم في الساعة السابعة والنصف فإننا نفترض أن سيارتنا جيدة وأن الطريق مفتوحة، فهل هذا صحيح دائماً؟

افتراض خاطئ

نزل السائق من سيارته الشاحنة وسأل بنتاً تجلس أمام المنزل: هل أمك موجودة في البيت؟

أجابت البنت: نعم.

أمر السائق العمال بإنزال الأثاث وبعد أن انتهوا، قرع جرس المنزل فلم يجب أحد.

فقال للبنت: قلت أن أمك في المنزل.

قالت البنت: نعم ولكن هذا ليس منزلنا وأمي في منزلنا!!

تعليم التفكير

إذا كان التفكير هدفاً تربوياً تتفق عليه جميع الأنظمة والأهداف التربوية، فإن عملية تعليم التفكير تصبح أداة أساسية للوصول إلى هذا الهدف. فهل نعلّم التفكير في مدارسنا؟ وما الصعوبات التي حالت دون ذلك؟ وكيف نعلّم التفكير؟

إن الإجابة عن هذه الأسئلة تتطلب نظرة تفصيلية إلى كل منها:

هل نعلّم التفكير في مدارسنا؟

> تركز مدارسنا على الحفظ والتذكر والاسترجاع بدرجة تفوق كثيراً الاهتمام بالمهارات العقلية العليا.

إن أهدافنا التربوية، كأي نظام تربوي تركز على تنمية التفكير، وإن من يستعرض أي فلسفة تربوية يلاحظ أنها تركز على تنمية مهارات الطالب العقلية، ولكن مع الأسف فإن ما يجري في المدارس يركز على أبسط هذه المهارات وهي: الحفظ والتخزين واسترجاع المعلومات، ونادراً ما يركز المعلمون على مهارات أخرى مثل التحليل والتنبؤ والتركيب.

إن أساليب التدريس تركز على الحفظ والاسترجاع، وكذلك الامتحانات، فإنها تقيس مقدار هذا الحفظ، ومن الإنصاف القول إن هناك بدايات موفقة للاتجاه نحو الاهتمام بمهارات التفكير العليا، وقد ظهرت هذه البدايات في تطوير بعض الكتب المدرسية وإدخال تمرينات عقلية تهدف إلى تنمية هذه المهارات ولكن يمكن القول بشكل عام، إن مدارسنا مازالت - كسائر مدارس العالم - تركز على أهداف الحفظ والتذكر والاسترجاع بدرجة أساسية.

ما صعوبات تعليم التفكير؟

تتضح هذه الصعوبات في النظرة التقليدية إلى الأهداف التربوية من أنها تركز على حفظ التراث الثقافي ونقله إلى الأجيال اللاحقة، كما أن هناك صعوبات تتعلق بمفهوم التربية ومؤهلات المعلمين يمكن تحديدها بما يلي:

1- المفهوم التقليدي للتربية وأهدافها:

تهدف التربيـة التقليديـة إلى تزويـد الطلبـة بالمعلومات والحقائق، على أساس أن من يمتلك هذه المعلومات والحقائق هـو الأكـثر قـدرة على مواجهـة متطلبـات الحيـاة. وإن هـذا المفهـوم مـع الأسـف مـا زال قويـاً، تتمسـك بـه أنظمـة التعليـم والمعلمون وأولياء أمور الطلبة. على الـرغم مـن أننا نعيش في عصر المعلومـات ذات المصـادر المتعددة، وأن الإنترنت هي الأكثر قـدرة على تزويـدنا بـأكثر مما نحتاج من المعلومات.

صعوبات تعليم التفكير

1- مفهوم تقليدي للتربية وأهدافها.
2- مناهج تقليدية لإعداد المعلمين.
3- معلمون تقليديون.
4- قيادات تربوية تقليدية.
5- نظـام جامعـي يعتمـد الـدرجات والعلامات.
6- صعوبات فنية.
7- عوامل اجتماعية وسياسية.

2- مناهج تقليدية في إعداد المعلمين:

تقدم الجامعات عدداً من المساقات والمقررات الدراسية، كأساس وحيد لإعداد المعلمين. وتتراوح هذه المساقات بين مساقات ترتبط بمواد دراسية (علوم - لغـات- اجتماعيـات -... الخ) مـع مسـاق خاص بالتربية العملية.

إن جميـع الجامعـات العربيـة تعتمـد برامج إعداد المعلمين التي ترتكز على مجموعة مساقات مقررة على الطالب حفظها والنجاح فيها كأساس لممارسة عمله كمعلم.

ولا تظهر الجامعات اهتماماً غير عادي بتعليم التفكير، حيث يقتصر عمل المعلمين على المحاضرات النظرية، ويقتصر عمل الطلبة على متابعة ما يقوله المعلمون، ولذلك تعتبر الجامعات أن المعلم الناجح هو من يتخرج منها وقد حصل على أعلى العلامات في الامتحانات التي تقيس في غالبها الحفظ والتذكر، ولا تعطي سوى مساحة صغيرة وأحياناً غير جادة لبحوث تربوية.

3- معلمون غير مؤهلين لتعليم التفكير:

أن المعلم الحالي هو معلم مادة دراسية تخصص فيها في إحدى الجامعات، تعلّم لدى محاضرين كانوا يهتمون بالمحاضرة والامتحان، نقل عنهم في أفضل الأحوال.

إنه معلم يرى أن مهمته هي إتمام تقديم المنهج المدرسي الطويل لأعداد كبيرة من طلاب في صف واحد، وقد جعلت منه هذه الظروف معلماً رافضاً للتغيير، متمسكاً بقديمه، محافظاً عليه. كما يلاحظ أن المشرفين والآباء ومديري المدارس يهتمون بقدرته على نقل المادة الدراسية وشرحها وتوضيحها.

> **خصائص المعلم الحالي**
>
> معلم يمتلك إعداداً في مادة دراسية معينة، يمتلك سلطة كافية، يعتبر نفسه مصدراً وحيداً للمعلومات، يقدم ويشرح ويوضح ويقيم ويمتحن ويقيس مدى ما حفظه طلابه، معلم مثقل بمنهج طويل.

إن معلمنا يعيش انفصاماً بين مفاهيم حديثة لتعليم التفكير قد يرغب بها ولكنه لا يستطيع الاهتمام بها أو لا يتقن استخدامها.

4- قيادات تربوية تقليدية:

تنبع قيادات التربية من جهاز التربية والتعليم، أي ممن كانوا في غالبيتهم معلمين تقليديين، محافظين يؤمنون بالأهداف التقليدية للتربية وأساليبها من حفظ وامتحانات وسلطة ورسوب... الخ.

إنها قيادات ما زالت تؤمن بالفكر القديم، وتنظر بحذر وروية إلى التغيير والتطوير بل تعاديه في معظم الأحيان، وترى أن تعليم التفكير يأتي على حساب البرامج التعليمية السائدة.

> قيادات تربوية محافظة تعيق التطوير والإبداع.

5- نظام جامعي يعتمد على معدل العلامات:

تتركز معظم اهتمامات الطلبة وأولياء أمورهم على الالتحاق بالجامعات، وإن متطلبات الحصول على مقعد جامعي هي النجاح في الامتحانات، والحصول على علامات عالية، ولذلك يبدو أفضل المعلمين هو أفضل المحاضرين، وأفضل المدارس هي التي تحصل على أعلى العلامات، وأفضل الطلبة هم المتفوقون في الامتحانات.

> يكيّف معلمو المدارس طرق تدريسهم وفق الامتحان العام بهدف مساعدة طلابهم على التفوق للحصول على مقعد جامعي، فالجامعات تعتمد العلامات وليس لديها معايير أخرى لقبول الطلبة.

فالمعلمون إذن لا يضعون بين أهدافهم تعليم الطلبة كيف يفكرون، فهم منشغلون بتعليمهم كيف يحفظون، وكيف يقدمون امتحانات، وكيف يحصلون على علامات حتى غير حقيقية.

إن هناك كثيراً من التجارب لمدارس حاول تعليم طلابها التفكير،ولكنها صدمت لنتائجهم في الامتحان العام،فعادت إلى أساليبها القديمة حفاظاً على مصلحة طلابها.

6- صعوبات فنية ومادية:

تظهر هذه الصعوبات في زيادة حجم الصف المدرسي وكثافة المناهج المدرسية، وضعف الإمكانات والأدوات التكنولوجية المساعدة، فالمدارس في بنيتها، ونظامها، وبنائها غير مؤهلة لتقديم برامج تعليم التفكير.

> كيف يمكن لمعلم أن يعلم طلابه مهارات التفكير وهو يعرف تماماً أنهم مطالبون بامتحانات لا تهتم سوى بالحفظ والتذكر وقليل من التفكير.

فالمعلمون غير مؤهلين أصلاً، وغير مطالبين أيضاً بتعليم التفكير، وغير راغبين، وإن رغبوا فإنهم يواجهون بضغوطات مادية وفنية تعيقهم عن تحقيق أهدافهم.

7- **عوامل اجتماعية وسياسية:**

> **الطفل النموذج**
>
> **طفل هادئ، مطيع، مستمع جيد، لا مطالب له، لا يعارض ولا يرفض. وباختصار: لا يفكر.**

هناك اعتقاد شائع عن النموذج المطلوب من أطفالنا، فالطفل المؤدب هو طفل هادئ ملتزم، لا يخرج عن القواعد والأنماط المألوفة، يفكر كما يرغب أهله ومعلموه، ويسلك كما يريد المجتمع. وليس سراً حين نقول أن الطفل شديد التساؤل، محب للاستطلاع، وأن الأسرة والمدرسة تتعاون في تهذيبه وكبت أسئلته، أما من خرج عن الأسرة والمدرسة فإن الجامعة تتكفل بالباقي وإلا كان المجتمع له بالمرصاد.

> **أدوات قمع التفكير**
>
> **الأسرة والمدرسة والجامعة يمكن أن تكون أدوات ووسائط لتنمية التفكير بدلاً من ممارسة دورها الحالي في إعادة إنتاج النموذج المسالم القابع والقانع.**

إن أطفالنا يسمعون كثيراً عن نموذج الطفل الجيد، ولكنهم لم يجدوا أسرة أو مدرسة تحفز نموهم وتطلق حرية التفكير لديهم.

إن الطفل كثير التساؤل يشكل مشكلة لأهله ومعلميه، وربما خرج مشاغباً من وجهة نظر بعض فئات المجتمع.

سلوكيات المعلمين وأولياء الأمور الطلبة المعيقة للتفكير:

يمارس المعلمون والأهالي والمربون سلوكيات عديدة بهدف الاطمئنان على سلامة النموذج الذي يسعون لإنتاجه، ولكي يحققوا هذا الهدف فإنهم يمارسون سلوكيات لا تحترم قدرات أطفالهم، ولا تشجعهم على التفكير.

ونذكر من هذه السلوكيات أن المعلم أو الأب :

1- هما أصحاب السلطة، وهما أصحاب القرار.

2- هما مصدر الخبرة والمعرفة، ومن حقهما نقلها إلى الأطفال.

3- لا يرحبان بأسئلة الأطفال وملاحظاتهم.

4- ليسا «مؤهلين» لممارسة أدوارهما بشكل سليم.

5- لا يمتلكان الوقت الكافي للتحدث مع الأطفال والاستماع لهم.

6- هما «الأكبر» والأكبر مطاع لا يناقش!!

7- على عجلة من الأمر دائماً، لا يخصصان وقتاً نوعياً مع الأطفال.

8- يرحبان بالنموذج المطيع، الهادئ، قليل التساؤل والحركة.

9- ينقدان ويصدران أحكاماً تؤثر على حرية الطفل.

10- يمارسان حقوقاً على الأطفال ليست من حقوقهم بل اعتداء على الأطفال!

نموذج التربية

تهدف الأسرة والمدرسة إلى إعادة إنتاج النموذج القديم للمواطن الصالح. بدلاً من تهيئة الفرصة لكي ينمو كل طالب حسب نموذجه الخاص.

إذاً حين يمارس الأهالي والمعلمون كل هذه السلوكيات، فإنهم يتدخلون مباشرة في تنميط سلوك الأطفال، فهم الذين يضعون الأهداف، ويستخدمون الأساليب والبرامج، ومع ذلك فإنهم يحملون الأطفال مسؤولية النتائج. فإذا فشل طالب في المدرسة، فإن المسؤولية تلقى عليه، وإذا لم ينجح في أداء مهمة ما فإنه المسؤول عن ذلك.

إن القانون الأخلاقي والطبيعي ينص على أن المسؤول هو الذي يجب أن يتحمل المسؤولية، فالمعلم هو المسؤول عن فشل طلابه، والأهالي مسؤولون عن فشل أبنائهم.

يتدخل الأهل والمعلمون في تخطيط حياة الأطفال، ومع ذلك يحملونهم مسؤولية الفشل بدلاً من أن يتحملوه هم أو يتحملوه معهم.

أما إذا تغيّر دور الأسرة والمدرسة، واحترم أوضاع الطلبة ونميّ تفكيرهم، فإن الطلبة هنا يتصرفون ويتحملون مسؤولية الأوضاع التي يصلون إليها.

أخطاء في التفكير

يتعرض الإنسان للوقوع في أخطاء تشوش تفكيره، فهناك أخطاء في الإدراك الحسي تجعل من قراراتنا بعيدة عن الواقع.

وهناك أخطاء منطقية تدفعنا إلى التفكير الخاطئ، وإن الخطوة الأساسية في التفكير الجيد هو أن نبتعد عن الوقوع في هذه الأخطاء، فالابتعاد عن الأخطاء يفتح لنا الباب نحو التفكير الجيد، لكنه لا يؤدي بالضرورة إلى التفكير الجيد، فنحن حين نعطي إجاباتنا نستمدها من المعلومات والبيانات والخبرات التي لدينا والمدخلات الخاطئة تعطى مخرجات خاطئة (دي بونو: 89).

هناك أسباب وعوامل لوقوعنا في الأخطاء ولابد من معالجتها، فهذه الأخطاء يقع فيها عامة الناس، كما يقع فيها بعض المفكرين الذين يفخرون بأنهم يفكرون تفكيراً منطقياً خالياً من عيوب منطقية أو إدراكية.

عوامل التفكير الخاطئ

- النظرة الجزئية.
- التحيّز والتأثير الشخصي.
- التبسيط والأمر الواقع.
- الحكم الأولي المتسرع.
- التطرف والتصميم الخاطئ.
- الطاقية السوداء.
- تضخّم الأنا.
- الكم والكيف.

1- النظرة الجزئية:

> **النظرة الجزئية**
>
> **قد تكون متعمدة حين يعرض عليك موضوع ما مثل وظيفة بعيدة عن الوطن لتكتشف أن ذلك من أجل إعطاء وظيفة جيدة لمنافس لك وقد تكون النظرة الجزئية غير متعمدة نتيجة نقص في المعلومات.**

حين ننظر إلى موضوع ما نظرة جزئية، فإن ذلك يحفزنا على أن نصور أحكاماً تتلاءم مع هذه النظرة، فحين يعرض عليك أن تبدي رأيك بتخفيض الرسوم الجامعية، فإنك ترى أن ذلك مفيداً، ويوفر عليك جزءاً من التكاليف، ولكن إذ عرفت لا حقاً أن هذا التخفيض أدى إلى انخفاض المستوى التعليمي، فإنك تكتشف أن نظرتك كانت جزئية، وإذا سُئِلت عن إلغاء الامتحانات، فإنك قد تتحمس وتؤيد ذلك، لكن ماذا عن عدم العدالة في النجاح والرسوب، فالنظرة الجزئية تفقدنا رؤية الموضوع ككل، وبذلك نقع في الخطأ. والنظرة الجزئية قد تكون متعمدة حين يناقشك أحد بموضوع ويخفي عنك بقية جوانبه كأن يقول لك: ما رأيك في أن أهديك نباتاً شوكياً لزراعة أطراف حديقتك؟ لتكتشف بعد حين أن ذلك أدى إلى إلحاق الأذى بجارك.

ولإعطاء مثال واضح حين طالب الموظفون بزيادة رواتبهم وحصلوا عليها، ارتفعت الأسعار واستهلكت أكثر من نسبة الزيادة. فما الأفضل؟ الرواتب كما هي أم زيادة يتبعها زيادة هائلة في الأسعار؟

ولذلك إذا أردنا أن نفكر تفكيراً سليماً علينا أن نبتعد عن النظرة الجزئية، وأن ندرس جوانب الموضوع المختلفة قبل إصدار الحكم.

2- التحيّز والتأثير الشخصي:

> **لا تحكم على الأمور من خلال تأثيرها على مصالحك، إن بمقدورك أن توسع مداركك وتنظر نظرة شاملة.**

غالباً ما نحكم على الأمور من خلال تأثيرها علينا، وهذا يدفعنا إلى أن ننظر بشكل جزئي إلى الموقف، وقد عرفنا أن النظرة الجزئية

تعمينا عن رؤية الموقف ككل، فكيف إذا تضافرت النظرة الجزئية مع تحيزاتنا ومحاكمة الأمور من خلال تأثيرها علينا. فإذا سُئِل الموظفون عن الحاجة إلى تعيين مراقب خاص للدوام، أو بناء آلية جديدة تنظم الدوام بدقة.

فإن تحيزاتهم أو تمركزهم حول الذات سيؤدي بهم إلى رفض الموضوع، لكن النظرة الأكثر بعداً للموضوع تشير إلى أن المؤسسة ستصبح أكثر إنتاجية، وأن عدالة التعامل مع الجميع هي هدف هذا الإجراء... وهكذا فإن أحد أسباب الوقوع في أخطاء التفكير التمركز حول الذات والاهتمام بالمصالح الذاتية خاصة إذا كانت غير مشروعة.

3- التبسيط وقبول التفسير الواضح أو الأمر الواقع:

تعرض علينا مواقف عديدة، نميل إلى رؤية ظاهر هذه المواقف أو شكلها، وغالباً ما نقبل أي تفسير لها، خاصة إذا كان واضحاً. وحين نقبل ما يقدّم لنا من تفسير فإننا لا نعود نشغل أذهاننا بالبحث عن تفسيرات أخرى. فالفلاح في القرية النائية يمتلك أحكاماً وتفسيرات يعتقد بأنها الأكثر ملاءمة للعالم كله، فيستهجن ما يسمع عن أحكام وتفسيرات أخرى. فهو يقع في الخطأ لأنه يرى أن قريته النائية هي حدود العالم.

إن المشكلة في هذا الخطأ أنه لا يبدو خطأ أمام الشخص الذي يتمسك بذلك معتقداً أن حياته هي الأفضل، فهو يقبل الواقع أمامه ولا يحتاج إلى أن يمد نظره إلى ما هو أبعد، وهذا يعيقه عن البحث والسعي نحو الأفضل.

إن مقاومة هذا الخطأ على صعوبته تفتح الطريق أمامنا للبحث عن تفسيرات جديدة وعن وجهات نظر أخرى، فلا يجوز أن تبقى أحكامنا رهناً لتفسيراتنا أو لحياتنا المباشرة دون أن نمتد لنفكر على مدى أرحب.

ظاهرة فينوس القروية

يرى أهل القرية أن أجمل فتاة في القرية هي أجمل فتاة في العالم ولا يستطيع أحد من القرويين أن يتخيّل وجود فتاة أجمل منها.

ولذلك لن يشغل نفسه بالبحث.

(دي بونو : 89)

4- الحكم الأولي المتسرّع:

تحتـل السرعـة مكانـة مرموقـة في ثقافتنـا، فالرياضيـون يعطـون قيمـة للأقـوى والأعـلى والأسرع. (الميثـاق الأولمبـي الـدولي) والتربويـون يعطون القيمة للأسرع.

فحين يسألون سـؤالاً فإنهم يكتفـون بـأسرع إجابـة صـحيحة، ولا يشـجعون الطـلاب عـلى التفكير الهادئ المنظم.

> **السرعة هي النجاح**
> حين يسأل المعلم سـؤالاً فإنه يكافئ أسرع الإجابات، حتى أن بعض المعلمين لا يعطون زمنـاً كافياً للطالـب لتنظيم إجابته، وهذا مظهـر مـن مظاهـر عـدم الاهتمام بالتفكير.

وفي القضايا العامة غالبـاً مـا نتـورّط في إصدار مظاهر أحكام سريعة ثم نبدأ بالدفاع عنها وتقديم المبررات والتفسيرات لها فبدلاً من أن تتركـز مهارتنـا على البحث عن الصحيح، فإننا نركزها على الدفاع عن وجهة نظر متسرّعة.

> إن التفكير السليم هـو وضع خطـة للتفكير بدلاً من تقديم دعم منطقي لأفكارنا وأحكامنا.

ونادراً ما تراجع الإنسان العادي عن رأي أولي أو حكم أولي. إنّ من الملائم أن نضع خطة للاكتشاف ونضع فروضاً لتفسير الموقف، ونبدأ بفحص هذه الفروض للوصول من الحكم الأولي إلى الحكم النهائي، وهذا هو التفكير السليم.

أما أن نبدأ من حكم أولي. ثم ندعّمه بحجج وبراهين سواء كان الحكم سليمـاً أم لا فإن ذلك مضيعة للوقت، ومجال للخطأ في التفكير.

5- التطرّف والتعميم الخاطئ:

يميل بعض الأفراد إلى اتخـاذ مواقـف متطرفة، فـإذا أثيرت مسألة مثـل بـاب التعليـم الجامعي، فإننا نجد هؤلاء يقولون إن ذلـك يعنـي أن جميع المواطنين يصبحون جامعيين. ولن نجد عمالاً، ولن نجد وظائف لهـم. وذلك سـيدمر المجتمع إلى غير ذلك مـن المواقف

المتطرفة. وإذا أثير موضوع مثل الترفيع التلقائي لطلاب الجامعة، فإنهم يقولون هذا يعني أن خريج الجامعة سيكون أمياً، وستغيب العدالة، وتنخفض الروح المعنوية للمدرسين.

إن التطرف يدفع بنا إلى اتخاذ مواقف وتعميمات غير سوية، صحيح أن بعض المحاذير تكون حقيقية ولكن إلى أي مدى يمكن أن تكون كذلك. إنَّ الترفيع التلقائي مثلاً قد يؤثر على عدد محدود من الطلبة. ولكن هل هذا يلغي مزايا هذا النظام؟

التفسيرات المتطرفة

كان يعتقد أن فتح مدارس للبنات قد يؤدي إلى انتشار الرذيلة وتهديم قيم المجتمع.

لكن إلى أي مدى كان هذا التفسير المتطرف صحيحاً؟

إن مدارس البنات تملأ المجتمع, وأن نسبة الطالبات تعادل نسبة الطلاب. وإن كانت نسبة نجاح الطالبات أعلى من الطلاب!

إن التفسيرات المتطرفة تؤدي إلى اتخاذ مواقف متشددة تعيق أصحابها عن الاحتكام إلى المنطق أو حتى إلى الوقائع الحسية الملموسة. كما أن من يتخذ موقفاً متطرفاً من موضوع ما يحاول حشر تطرفه في كل ما له صلة بهذا الموضوع، فالمعلم الذي يؤمن بأن السلطة ضرورية لضبط الطلاب، يؤمن أيضاً بالامتحانات القاسية ويؤمن بالعقوبات القاسية، ويتشدد في تنفيذ الأنظمة ويتطرف في ترسيب الطلبة... الخ، إن هذه التطرفات تعيقنا عن رؤية الحقيقة في الأحداث المختلفة، ولذا يبدو البعد عن التطرف أساساً يضعنا أمام طريق التفكير الصحيح.

القبعة السوداء

هي قبعة القاضي الذي يحاول البحث عن الأخطاء ونقد السلوك وإصدار أحكام على من يرتكب الأخطاء.

6- القبعة السوداء:

يتخذ بعض الأفراد مواقف نقدية من الأشخاص والأشياء والأحداث والأفكار التي توجد أمامهم، فلا يرون سوى الجانب السلبي أو يركزون على الجانب السلبي فقط، فإذا شاهدوا خطيباً ناجحاً انتقدوا طريقته في اللباس، وإذا شاهدوا شجرة جميلة انتقدوا مكانها وقالوا إن جذورها ستدمر السور بجانبها، وهكذا فإنهم يرتدون القبعة السوداء دائماً.

إن ارتداء هذه القبعة قد يكون مفيداً في التنبيه إلى بعض الأخطاء ولتحذيرنا من بعض العيوب ولكن ارتداءها بشكل دائم قد يحجب عنّا المزايا والإيجابيات في الموضوع، وبذا تؤثر على سلامة إدراكنا وسلامة تفكيرنا. قد يكون من المناسب ارتداء هذه القبعة للحظات لكن علينا استبدالها بسرعة حتى لا تبقى عائقاً أمام تفكيرنا السليم.

7- الأنا والانحياز للذات:

مغالطة

أنا دائماً على حق وأفكاري سليمة والآخرون هم المخطئون.

يثق الإنسان بقدراته وأفكاره،ويرى أنه صحيح وعلى حق بشكل دائم،فالإنسان يبني ثقته بذاته وتقديره لها، فيصعب عليه الاعتراف بالخطأ. وحين تتعمق ثقة الشخص بقدراته فإنه يصاب بالغرور، ويرى أنه دائماً على صواب، والآخرون على خطأ، فلا يمكن أن يتهم الشخص نفسه خاصة إذا شعر بذكائه وتفوقه، فيعلي من قيمة أفكاره ويقلّل من أهمية أفكار الآخرين وهذا يعني غياب الموضوعية مما يقلل من القدرة على التفكير السليم.

نخطئ دائماً حين نبحث عن حجج لدعم منطقنا بدلاً من استكشاف الحقيقة والبحث عنها.

فالمطلوب إذن أن يعيد الإنسان نظرته إلى ذاته ويقيم آراءه وأفكاره، وينظر إلى نفسه من وجهة نظر الآخرين، وإلا بقي مقتنعاً بصواب أفكاره، وبقي مهتماً بالبحث عن حجج وبراهين تؤيد موقفه.

فالموضوعية تقتضي أن نقف بعيداً عن أنفسنا، وننظر إليها من الخارج بدلاً من البقاء معجبين بأفكارنا، مصفقين لأنفسنا.

8- مغالطة الكم والكيف:

تختلف الأشياء في طبيعتها، كما تختلف في مقدارها، فالسكر غذاء مفيد، وهذه حقيقة منطقية، لكن ماذا لو زادت نسبة السكر؟

90- 92% من مياه الأمطار تتبخر وبذلك نفقد الجزء الأعظم من المياه.
أما الباقي فيتسرب بعضه إلى البحار. فكم يبقى لنا؟ وفي أي الاتجاهات يجب أن يذهب تفكيرنا؟

هل ستبقى مفيدة؟ فهل نتعامل مع طبيعة الأشياء أم مع حجمها؟ والغذاء مفيد، ولكن ماذا لو زادت نسبة الشراهة وأكلنا كثيراً؟

ويبدو الأمر واضحاً حين نصدر تعميمات مثل: وفّر استخدام الماء في المنزل حفاظاً على حق الأجيال القادمة في الماء النقي. هل هذه حقيقة؟ هل تقليل استخدام الماء في المنزل يؤدي إلى توفير الماء للأجيال؟ ماذا عن الماء المستخدم في الزراعة؟ في الصناعة؟ إن ما نستخدمه من ماء في المنزل جزء بسيط من استهلاكنا للمياه. وبذلك يجب أن لا يحرمنا التفكير في هذا الجزء البسيط عن التفكير في الجزء الأكبر الذي تستهلكه الزراعة والصناعة.

إن التفكير في مقدار ما قد يكون صحيحاً من الناحية المنطقية. فالمعقّم يقتل جراثيم الفم. هذه حقيقة. لكن هذه حقيقة ناقصة لأن الجراثيم تعود لتتكاثر بعد دقيقة واحدة فهل تعقيم الفم مازال مفيداً؟ فالمطلوب إذن أن ننظر إلى كم الأشياء، وليس إلى طبيعتها!!

التفكير الناقد Critical Thinking

عندما نقرأ نصاً أو نسمع فكرة أو رأياً، فإننا نحاول فهم ما نقرأ وما نسمع، ثم نقرّر فيما إذا كان ذلك صحيحاً وموثوقاً. إننا نفحص المنطق في هذا النص، نرى المقدمات والافتراضات التي قدّم لها النّص. نقرأ ما ظهر فيه، ثم نقرأ ما لم يظهر في النص أو ما يخفيه النص. هذا ما نسميه بالتفكير الناقد.

التفكير الناقد لا يكتفي بما قرأه في النص، بل يغوص ليكتشف ما لم يقله النص، أو ما يخفيه.

فالمتحدث ربما يتحدث ببعض المعلومات، ولكنه لا يكشف قيمه أو تحيزاته، فيخفيها داخل النص. لأنه إذا أعلنها سوف يرفضها بعض الناس. ولذلك من يريد أن يفكر تفكيراً ناقداً:

- عليه أن يقرأ جيداً ما هو مكتوب.
- عليه أن يقرأ جيداً ما ليس مكتوباً.

أو باختصار عليه أن يقرأ ما بين السطور!

اقرأ ما بين السطور:

إن قراءة ما بين السطور تتطلب من القارئ الانتباه إلى قيم الكاتب أو المتحدث وتحيزاته ومسلماته التي يؤمن بها وافتراضاته التي يعتمد عليها، وفيما يلي عرض لمجالات قراءة ما بين السطور:

قراءة ما بين السطور

1- **اعرف قيم المتحدث.**
2- **اعرف مسلماته وافتراضاته.**
3- **انتبه لتحيزاتك ومشاعرك.**
4- **حدد معايير سليمة للحكم.**

1- اعرف قيم المتحدث أو الكاتب وأهدافه وغاياته.

إن من يقرأ نصاً أو يسمع حديثاً عليه أن يفكر في القيم والأهداف التي يسعى المتحدث أو الكاتب إلى نشرها. فمن يقول المرأة يجب أن تبقى في البيت، فإنه يؤمن بمجموعة من المؤثرات من القيم ذات الصلة وهي:

- عدم قدرة المرأة على العمل.

- الحرص على المرأة من الخروج من منزلها.

- أهمية وجودها في المنزل.

- بقاء سيطرة الرجل .... الخ.

إن القارئ عليه أن يتفحص هذه القيم، ويرى فيما إذا كانت منسجمة مـع قيمـه، وإن عليه أن يدرك هذه الغايات قبل أن يؤيد هذا النص أو يرفضه.

2- اعرف الافتراضات والمسلمات التي يسلّم بها الكاتب أو المتحدث.

حـين نقـرأ مثـالاً عـن ضـرورة إلغـاء الامتحانـات كشرط أساسـي لتطـوير آراء المعلمـين، وتحسين تعلم الطلبة... الخ.

ما الافتراضات لهذا الكاتب؟

إنه يفترض ما يلي:

- الامتحان عقبة ومشكلة.

- لن يتطور التعليم مع وجود الامتحانات.

- يكيّف المعلمون آراءهم لغايات الامتحان.

- يهتم الطلبة بما سيرد في الامتحان، ويهملون سواه.

إن معرفتك بهذه الافتراضات هي التي تحـدد موقفـك مـن الـنص. هـل أنت مؤيد أم معارض!

3- انتبه لتحيزاتك ومشاعرك.

إنك لا تستطيع أن تبعد مشاعرك ولا يجوز ذلك. ولكن حـين تريد أن تفحص نصاً يجب أن تنتبه لتحيزاتك ومشاعرك. ولا تسمح لها التأثير عليـك في إصدار حكم علـى مـا تسمـع أو تقرأ. كما أن عليك أن تفحص تحيزات الكاتب أيضاً حتى يكون حكمك سليماً.

4- حدّد المعايير التي ستحكم بها.

إنك حين تقول هذا النص جيد أو غير جيد. فإنك تستند إلى معايير.هل هذا النص ممتع؟ جديد؟ قصير؟ سهل واضح؟ ولكن حين تقول إن هذا المنزل جيد. فإن لك معايير جديدة للجودة. ما هذه المعايير؟ هل هي نفس معايير النص الجيد؟ أو الكاتب الجيد؟ أو السيارة الجيدة؟ ومن الملائم أن تعرف أيضاً أن لكل شخص معايير خاصة بالجودة تختلف عن معايير سواه. فالمنزل الجيد بالنسبة لي يختلف عن المنزل الجيد لك.

إنك حين تحكم على فكرة أو شيء ما، عليك أن تتأكد أنك تستخدم معايير واضحة في ذهنك.

تمرين:

ما معايير السيارة الجيدة؟

ما معايير المنزل الجيد ؟

ما معايير الإجازة الجيدة؟

ما معايير الحذاء الجيد ؟

ما معايير الوجبة الجيدة؟

هل الجميع متفق على هذه المعايير؟

أشكال التفكير الناقد:

يتطلب التفكير الناقد أن نمد تفكيرنا لنصل إلى فهم كامل للوضع أو الحدث. وهذا يتطلب مهارات عديدة مثل مهارات التحليل والمقارنة والتفسير وإصدار الأحكام، والتصنيف والترتيب وفحص المعلومات والتأكد من دقة المصادر.. هذه الأمور هي متطلب سابق يمكن الإنسان من حل المشكلات واتخاذ القرارات.

التفكير الناقد ينقلنا من جهل الوثوق إلى حكمة الشك. ومن التصديق الكامل الجاهل إلى الحكمة المشكوك بها.

التفكير الناقد يوجب علينا أن ننتقل من التصديق الساذج لما تسمع ونرى أو لما ينقل إلينا إلى الشك الواعي أو الوعي الشكاك بهذه المعطيات الحسية، إننا في حاجة إلى فحص ما يحيط بنا من أقوال وسلوكيات وأحداث ومعلومات، بحاجة إلى أن نشك بها. ونفحصها وإلاّ كانت النتيجة أحكاماً خاطئة وقرارات ضعيفة ومخاطرات مؤلمة.

يدفع كل منا ثمناً باهظاً بسرعة اندفاعه لتصديق ما يدور حوله من مدركات ومن الثقة العمياء بما يصله من معلومات وأخبار.

إننا بحاجة إلى معرفة أننا لا نعرف بدلاً من أننا لا نعرف أننا لا نعرف. إن من يرتكبون الأخطاء هم في الغالب ممنلا يعرفون أنهم لا يعرفون أي أنهم لا يفكرون تفكيراً ناقداً.

إن أي قرار يتخذ في ظل بيئة الشك أو الحكمة غير الواثقة سيختلف في صوابه ورشده عن قرارات يتخذها واثقون مخطئون لا يعرفون أنهم مخطئون.

أشكال التفكير الناقد:

يتخذ التفكير الناقد أنماطاً أو أشكالاً متعددة سنعرض أهم هذه الأشكال. (Great circle learning : 2001)

أنماط التفكير الناقد

1- **التفكير النشط.**
2- **التفكير الاستراتيجي.**
3- **التفكير النظامي.**
4- **التفكير الاختراقي.**
5- **التفكير العاطفي.**

1- التفكير النشط Thinking Active

إنه تفكير تحليلي منطقي مباشر. يثير أسئلة هامة. يبحث عن معلومات وبيانات وحقائق. يحلل الأوضاع. يربط بين خبراتنا السابقة والمعطيات الجديدة التي تصلنا. تفكير يبحث في الافتراضات الخفية ويقرأ ما بين السطور.

2- التفكير الاستراتيجي Strategic Thinking

إنه تفكير يبحث في المستقبل يضع افتراضات، ويحدد عدداً من السيناريوهات المستقبلية، فالمفكر الاستراتيجي يجب أن ينظر بعيداً عن الحاضر، ويبحث عن توقعات وفروض مستقبلية ويثير أسئلة مثل:

التفكير الاستراتيجي

مستقبلي تنبؤي. إن أي تفكير لا يراعي المستقبل ليس تفكيراً استراتيجياً.

ما الذي سيحدث؟ ماذا يمكن أن ينتج عن هذا القرار؟

إن المفكر الاستراتيجي يتريـث في إصـدار الأحكـام والقرارات ويعـود ثانيـة إلى التفكير النشط، ويثير أسئلة حول السيناريوهات المستقبلية، وحول مـدى أهميـة كـل منهـا، والنتـائج المتوقعة من كل سيناريو قبل أن يضع خطته الإستراتيجية.

3- التفكير النظامي Systems thinking

ينظـر المفكـر النظامي إلى المشـكلة نظـرة كليـة.

يبحث في جميع العوامل والعلاقات المتشابكة بين هـذه

العوامل. فإذا بحث في موضـوع مثـل الامتحانات مثـلاً،

فإنه ينظر إلى المعلمين ومؤهلاتهم وإلى المناهج وطرق

التدريس وأحوال المجتمع وطرق وأسـاليب الامتحانـات،

والعلاقات بين هذه الموضوعات من أجل الإحاطة بنظرة كلية.

التفكير النظامي
يحلل جميع العوامل المؤثرة على الموقف.

إن المفكر النظامي ينظر خلف المعطيات الحالية ليرى الصورة الكلية.

مثل: كيف كانت الامتحانات في الماضي؟ الآن؟ ما الذي سيتطور في المستقبل؟

4- التفكير الاختراقي Quantum thinking

نحن أمام حقائق ومسلمات عديدة. هل نثق بها

دائماً؟ أم نحتـاج إلى فحصها وإعـادة النظر فيهـا مـن

جديد؟

إن إعادة النظر في أساليبنا وطـرق تفكيرنـا وحقائقنـا،

تكشف لنا يومياً عن بحوث جديدة ومعلومات جديدة

بعضها مخالف لما نثق به. فلماذا لا نخترق حـدودنا

المألوفة، ونثير أسئلة جديدة مثل:

التفكير الاختراقي
الاختراقي يقوم على فكرة أن هناك دائماً حـل آخر وحقيقـة أخرى. وعلينا أن لا نتمسك بالحقيقة التي أمامنـا. يجـب أن نبحـث عـن الحقائق الجديدة.

ما الذي لم نفعله؟ لماذا لم نفعله؟

5- التفكير العاطفي Emotional thinking

التفكير العاطفي ليس التفكير المنساق وراء الأهواء والمشاعر. بـل هـو التفكير الـذي يستند إلى المشاعر. فنحن نشعر ثم نفكّر. والمشاعر هي التي تـنظّم أولوياتنا، وتخلـق لـدينا الحماسة للقيام بالتفكير وحل المشكلات.

> من الشائع أن التفكير العاطفي تفكير مضطرب لأنه غير منطقي لكن بحوث الـدماغ الحديثة تشير إلى أن دماغنا يشعر أولاً ويحفزنا الشعور إلى التفكير.

إن من الشائع أننا نحـارب التفكير العاطفي، ولكـن البحـوث الحديثـة في الـدماغ تؤكـد أهميـة المشاعر في تحديد تفكيرنا ومـدّ هـذا التفكير إلى مـا وراء المعطيات الحسية أو المنطقية، فنحن من خـلال المشاعر والتفكير الحـدسي نستطيع أن نتوصـل إلى حقائق يعجز عنها التفكير المنطقي.

ماذا تعني لنا هذه الأمور؟

إن كل نمط من أنماط التفكير يقدّم لنا رؤيا هامة. ويجعلنا نـرى المشكلة بثوب مختلـف. ولذلك يحتاج الإنسان إلى جميع أنماط التفكير من أجل تحسين قدرتنا على إصدار الأحكام.

إن التفكير الناقد يثير عادة أسئلة تتعلق بكل هذه الأنماط.

- ما الذي قدمته لنا هذه الحقائق والمعلومات؟ (تفكير نشط)
- كم من الوقت علينا أن نفكر بالمستقبل؟ (تفكير استراتيجي)
- كيف نفهم تشابك هذه العوامل المؤثرة؟ (تفكير نظامي)
- ما الذي يحدث حين يكون لدينا شعور ما نحو موضوع؟ (تفكير عاطفي)
- لماذا نهتم بالإمكانات غير المعروفة؟ (تفكير فيزيائي)

الاستقراء والقياس وإصدار الأحكام:

يعتبر الاستدلال بنوعيه الاستقرائي والقياسي ومهارات إصدار الأحكام مـن مهارات التفكير الناقد، وسيتحدث هذا الجزء عن الاستدلال الاستقرائي.

أولاً- الاستدلال الاستقرائي Inductive

الاستقراء هو الحصول على نتائج جديدة استنادا إلى الحقائق معطاة موجودة أمامنا. فإذا وضعنا سكراً في إبريق الشاي، فإننا يمكن أن نستنتج أن الشاي الـذي سـنشربه هـو شـاي حلو المذاق. لكن هل هذه النتيجة مؤكدة أم محتملة؟

إن بعض الاستنتاجات صادقة. ولكن بعضها ليس كذلك. فهنـاك الكثيـر مـن العوامـل التـي تقودنا إلى استنتاجات خاطئة:

«كان شخص يتحدث مع صديقه، لاحظ حركات امتعاض على وجه صديقه، فاستنتج أن صديقه منزعج من الحديث. ولكن بعد برهة قال الصديق إن حذاءه يؤلمه ويسبّب له ضيقاً. إذن كان الاستنتاج بأن الصديق امتعض من صديقه ليس صحيحاً».

كيف نتأكد من صدق استنتاجاتنا؟

إن صدق استنتاجاتنا يعتمد على:

1- انسجام النتائج مع المقدمات:

مثال: سلوك نزيه قاد إلى سمعة طيبة.

2- صحة المقدمة أو المقدمات:

إذا كانـت المقدمـة صحيحة فإنهـا تقـود إلى نتيجـة صحيحة ما لم ترتكب أخطاء في التفكير.

لنحاول الآن معرفة مدى صحة المقدمات علـى هـذه النتيجة:

النتيجة:

عليك أن تأخذ مظلة معك إلى المدرسة صباح هذا اليوم الأول من آذار.

المقدمات:

1- عادة ما يكون شهر آذار ماطراً وهذا أو يوم فيه.

2- سمعت أمس ثلاث نشرات جوية تنبأت بسقوط المطر مساء أول يوم من آذار.

> **استنتاج سهل**
>
> يكفي أن أذوق طعم قطرة من مـاء البحر المالحة، لأحكم أن جميع مياه البحر مالحة.
> وأن الحجـر قاسٍ لأحكـم بـأن جميع الحجارة قاسية.

3- أعلن متنبؤ جوي الأسبوع الماضي أن بدايات آذار ستكون ماطرة.

4- إن محطة الجزيرة صادقة ودقيقة. قالت أمس إن مطراً غزيراً سيحدث صباح اليوم.

ما مدى صحة هذه المقدمات؟ لنحاول ترتيبها حسب قوتها في اعتماد النتيجة.

والاستقراء نوعان: تام وناقص.

والاستقراء التام هو الانتقال من الحكم على جميع الأفراد فرداً فرداً للوصول إلى الحكم على الكل. فإذا أردنا أن نحكم على ذكاء طلاب صف ما عددهم ثلاثون طالباً علينا أن نختبر ذكاء كل واحد منهم. وبعد ذلك تقول:

جميع الطلاب في هذا الصف أذكياء.

أما الاستقراء الناقص فهو الانتقال من الحكم على عينة ممثلة من طلاب هذا الصف ويمكن 5-6 طلاب. وبعد ذلك نقول:

جميع الطلاب في هذا الصف أذكياء.

الاستقراء التام: يصعب تنفيذه. ويستهلك وقتاً وجهداً غير ضروريين.

ولذلك يهتم العلم بالاستقراء الناقص.

فالاستقراء الناقص هو أساس البحث العلمي، لأن الباحث لا يحتاج لفحص جميع الأفراد حتى يحكم على الكل. ويكفي أن نرى حجراً واحداً يسقط من أعلى البناية إلى الأسفل حتى نقول: جميع الحجارة تسقط إلى الأرض. كما يكفي أن ترى مسمار حديد يتمدد بالحرارة حتى نقول جميع المسامير تتمدد بالحرارة أو حتى جميع الحديد يتمدد بالحرارة أو حتى جميع المعادن تتمدد بالحرارة.

اقرأ ما ليس مكتوباً ! واسمع ما لم يقل !

لا يتوقف المفكر الناقد عندما يقرأ أو يسمع بل يحاول معرفة ما ليس مكتوباً، لأن الكثير مما يريد الكاتب أو المتحدث أن يوصله لا يقوله صراحة، فيعمد إلى التورية والإخفاء، ويسربه إلى القارئ بشكل غير واضح. فحين تقول شركة سيارات:

80 % من السعوديين يفضلون سيارة لكزس

إنهم هنا يقولون إن لكزس هي:

السيارة المفضلة لدى السعوديين وهذه عبارة صريحة.

ولكن هناك إيحاء بأن سيارة لكزس هي أفضل السيارات في السعودية وغيرها.

وهذه الرسالة غير معلنة لكن يستطيع الشخص استنتاجها.

وحين تقول شركة سياحة:

«سجّل معنا في أمتع رحلاتك وبأرخص الأسعار».

إن ما تقوله هذه العبارة واضح تماماً. ولكن ما تخفيه هو:

إن شركتهم أفضل من غيرها وأكثر احتراماً لعملائها.

إن معرفة ما لم يقل هي إحدى مهارات الاستقراء الهامة.

أخطاء في الاستنتاج:

إن الانتقال من معلومات معطاة إلى حقائق جديدة فيه نوع من المغامرة.وقد نتعرض للخطأ في هذا الانتقال.وفيما يلي بعض الأمثلة:

1- السيارتان أ، ب مستعملتان من نفس الموديل والنوع والشكل. تم بيع السيارة أ بمبلغ عشرة آلاف دولار. إذن ستباع السيارة ب بنفس المبلغ.

هل هذا استنتاج صحيح؟ ما القصور والخطأ في هذا الاستنتاج ؟

ما الذي نحتاجه لكي نحكم على سعر السيارة ب ؟

2- حصل التلاميذ أ، ب، جـ على درجات عالية في الامتحان. بينما غاب الطالب د.لو حضر الامتحان لحصل على الدرجات العالية أيضاً. هل هذا استنتاج صحيح؟

3- بقيت المتسابقة (أ) متقدمة على جميع زميلاتها في مسابقة الركض حتى آخر دقيقة. حين تعثرت وسقطت. لو لا هذا التعثر لحصلت على المركز الأول. أين الخطأ؟

ثانياً- الاستدلال القياسي Deductive

القياس أو الاستنباط هو الوصول إلى نتيجة عبر المرور بمقدمة أو أكثر. وهذه النتيجة ليست جديدة.هي موجودة أصلاً. وعملية القياس أو الاستنباط كشفت عنها فقط. فهي أشبه بعملية استخراج حقائق موجودة وليس الوصول إلى حقائق جديدة.

ولكي تكون عملية القياس سليمة لا بد من التعرف على المفاهيم التالية:

- تتكون عملية القياس من مقدمة أو مقدمتين ونتيجة.

- تتكون المقدمة من موضوع وصفة تطلق عليه اسمها المحمول.
  مثال: العرب أخوة.
  العرب هو الموضوع. والأخوة هو المحمول.

- أن يكون هناك حد أوسط يجمع بين المقدمتين:
  كل العرب أخوة.
  كل الأخوة يحبون بعضهم.

الأخوة هنا حد أوسط يجمع بين المقدمتين. ولولا هذا الحد لما أمكن الوصول إلى نتيجة.

تطبيقات:

1-   كل (أ)   تساوي (ب) مقدمة كبـرى

كل (ب) تساوي (جـ) مقدمة صغرى

_____

إذن كل (أ) تساوي (جـ) نتيجة

إن (ب) هنا هي الحد الأوسط الذي جمع بين المقدمتين وقادنا إلى النتيجة.

2- بعض الناس   يهتمون   بصحتهم   مقدمة كبرى
    كل من يهتم بصحة   يعمر   طويلاً   مقدمة صغرى
    _____

    إذن بعض الناس   يعمرون   طويلاً   نتيجة

إن النتيجة هنا صحيحة لأن الحد الأوسط جمع بين المقدمتين.

لكن لا حظ أن النتيجة هي : بعض الناس.... وهي نتيجة جزئية.

فلا يجوز أن نحصل على نتيجة كلية إذا كانت إحدى المقدمتين جزئية.

3- كل   السيارات   مفيدة.   مقدمة كبرى
    كل   مفيد ليس مزعجاً.   مقدمة صغرى
    _____

    إذن كل السيارات ليست مزعجة   نتيجة

لاحظ أن النتيجة هنا سالبة. ذلك لأن إحدى المقدمتين سالبة.

فلا يجوز أن تكون النتيجة موجبة.

4- بعض   الكتب   مفيدة   مقدمة كبرى
    بعض   المعقد   مزعج   مقدمة صغرى
    _____

النتيجة: لا نتيجة لأن المقدمة الأولى جزئية، والمقدمة الثانية جزئية.

فلا إنتاج من مقدمتين جزئيتين. يجب أن تكون إحدى المقدمتين كلية.

5- كل الأوراق ليست   خشنة   مقدمة كبرى
    كل الأشياء الخشنة   ليست رقيقة   مقدمة صغرى
    _____

النتيجة: لا نتيجة لأن المقدمة الأولى سالبة والثانية سالبة.

فلا إنتاج من مقدمتين سالبتين.

يتبيّن لنا مما سبق القواعد التالية للقياس السليم:

1- يجب أن يكون الحد الأوسط جامعاً بين المقدمتين.

2- لا إنتاج إذا كانت المقدمتان جزئيتين.

3- لا إنتاج إذا كانت المقدمتان سالبتين.

4- إذا كانت إحدى المقدمتين سالبة تكون النتيجة سالبة حتماً.

5- إذا كانت إحدى المقدمتين جزئية تكون النتيجة جزئية حتماً.

ومما يلاحظ في القياس أن صدق النتيجة لا يعبّر عن صدق المحتوى.

فالقياس عملية شكلية، حيث يعتمد صدق النتيجة على صدق المقدمتين.

لكن الوصول إلى النتيجة بحد ذاته يعتمد على توفر الشروط السابقة في المقدمتين.

فحين نقول مثلاً:

كل	الورق	أسود
كل	أسود	محبوب

النتيجة : كل   الورق   محبوب

هذه نتيجة صحيحة. تم الوصول إليها من المقدمتين. فإذا كان الورق أسود. والأسود محبوب، فإن الورق محبوب هو نتيجة حتمية للمقدمتين. ولذلك قد تكون النتيجة صحيحة ولكنها ليست صادقة واقعياً.

ما يهمنا في القياس أن تكون عملية القياس نفسها سليمة.

ثالثاً- مهارات التقويم وإصدار الأحكام:

إن عملية التفكير الناقد لا تعني معرفة المعاني ودلالات الألفاظ ومدى معقوليتها فحسب، إنها أبعد من ذلك، إنها طريقة لترتيب الأفكار لمعرفة ماذا تعني لك. فإذا قرأت قصيدة فإن الهدف ليس معرفة معانيها وفهمها. إنك في النهاية يبحث عما تعنيه لك. وعما ستغيّره فيك. إنك تسأل نفسك:

هل هذه القصيدة جديرة بالحفظ؟

هل يمكن أن أعرضها مع زميل يشاركني معانيها؟

هل تتحدث عنّي؟

هل شجعتني على قراءة قصائد أخرى.

وباختصار: ما الذي غيرته فيّ؟ إنك هنا تتأمل وتفكر، وتستخدم كل خبرتك لتحكم عليها.

وحين تصدر حكماً تقويماً فإنك نقدياً، وحتى تكون أحكامك سليمة فإنك بحاجة إلى ما يلي:

البحث عن معايير تساعدك في إصدار الأحكام مثل:

- القيم والافتراضات الموجودة في الحدث والنص.
- مدى الانسجام الداخلي في النص أو الحديث.
- مدى الانسجام بين النص أو الحدث وبين الحياة الواقعية.
- النتائج التي ستتبع هذا الحدث.

هذه هي أدوات تساعدك في إصدار الأحكام. ولكنها ليست كافية فقد نحتاج إلى:

- معرفة الأخطاء ومظاهر عدم الاتساق والتحيزات الموجودة في النص.
- معرفة المصدر الذي اعتمد عليه كاتب النص أو راوي الحدث ومدى موثوقيته وصدقه.

أخطاء شائعة في مهارات التفكير الناقد:

يمكن تصنيف هذه الأخطاء حسب مهارات التفكير الناقد الثلاث وهي.

- الاستدلال الاستقرائي.
- الاستدلال القياسي.
- التقويم ولإصدار الأحكام.

أخطاء شائعة

- **في الاستقراء.**
- **في القياس.**
- **في إصدار الأحكام.**

1- الاستدلال الاستقرائي:

نتحدث في هذا الجزء عن الأخطاء في الاستقراء الناقص. لأن الاستقراء التام لا يحتوي على عمليات مثل التعميم.

إن الاستقراء الناقص يعتمد على أخذ عينة. فإذا أردنا أن نعرف مدى كفاية رواتب الموظفين. فإننا لا نحتاج إلى أن نسأل جميع الموظفين (استقراء تام) بل نلجأ إلى اختيار عينة منهم قد تكون من (7-10%). ونكتفي بإجاباتهم ونصدر الحكم باعتبارهم يمثلون جميع الموظفين.

ما الخطأ هنا؟

إن علينا أن نعرف هل العينة ممثلة أم حصلنا عليها بالصدفة؟

أم عينة قصدية؟

> العينة يجب أن تكون ممثلة ولذلك يجب أن نأخذها عشوائياً. فلا يجوز أن نسأل كبار الموظفين مثلاً، لأنهم لا يمثلون جميع الموظفين.

إن العينة السليمة في معظم الأحيان هي العينة التي نحصل عليها بطريقة عشوائية منظمة، وليس بطريقة الصدفة، والعينة العشوائية هي التي يمتلك كل فرد من أفراد المجتمع الأصلي وهو الموظفون. نفس الفرصة ليكون فرداً في العينة. فلا تحيّز في الاختيار. ويمكن أن نحصل على العينة العشوائية بطريقة القرعة.

والعينة في الاستقراء الناقص يفترض أن تكون عشوائية ممثلة.

ما معنى عشوائية؟

هي العينة التي نختارها بالقرعة دون تحيز. وتكون الفرصة أمام كل فرد مساوية لفرصة الآخرين.

> إذا كانت العينة غير عشوائية وغير ممثلة فإننا لا نتمكن من تعميم النتائج على الجميع.

ما معنى ممثلة؟

هي العينة التي تمثل جميع أفراد المجتمع. فإذا أردنا أن نأخذ عينة من الموظفين يجب أن تشمل هذه العينة ما يلي:

- ذكوراً وإناثاً.
- موظفين جدد وقدماء.
- موظفين صغار وكبار.
- موظفين مؤهلين وغير مؤهلين.

فإذا كانت العينة شاملة لجميع الفئات، فإننا نعمّم الحكم ونقول: «الموظفون لا يكتفون أو يكتفون برواتبهم» حسب ما تعبّر عنه النتيجة.

2- الاستدلال القياسي:

إن الاستدلال القياسي أو الاستنباطي معرض لنوعين من الخطأ:

- الخطأ الصوري أو الشكلي وهو عدم مراعاة قواعد القياس التي سبق ذكرها.
- إذا كانت إحدى المقدمتين خاطئة فإن النتيجة ستكون خاطئة.

3- التقويم وإصدار الأحكام:

- الرجوع إلى مصادر مشبوهة، غير دقيقة. متحيزة نستقي منها معلوماتنا.
- تحيزنا الذاتي والسماح لتحيزنا بالتدخل في تقييم المواقف والآراء.
- إهمال بعض الحقائق الموجودة أمامنا لأنها تؤيد وجهة نظرنا.

الفصل الخامس

التعلم من أجل التفكير
برنامج الكـورت

الفصل الخامس

التعلم من أجل التفكير
برنامج الكـورت

برنامج الكورت لتعليم التفكير

ينسب هـذا البرنـامج إلى إدوارد دي بونـو De Bono، وهـو مـن أكثر البـاحثين اهتماماً بتعليم التفكير، وقد اشتق اسم البرنامج Cort من اسـم المؤسسـة التـي عملـت عـلى تطبيقـه وتطويره «مؤسسة البحث المعـرفي» Cognitive Research Trust في كمـبردج - إنجلـترا. وكلمـة كورت مأخوذة من الحروف الأولى لهذه المؤسسة Co-R-T.

ويتميز برنامج كورت بسـهولته وبسـاطة تصـميمه وارتباطه بمواقف وأمثلة مشتقة مـن الحيـاة اليوميـة أو الحياة العملية. كما يمكن تطبيقه دون معين.

فإذا استثنينا الجـزء الأول مـن كـورت وهـو الجـزء الأساسي الذي يحب البدء فيه «توسيع الإدراك»، فإنه يمكن أن يطبق أي جزء آخر دون ترتيب معـين. فهـو مكـون مـن سـتة أجـزاء، إلا أنـه لـيس مبنيـاً بشـكل تسلسلي هرمي، حيث يمكن البدء بـأي جـزء لأن كـل جزء مستقل عن الآخر.

خصائص الكورت

- **يمكن تطبيقه على طلبة من جميع الأعمار.**
- **يمكن تطبيقه على غير الطلبة.**
- **مكون من دروس مستقلة ليست مبنية هرمياً.**
- **سهولة استخدامه وتطبيقه.**

مكونات البرنامج

يتكون الكورت مـن سـتة أجـزاء تغطـي جوانـب التفكير المختلفة. ويحتـوي كـل جـزء عـلى عشرة دروس، يمكن تنفيذ الدرس بفترة زمنية محددة بمعدل 35 دقيقة.

مكونات البرنامج

يتكون الكورت من ست أجزاء، يضم كل جزء عشرة دروس. ويحتـاج تنفيـذه مـن سـنتين إلى ثلاث سنوات بمعدل درس واحـد أسبوعياً.

أما الأجزاء الستة لبرنامج كورت فهي:

1- مهارات توسيع الإدراك.

2- مهارات التنظيم.

3- مهارات التفاعل.

4- مهارات الإبداع.

5- مهارات العواطف والمعلومات.

6- مهارات العمل أو الفعل.

وسنتحدث فيما يلي عن الجزء الأول بشكل تفصيلي، أما عن بقية الأجزاء فستعرض بشكل إجمالي:

الجزء الأول

أولاً: مهارات توسيع الإدراك

يفكر الإنسان عادة وفق قيود وحـدود تـرتبط بأسـلوبه في التفكير، وحـدود ملاحظاتـه ومعارفه، والأنماط والعادات التي ألفها، فهو محصور في أنماط روتينيـة تقليديـة مقيـدة، وإن بقاءه ضمن هذه الـدائرة يحرمـه مـن فرص الاكتشـاف والبحـث خارجهـا، علمـاً بـأن هنـاك أساليب أخرى غير تلك التي نستخدمها، وهناك أشياء أخرى غير تلك التي ندركها. وإن سبيل معرفتنا بهذه الأفكار والأشياء والحلول الأخرى هـو أن نوسّع مجـال إدراكنـا وأن نخرج عـن هذه الدائرة. ولعّل مثال النقاط التسع يوضح أهمية الخروج عن نطاق الإدراك المألوف.

إن المطلوب هو أن نصل بين هذه النقاط باستخدام أربعة خطوط مستقيمة متواصلة دون أن نرفع القلم. ولا يمكن حل هذه المشكلة من خلال التفكير التقليدي فلا بد من الخروج عن النطاق المدرك كما يظهر مما يلي:

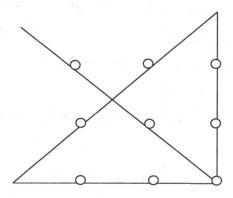

لاحظ أننا ذهبنا خارج النقاط أكثر من مرة حتى نستطيع الوصول إلى الحل. وهذا يعني أننا بحاجة إلى توسيع نطاق إدراكنا حتى ننجح في حل المشكلات التي تواجهنا.

إن الجزء الخاص بمهارات توسيع الإدراك يحتوي على عشرة دروس، يرتبط كل درس بمهارة معينة.

أنّ إتقان تعلم هذا الجزء من مهارات التفكير يجعل المتعلم قادرا على استخدام المهارات التالية:

1- أن يكتشف النقاط الإيجابية والسلبية والمثيرة في أي موقف.

2- أن يراعي جميع العوامل المؤثرة، ولا يفكر استناداً إلى معطيات جزئية.

3- أن يضع قواعد وقوانين لإدارة الموقف والتعامل معه.

4- أن يدرك النتائج الفورية والقصيرة الأمد، والطويلة الأمـد لأي سـلوك أو موقـف، وأن يعـي المترتبات الناتجة عنها.

5- أن يحـدد أهدافـه، وأهـداف الآخـرين المـرتبطين بالموقف.

6- أن يضع خططاً على ضـوء الأهـداف والوقـائع، وأن يضمّن ذلك خططاً للطوارئ.

7- أن يحـدد الأولويـات عـلى ضـوء الأهـداف، وان يرتبها حسب أهميتها.

8- أن يضـع بـدائل واحتمـالات وخيـارات دون أن يحصر نفسه في إطار واحد.

9- أن يتخـذ قـرارات بنـاء عـلى دراسـة العوامـل والظروف المختلفة.

10- أن يـدرك وجهـات نظـر الآخـرين ويفحصـها ويتفهمها جيداً.

وهذا يعني أن من أنهى الجـزء الأول مـن هـذا البرنامج صار قادراً على أن يفكر مـن خـلال منظـور إدراكي واسـع، ويراعـي جميـع العوامـل المؤثرة، ووجهات نظر الآخرين، والنتائج والمترتبات.

المهارات العشر لتوسيع الإدراك

1- معالجة الأفكار: الجوانب المختلفة.

2- اعتبار جميع العوامل المؤثرة.

3- وضع قواعد و قوانين الموقف.

4- إدراك النتائج والمترتبات.

5- تحديد الأهداف.

6- التفكير في الخطط المتكاملة .

7- تحديد الأولويات.

8- وضع البدائل والاحتمالات.

9- اتخاذ القرارات.

10- اعتبار وجهات نظر الآخرين.

تدريبات وتمرينات توسيع الإدراك:

يعرض هذا الجزء تمرينات عملية لتنمية مهارات توسيع الإدراك، بحيث يقدم نموذجاً لتمرين واحد على كل مهارة كمثال لما تحتويه الدروس التي وضعها «دي بونو».

1- مهارة معالجة الأفكار وإدراك الجوانب السلبية والإيجابية والمثيرة في الموقف.

التمرين (1)

طرح أحدهم الفكرة التالية:

«إن إزالة المقاعد من الباص يزيد من قدرته على استيعاب ركاب أكثر»

ما الإيجابيات؟ ما السلبيات؟ ما الأفكار المثيرة؟

الإيجابيات:

1- الحركة داخل الباص.
2- زيادة عدد الركاب.
3- زيادة دخل صاحب الباص.
4-
5-

السلبيات:

1- صعوبة وضع الحقائب.
2- حدوث أخطار للركاب عند توقف مفاجئ للباص.
3- زيادة المزاح داخل الباص.
4-
5-

الأفكار المثيرة:

● استخدام الباص للركاب الذين لا يحملون حقائب.

- استخدام هذا النوع من الباصات في المسافات القصيرة.

- استخدام هذا النوع من الباصات في الطرق السهلة.

- استخدام هذا النوع من الباصات في المطارات.

وهكذا يمكن معالجـة أي فكـرة مـن خـلال عـرض جوانبها المختلفـة، وأن رؤيـة الجوانـب الإيجابية وحدها غير كاف، ورؤية الجوانب السلبية وحـدها غـير كـاف. ولابّد مـن نظـرة إلى الجانبين معاً.

أمثلة لتمرينات ومشروعات أخرى:

ما الإيجابيات والسلبيات والنقاط المثيرة في كل فكرة مما يلي:

- ارتداء ملابس تعكس مزاج الشخص اليومي.

- اللباس الموحد للطلبة.

- منع البناء العمودي.

- إلغاء الزراعة.

- جعل العام الدراسي أربعة شهور.

2- مهارة اعتبار جميع العوامل:

تهتم هذه المهارة بنقل اهتمام الفرد مـن عامـل معـين إلى الاهتمام بجميع العوامـل المختلفة، كأن ننقل اهتمام الشرطي من التفكير بأن السرعـة هـي سبب الحوادث إلى الاهتمام بعوامل أخرى مؤثرة. ومن المهم أن يدرس الشخص جميع العوامل قبل أن يتخذ القرار.

التمرين (2)

قرر رئيس بلدية إقامة ملعب رياضي كبير في غابة مزدحمة بالأشجار.

ما العوامل التي أخذها بعين الاعتبار؟ ضغط الجمهـور، الانتخابـات القادمـة، التفـاخر بالإنجاز.

ما العوامل التي لم يأخذها بعين الاعتبار؟ تدمير البيئة، إضعاف السياحة، التلوث،....

إن قرارات الرئيس كانت ضعيفة اعتمدت على عوامل جزئية دون أخذ جميع العوامل بعين الاعتبار.

أمثلة لتمرينات ومشروعات أخرى:

ما العوامل التي تأخذها بعين الاعتبار حين:

- تختار نوع دراستك.

- تختار مكان السكن.

- تحديد شراء منزل.

- تشتري سيارة.

3- مهارة صياغة القوانين:

ترتبط هذه المهارة بالمهارتين السابقتين، وهما معالجة الأفكار، واعتبار جميع العوامل، وتركز هذه المهارة على ضرورة وضع قواعد تنظم تفكيرنا، فالقوانين تساعدنا على التفكير بشكل دقيق ومنظم، ومن المهم أن نفحص مدى سلامة هذه القوانين بين فترة وأخرى. فالقانون الذي يبدو مفيداً في فترة ما قد لا يبدو مفيداً في فترة أخرى.

التمرين (3)

أنت عضو في لجنة تحاول وضع قواعد وقوانين للآباء عندما يتعاملون مع أطفالهم. فما القواعد والقوانين التي تراها ملائمة؟

يطلب من المشاركين العمل كأفراد أو مجموعات لاقتراح عدد من القوانين ثم يتحدث الفرد - المجموعة عن مقترحاتهم.

> القوانين التي تنظم تفكيرنا والتزامنا بها يدعم قدرتنا على التفكير السليم خاصة إذا نجحنا في وضع قوانين ملائمة.

ثم يجري نقاش حول هذه القوانين:

- أي القوانين أكثر ملائمة؟

- ما القوانين غير الملائمة؟

- ما إيجابيات وسلبيات كل قانون؟
- هل يفضل الآباء وجود مثل هذه القوانين؟ ولماذا؟
- هل يجب الالتزام بالقوانين الموضوعة؟

أمثلة لتمرينات ومشروعات أخرى:

- ما القوانين التي يمكن أن تنظم مشاهدة أفلام العنف؟
- في المباريات الرياضية،يتفاوت مستوى الفرق. كيف تضع قوانين لتحقيق العدالة؟
- ضع قوانين لتنظيم الحياة في مدينة حديثة ليس فيها قوانين!
- ما القوانين التي تضعها لو كنت مسؤولاً عن إدارة الصف؟

4- مهارة إدراك النتائج والمترتبات

إن أي قرار أو موقف تتخذه يمكن أن يكون له نتائج وآثار مستقبلية. والتفكير بالمستقبل أمر ضروري، وعلينا أن نفكر ونقوم بجهد منظم لتوقع النتائج أو التنبؤ بها.

إن التنبؤ والتوقع يوسع نظرتنا وإدراكنا وينقلنا من العوامل الحاضرة والحالية إلى التفكير بالنتائج المباشرة، والقريبة والمتوسطة وحتى البعيدة.

فإذا أصدرت وزارة التربية قراراً بإلغاء الرسوب في المدارس. فإنها مدعوة إلى التفكير في نتائج هذا القرار على المدى القريب والبعيد، وعلى آثار هذا القرار على كل من الآباء والطلبة والمعلمين والتعليم، وإذا لم يحسب حساب مثل هذه النتائج، فإن القرارات تعتبر عشوائية ارتجالية أو غير مدروسة.

ومن المهم أن نبحث في هذه النتائج، وما يترتب عنها. فقد تكون النتائج القريبة المباشرة لقرار ما، إيجابية تماماً، بينما تكون النتائج بعيدة المدى سلبية أو معاكسة للنتائج القريبة. إن نتائج قرار إلغاء الرسوب في بعض الصفوف في المدارس حمل آثار سلبية مباشرة (تدني معنويات المعلمين)، ولكن على المدى البعيد قد يؤدي نتائج إيجابية مثل التحرر من خوف الامتحانات وتعديل أنظمة التعلم وتحسينها !!

التمرين (4)

ما النتائج المباشرة، والقريبة، والمتوسطة والبعيدة المدى من الفكرة التالية؟

« زيادة الاعتماد على العمل الآلي في التعليم» «كمبيوتر» «إنترنت».

ما نتائج ذلك على كل من الآباء والمعلمين والطلبة والجهات الأخرى ذات العلاقة؟

أمثلة على تمرينات ومشروعات أخرى:

- السماح للطلبة بترك المدرسة سنة أو أكثر من أجل العمل.

- والسماح لهم بعدها بالعودة إلى مدارسهم.

- منع الأهالي من التدخل في الحياة المدرسية.

- عدم السماح لأصحاب السيارات الخاصة باستخدامها داخل المدن.

5- مهارة تحديد الأهداف

إنّ وجود هدف واضح يعني تركيز الجهود والخطوات باتجاه تحقيق الهدف. ومن المهم أن يتعرف كل شخص الهدف الذي يسعى إليه. أما إذا تحرك بدون هـدف، فـإن خطواتـه تكـون عشوائية.

ومن المهم أن يعرف الشخص أهدافه ويحددها، وأن يعرف أهداف الآخرين ويتعامل معها.

> إذا كانـــت أهـــدافك واضحة ومعقولة، يسهل عليـك تحقيقهـا ولـذلك علينا أن نحدد أهدافنا ونضع أولوياتنا.

إنّ المعلم حين يبـذل جهـداً لتطوير تعليمـه، فإنـه يضـع أهدافاً مثل:

- إثارة إعجاب المدير والمشرف التربوي.

- بناء سمعة إيجابية بين طلابه.

- الوصول إلى وظيفة أعلى.

- إثارة اهتمام زملائه بتحسين تعليمهم.

- التفاني في سبيل التعليم.

إنّ من المهم أن تعرف كيف تحقق هذه الأهداف، وكيف ترتبها حسب الأولوية.

تمرين (5)

ما أهداف هذا الموقف؟ لماذا سلك الأب هكذا؟

غضب الأب من ابنته، ومع ذلك حاول التقرّب منها، ومكافأتها.

أطلب من الطلبة أن يعملوا كأفراد أو جماعات لتحديد أهداف الأب.

ثم ناقش الطلبة:

- هل كان لدى الأب أهداف واضحة؟
- ماذا يحدث لو كانت أهدافه مختلفة؟
- ماذا يحدث لو لم يكن لديه هدف؟

أمثلة على تمرينات ومشروعات أخرى

- ما أهداف المعلم حين قرر إلغاء نتائج الامتحان؟
- «قام شرطي وتاجر وطالب وفنان ورياضي بحضور مسابقة ثقافية. ما أهداف كل منهم؟ اكتب خمسة أهداف لكل شخص».
- تبرع غني غير كريم بمبلغ عشرة آلاف دينار لمؤسسة خيرية. ما أهدافه؟
- خفضّ وكيل إحدى السيارات أسعار سياراته، ما أهدافه؟

6- مهارة التخطيط

إن مهارة التخطيط لا تتعلق بوضع الخطة بمقدار ما تتعلق بإدراك أهمية التخطيط واتخاذها إستراتيجية في العمل. فالتخطيط هنا موقف تفكير وتأمل ومحاولة لجمع عدد من المهارات مثل مهارة الأهداف واعتبار جميع العوامل، ومعالجة الأفكار والتنبؤ بالنتائج والمترتبات.

إن عملية التخطيط إذن هي تفكير شامل في الموقف وما يحيط به ويؤثر عليه إضافة إلى توقع نتائج الخطة وما يترتب عليه من آثار.ولنأخذ مثلاً خطة وزارة التربية لفتح مدارس مركزية بدلاً من مدارس مبعثرة في كل قرية،إن الوزارة مطالبة بالبحث عن إجابات

للأسئلة التالية: ما العوامل التي راعتها الوزارة؟ما العوامل التي لم تأخـذها بعـين الاعتبـار؟ مـا إيجابيات هذه الخطة؟ ما سلبياتها؟ ما النتائج المترتبة على تنفيذها في المجالات التالية؟

- أهالي كل قرية.

- الطلبة في القرية.

- انتشار التعليم.

- زيادة التسرب.

- تحسين التعليم.

إن هذه الأسئلة تساعد الوزارة على معرفة ما الـذي تريـد أن تحققـه بالضبط؟ وكيـف تقلّل من الآثار السلبية؟ وكيف تنظم العمل لإحداث النتائج الإيجابية.

فالتخطيط إذن هو تفكير في هذه العوامل لضمان النجاح والدقة.

تمرين (6)

«ازدحم مركز المدينة. وأراد المجلس البلدي أن يحل مشكلة الازدحام».

1- أطلب من الطلبة أو المتدربين الإجابة عن الأسئلة التالية:

- ما أهداف المجلس؟ ضع عدداً من الأهداف!

- ما العوامل التي يفترض أن يأخذها بعين الاعتبار؟

- ما العوامل التي يمكن أن يتجاوزها حتى لو كانت قاسية؟

- ما الإيجابيات المتوقعة؟ ما الأضرار المتوقعة؟

2- اطلب من الطلبة كأفراد أزواج، مجموعات أن يضعوا خطة ملاءمة؟.

3- اختر إحدى الخطط وناقش الطلبة:

- ما مراحل الخطة؟

- ما آثارها الإيجابية؟

- ما آثارها السلبية؟

- ما الآثار أو النتائج بعيدة المدى، المتوسطة، القصيرة، المباشرة؟
- متى يكون التخطيط ضرورياً؟ سلبياً؟ ما أهم ما في الخطة؟

تمرينات ومشروعات أخرى

- ضع خطة لصرف مليون دينار لتحسين التعليم الجامعي.
- ضع خطة لجمع مبلغ من المال لإدارة مشروع خيري.
- ضع خطة للإمساك بلص اعتاد سرقة حقائب الطالبات.
- لديك حصان أنيق، كيف تضع خطة لإسعاد الجمهور؟.
- كيف تخطط لجعل المدرسة تعمل 24 ساعة؟
- ضع خطة لزيادة اهتمام زملائك باللغة العربية.

7- مهارة وضع الأولويات:

حين نفكر في قرار ما، فإننا نقف أمام أهداف وعوامل متعددة، ونحسب حساب نتائج ومترتبات متعددة أيضاً. وهذه الأهداف والعوامل تتفاوت في أهميتها وفي النتائج المتوقعة من كل منها. فكيف نتصرف إزاءها؟ هل نحاول تحقيقها كلها دفعة واحدة؟ أو نبدأ بالأهم؟ وكيف نحكم على الأهم؟

إننا حين تحدثنا عن معالجة الأفكار واعتبار جميع العوامل كان هدفنا البحث عن أكثر عدد من الأفكار. ولكننا في مهارة وضع الأولويات نريد تصنيف هذه الأفكار أو ترتيبها حسب أهميتها. ومن المهم أن تعرف ما هو أولوية عندي لا يبدو كذلك عند غيري، أو بعد فترة من الزمن؟ فلكل شخص أولوياته، ولكل ظروف أولوياتها.ومن هنا كانت أهمية التدريب على اختيار الأولويات.

تمرين (7)

في الانتخابات النيابية، فإنك تضع مجموعة من الشروط أو العوامل لإعطاء صوتك. وكان أمامك الشروط التالية:

- أن يكون المرشح من منطقتك.
- أن يكون مناضلاً حقيقياً.
- أن يكون متديناً.
- أن يؤمن بحق المرأة وحريتها وكرامتها.
- أن يكون من عائلتك أو قريبك.
- أن يكون معارضاً للفساد.

- أن يكون صاحب فكر متحرر.
- أن يكون من نفس جنسك.
- اطلب من المتدربين ترتيب هذه الشروط حسب الأولوية؟
- واطلب تصنيفها إلى شروط هامة جداً، هامة، غير هامة، غير هامة إطلاقاً.
- ما الصفة الوحيدة التي تقنعك بإعطاء صوتك لصاحبها؟
- ما الصفات الثلاث التي ترفض إعطاء صوتك لمن لا يمتلكها؟

تمرينات ومشروعات عمل أخرى

- ما أولوياتك في اختيار العمل؟
- ما أولوياتك في اختيار أصدقائك؟
- ما أولوياتك في اختيار مكان الرحلة؟
- ما أولوياتك في اختيار السيارة؟
- ما أولوياتك في اختيار الحذاء المناسب؟
- ما أولوياتك في اختيار المقعد المناسب في الصف؟
- ما أولوياتك في اختيار المشروب المناسب؟
- لديك مليون دينار لإنفاقها في أسبوع. ما أولوياتك؟

8- مهارة البدائل والخيارات

حين نصدر ردود أفعالنا، فإننا غالباً ما نكون مضطرين للقيام بسلوك معين. فإذا

أزعجنا أحد السائقين في الشارع، فإننا نبدي غضبنا فوراَ. وكأن الغضب هو الاستجابة الوحيدة المتاحة. وإذا أزعج طالب أحد المعلمين، فإن العقاب هو الاستجابة الوحيدة!هل صحيح أننا لا نملك خيارات؟ أليس أمامنا دائماً بدائل وخيارات؟ إنّ من المهم أن يثق الشخص أنه حر دائماً في اختيار السلوك، وأن أمامه في كل موقف خيارات عديدة،وعليه أن يبحث في هذه الخيارات قبل أن يصدر قراراه.

إنّ الشخص المبادر هو الذي يضع نفسه أمام خيارات. أما الشخص الاستجابي فهو الذي تأتي أفعاله كردود فعل ولذا فليس أمامه خيارات أو هكذا يشعر على الأقل، وإن من المهم أن نتدرب دائماً على البحث عن البدائل والخيارات، وأن نؤمن دائماً بوجود هذه الخيارات، وإن المفكر الجيد يضع دائماً نفسه أمام حرية الاختيار من بدائل متعددة.

تمرين (8)

«طُرد شاب جامعي ماهر من عمله فجأة ودون سبب معروف».

ما الخيارات أمامه؟ ما الاحتمالات لأسباب طرده؟

يطلب من المتدربين العمل في مجموعات لوضع الخيارات والاحتمالات. ثم تناقش الخيارات، والبدائل ومحاولة الاتفاق على الخيار الأكثر ملائمة !

ومن المهم أن يتركز النقاش حول عدد من الأفكار والمبادئ مثل:

- إذا كان الأمر أمامنا واضح، فلماذا نبحث عن خيارات وبدائل؟
- إذا لم يجد الشخص أمامه سوى خيار واحد. هل هو مضطر للاسترشاد بآخرين؟
- هل صحيح أن هناك دائماً خيارات أمامنا؟
- هل الخيار الأول هو أفضل الخيارات دائماً؟

تمرينات ومشروعات أخرى:

ما الاحتمالات في المواقف التالية؟

1- خرج الرجل من منزله صباحاً، وبعد ثلاث دقائق عاد ثانية.

2- وصلت إلى المعلم ورقة، فتحها وقرأ، وغادر الصف مسرعاً !!

3- ثلاث سيدات في حديقة، اثنتان تشربان القهوة، والثالثة لا تشرب ! لماذا؟

4- تمّ طرد ثلاثة طلاب من المدرسة ! ما احتمالات وأسباب طردهم؟

5- تريد أن تقضي وقتاً ممتعاً مدة ثلاث ساعات ! ما خياراتك؟

9- مهارة اتخاذ القرار

لاحظت في المهارات السابقة أن الشخص يحتاج أن يفكر بشكل منطقي سليم، ولذلك فإنه يراعي جميع العوامل، ويعالج جوانب الموقف، ويحدد أهدافه ويضع أولوياته، ويرى خياراته والبدائل أمامه، وهذه مهارات كلها تساعد في صناعة القرار، فالموقف أصبح واضحاً، وعليه الانتقال إلى عملية اتخاذ القرار مستخدماً أولوياته وأهدافه وقيمه الشخصية، كما أن بإمكانه عند لحظة اتخاذ القرار أن يدرس النتائج والمترتبات على هذا القرار.

وإننا نواجه في كل لحظة مواقف تتطلب اتخاذ قرارات. فحين نقرر متى نفيق، وماذا نفطر، وماذا نلبس، ومتى نخرج، وكيف..الخ كلها قرارات بالإضافة إلى عدد كبير من القرارات خلال العمل وفي البيت، وعلينا أن نتدرب لكي تكون قراراتنا أكثر رشداً وسلامة.

تمرين (9)

تحدث المعلم مع طلابه عن شخص يسكن وحده. عاد إلى منزله. فوجد المنزل مضاء والباب مفتوحاً. القرار الذي اتخذه هذا الشخص؟

سمع المعلم الإجابات التالية:

- الاتصال بالشرطة فوراً.
- دخول المنزل فوراً.
- الحصول على سلاح ودخول المنزل مسلحاً.
- الانتظار خلف الباب ومراقبة ما يحدث.
- الاتصال بصديق.

يطلب المعلم من طلابه العمل في جماعات. تدرس كل جماعه أحد القرارات بالتركيز على ما يلي:

- ما العوامل المؤثرة؟ ما العوامل التي روعيت في كل قرار؟ العوامل التي لم تراع؟
- ما إيجابيات القرار؟ما سلبياته؟
- ما البدائل المتاحة؟
- ما القرار المناسب؟

تمرينات ومشروعات أخرى

1- تزوج شاب. وطلبت زوجته العيش بعيداً عن أهله. ما القرار؟

2- تَلقيت عرضين: عمل قريب قليل الدخل، وآخر بعيد متعب كثير الدخل؟

3- تخرج شاب وأخته من المدرسة الثانوية، ولديهما رغبة في استكمال الدراسة الجامعية. والأهل لا يستطيعون الأنفاق إلا على أحدهما.

4- نائب يؤيد إلغاء قانون الخلع. لكن ناخبيه طلبوا منه تأييد القانون. ماذا يمكن أن يقرر؟

علينا أن نقوم بجهد واع ومقصود للتعرف على وجهات نظر الآخرين. حتى نضمن مزيداً من سلامة قراراتنا ودقة تفكيرنا.

تناقش القرارات، والعوامل المؤثرة. وسلبيات وإيجابيات كل قرار، والنتائج المترتبة على كل قرار.

10- مهارة دراسة وجهات نظر الآخرين

يتطلب التفكير الجيد أن يقوم الشخص نفسه بمراعاة عدد من العوامل والظروف، والقيام بمهارات معينة مثل تلك المهارات التي تحدثنا عنها في الفترات السابقة من (1-9). فالمفكر يحتاج إلى معالجة الأفكار واعتبار جميع العوامل. ووضع الأولويات والبدائل، والتفكير بالنتائج...الخ. ولكن ذلك قد لا يكون كافياً في بعض الأحيان. لأنه يحتاج أيضاً إلى معرفة وجهات نظر أخرى.

فالبائع مثلا يجب أن يفهم وجهة نظر المشتري. والطالب يجب أن يفهم وجهة نظر المعلم، والعكس صحيح أيضاً. ولذا نحتاج جميعاً إلى فهم وجهات نظر الطرف الآخر. وحتى على مستوى المجموعة الواحدة، فإن أي شخص في المجموعة يحتاج جميعاً إلي معرفة وجهة نظر زملائه في نفس المجموعة، لأن ذلك يساعدنا على مزيد من دقة التفكير وسلامة القرار.

علينا أن نقوم بجهد واع ومقصود للتعرف على وجهات نظر الآخرين. حتى نضمن مزيداً من سلامة قراراتنا ودقة تفكيرنا.

تمرين (10)

«منع والد أبنه من الذهاب مع زملائه المراهقين في رحلة بحرية»

ما وجهة نظر الأب؟

ما وجهة نظر الابن؟

يكلف المشاركون بتحديد وجهات النظر، ويقوم المعلم بمناقشتهم في المجالات التالية:

- ما مدى التباين في وجهات النظر؟ ما أسبابه؟
- ما مدى التباين في الأهداف؟ ما أسبابه؟
- هل من السهل رؤية وجهة نظر الآخرين؟
- كيف نوفق بين وجهتي النظر؟ هل يمكن ذلك؟
- هل هناك وجهة نظر خاطئة؟ كيف نتعامل معها؟
- إذا لم يلاحظ أو يتفهم الطرف الآخر وجهة نظرك. هل أنت مستعد للتخلي عنها؟
- هل تفضل الالتزام بوجهة نظرك أم وجهة النظر الأخرى؟

تمرينات ومشروعات أخرى

- الواجبات المدرسية، ما وجهة نظر الطالب؟ المعلم؟ الأهل؟
- منع الحديث الجانبي في قاعة الدرس: ما وجهة نظر المعلم؟ الطالب؟
- منع التدخين. ما وجهة نظر المدخن؟ البائع؟ غير المدخن؟ الطبيب؟
- ارتفاع الأسعار. ما وجهة نظر البائع؟ المشتري؟ الفقير؟ الغني؟

الجزء الثاني

ثانياً: التنظيم Organizing

يتناول هذا الجزء عشر مهارات، يتطلب تنفيذها عشرة دروس.

ترتبط الدروس الخمسة الأولى بمهارات تحديد المشكلة والتعرف على جوانبها ومعالمها.

أما الخمسة الثانية فبمهارات جل المشكلة واستخدام استراتيجيات مختلفة لحلها.

وسنعرض فيما يلي هذه المهارات.

مهارات التنظيم

تحديد المشكلة	1- التعرف والتميز 2- التحليل 3- المقارنة 4- الاختيار 5- إيجاد طرق أخرى
استراتيجيات الحلول	6- البداية 7- التنظيم 8- التركيز 9- الدمج 10- الاستنتاج

1- مهارة التمييز أو التعرف:Recognition

تقن الإنسان هذه المهارة إذا كان قادراً على تحديد المشكلة أو الموقف أمامه، ويحدد عناصره الأساسية، ويميزه عن غيره ويتضمن ذلك:

لكي نميز شيئاً ما فإننا نثير عدداً من الأسئلة حوله مثل:
ما استخداماته؟ ما حجمه؟ ما مادته؟ ..... الخ

- تمييز الأفكار الأساسية عن الهامشية.
- تمييز الأسباب والنتائج.
- تمييز الآراء والحقائق.
- تمييز ما له صلة مما ليس له صلة.
- تمييز العناصر المرتبطة بالموضوع.

2- التحليل: Analysis

يتقن الإنسان هـذه المهـارة إذا كـان قـادراً عـلى تفكيـك الموقـف أو الشيء إلى عناصره الأساسية، والتعرف على العلاقات بين هذه العناصر. والتعرف عـلى علاقـة كـل عـنصر بالكـل، والوظيفة التي يقوم بها كل عنصر. والتأثير الذي يحدثه غياب كل عنصر.

التحليل هو تجزئة المشكلة إلى عناصرها وأبعادها حتى يتم التعامل معها بنجاح.

إن لكل شيء أو مـوقف نـوعين مـن العنـاصر: عنـاصر حقيقية مادية وعناصر معنوية مدركة.

إن العناصر الحقيقيـة هـي أجـزاء الشيء الماديـة. أمـا العناصر المدركة فهي وظائف واستخدامات هذا الشيء.

مثال: موقع جبلي

العناصر الحقيقية: ارتفاع الجبل، جمال الجبل، حجمه، موقعه.

العناصر المدركة: الاستخدامات المحتملة: مستشفى، موقع عسكري، منظر رائع، نفـق... الخ.

3- المقارنة: Comparison

قارن بين المدرسة والسـوبر ماركت ! بماذا يتشابهان؟ بماذا يختلفان؟

إن تمييز الشيء أو الموقـف وتحليله قـد لا يكـون كافيـاً لمعرفته بدقة. فلابـدّ مـن مقارنتـه بشيء آخـر معـروف لـدينا حتى نتمكن من الإحاطة بكل جوانبه، ونتعرف بمـاذا يتشابهان وبماذا يختلفان.

لكي نتعرف إلى المدرسة نقارنها بمصنع:

- يتشابهان في وجود مدخلات وعمليات ومخرجات.

- يتشابهان في وجود إدارة وعاملين وأنظمة.

- يختلفان في التفاعلات: المدرسة إنسانية والمصنع مادي.

    : المدرسة إنتاج نوعي والمصنع كمي.

    : المدرسة تربوية والمصنع ربحي.

4- الاختيار: Selection

يكون الإنسان قادراً على الاختيار إذا تمكن من انتقاء فكرة ما من بين مجموعـة مـن الأفكار والبدائل. فنحن دائماً أمام خيارات. ومن المهم أن نعرف كيف نختار.

تعتمد قدرتنا على الاختيار على:
• معرفتنا بماذا نريد.
• وجود البدائل.
• وجود أولويات لنا.

- المعيار الملائم لاختيار عمل ملائم؟

  - الراتب والدخل.

  - نوع العمل.

  - المكان.

  - مستقبل العمل.

- ماذا تختار؟ الغنى، الجمال، الصحة، الذكاء، العمل؟

5- البدائل والطرق الأخرى: Other ways

يتقن الإنسان هذه المهارة إذا كان قادراً على إيجاد طرق بديلـة ومسـارب جديـدة غـير تلك التي اعتاد عليها. وهذه مهارة هامة لأنها تبعدنا عـن الـروتين وتجعلنا متجـددين دائمـاً. ولكن هناك مشكلة: إذا كنا نعرف الطريق الصحيح فلماذا نبحـث عـن البـدائل وطرق أخرى؟ الجواب هو: هناك دائماً طرق أفضل وبدائل أفضل وعلينا أن نكون دائمي البحث عنها.

ما البدائل للنظام المدرسي الحالي؟

ما البدائل للامتحانات؟

ما بدائل إشارات المرور؟ الأنفاق؟

6- ابدأ: Start

يتقن الإنسان هذه المهارة إذا كان قادراً أن ينتقل من مرحلة التفكير النظري إلى مرحلة العمل والتنفيذ. إنه دائماً يبحث عن نقطة الانطلاق أو البدء. فماذا يفعل من يريد البحث عن عمل؟ ما البداية؟

- هل هي متابعة إعلانات الوظائف؟
- هل هي زيارة المؤسسات؟
- هل هي مراسلة المؤسسات؟
- ما نقطة البدء؟

إن التوصل إلى نقطة البدء هذه مهارة هامة، توفّر علينا الكثير من الجهود. فالبدايات الناجحة توفّر الوقت والجهد.

7- التنظيم: Organizing

يتقن الإنسان هذه المهارة إذا استطاع أن يحدد أهدافه وأولوياته ويضع خطته لتحقيق أهدافه. فالمنظم يمتلك خطة واضحة وأهدافاً واضحة.

> ضع خطة لكل شيء حتى لو كان الشيء بسيطاً.

فمن أراد وضع خطة لإدارة وقته، فإنه يحتاج:

- معرفة حاجاته وأهدافه.
- معرفة أولوياته.
- معرفة إمكاناته وظروفه.

إنه يدرس ظروفه حتى يتأكد من أنه أخذ جميع العوامل بعين الاعتبار.

8- التركيز: Focusing

نتقن هذه المهارة إذا استطعنا أن نحصر الفكرة الرئيسة والهدف الرئيس ونركز عليه دون إغراء الاهتمام بكل ما نجده في طريقنا.

> التركيز على الاهتمام بهدفك الأساسي، وعدم الخوض في قضايا لا صلة لها بهدفك.

فإذا كان باحث ما مهتماً بأثر العقوبة عـلى نفسـية الطفـل، فعليـه أن يركـز عـلى العوامـل السيكولوجية بدلاً من إغراء البحث في تاريخ العقوبة، وموقف الأديان منها وأهمية العقوبات.

9- الدمج: Consolidation

وهي القدرة على التوقـف بعـد فـترة مـن المناقشـة لتلخيـص الموقـف، وتحديـد نقـاط الاتفاق والاختلاف والفجوات، وذلك لمعرفة كيفية التقدّم في المناقشة والنقـاط التـي تحتـاج مزيداً من المناقشات.

ففي مناقشة حول دور الآباء في التعليم، تطور النقاش إلى:

* تدريب الآباء.
* ضرورة تفرغ الآباء للمدرسة.
* مؤهلات الآباء.

كيف ندمج هذه الأفكار وندخلها إلى الموضوع وننظمها في تقرير؟

10- استخلاص النتائج: Conclusion

وهي القدرة على الوصول إلى الحل أو النتيجة. إن هدف النقـاش هـو البحـث عـن الحـل. وهدف الباحث حل المشكلة. وهـدف الباحـث عـن المعلومـات هـو الوصـول إلى المعلومـات المطلوبة.

إن الوصول إلى النهاية أو النتيجـة هـي مهـارة. وحتـى لـو لـم نصـل إلى نتيجـة فهـذه تعتـبر نتيجة.

مثال:

توصل باحث إلى عـدم وجـود علاقـة بـين عـدد سـاعات الدراسـة وعلامـات الطالـب في الامتحان.

هل هذه نتيجة؟ نعم. حتى لو لم يجد العلاقة فالنتيجة هي عدم وجود العلاقة.

وسواء كانت النتيجة حاسمة أو جزئية أو مؤقتة أو غير واضحة فهي نتيجة.

الجزء الثالث

ثالثاً: التفاعل Interaction

يتكون هذا الجزء من الدروس العشرة التالية:

يرتبط كل درس بمهارة معينة.

وكما يلاحظ من هذه المهارات فإنها موجهة للتفاعل مع الآخرين، كيف يهتم الفرد بتدعيم أدلته، ومعرفته نواحي القوة والضعف في تفكيره.

والهدف من هذا الجزء هو أن يتمكن الشخص من:

1- دراسة آراء الآخرين وتفهمها.
2- تقديم أدلة كافية ومناسبة لدعم وجهات نظره.
3- الكشف عن عيوب التفكير: التحيز، المبالغة، التجاهل، الأحكام الجزئية.
4- تحديد المخرجات والنتائج التي يتوصل إليها النقاش.

1- التحقق من آراء الطرفين.
2- أنواع الأدلة والبراهين.
3- قوة الدليل أو البرهان.
4- بنية الدليل أو البرهان.
5- الاتفاق والاختلاف وانعدام العلاقة.
6- أن تكون على حق (1) .
7- أن تكون على حق (2).
8- أن تكون على خطأ (1) .
9- أن تكون على خطأ (2) .
10- المحصلة النهائية.

1- مهارة التحقق من الطرفين Examine Both Sides

وهي القدرة على الاستماع إلى الطرف الآخر وتفهم وجهة نظره. وهذا ينطبق على الطرفين، المعلم والطالب. الزوج والزوجة، البائع والمشتري، الأب والابن، الصديق وصديقه.

حين يعطي المعلم واجباً دراسياً عليه تفهم موقف الطلبة المشغولين بامتحانات أخرى. والطالب الذي يرفض الجلوس بهدوء عليه تفهم موقف زملائه أو موقف المعلم.

2- مهارة التمييز بين الآراء والحقائق Facts and Ideas

وهي القدرة على التعامل مع الرأي على أنه وجهة نظر وليس حقيقة. واحترام الحقيقة وتقبّلها حتى لو خالفت وجهة نظر معينة.

إن الحقائق أكثر قدرة على كسب الدعم الجماعي والاتفاق، أما الآراء فتعبّر عن مواقف ليس بالضرورة متفقاً عليها.

إن باريس عاصمة فرنسا. هذه حقيقة غير جدلية. نتفق عليها جميعاً. لكن نقول باريس عاصمة الثقافة العالمية. فهذا رأي قد يوافق عليه كثيرون لكنه لا يكون حقيقة.

إن أخطاءنا تتزايد بعدم القدرة على التمييز بين الآراء والحقائق. فنعتمد كثيراً من الآراء على أنها حقائق وبذلك تقع في إحدى أخطاء التفكير المنطقي.

3- قوة أو قيمة الإثبات Evidence: Value

وهي القدرة على تقديم برهان قوي، أو التمييز بين الأدلة الضعيفة والأدلة القوية.

إن وجود مياه في الشارع دليل ضعيف على سقوط المطر، ولكن وجود المياه غزيرة وغيوم سوداء وانخفاض في الحرارة وسماع أصوات تساقط المطر دليل قوي. أما السير في الشارع ورؤية الناس مبللين، ورؤية المطر المتساقط فهذا برهان قوي جداً.

إننا لا نستطيع إثبات صدق مواقف ما دون أن نمتلك أدلة كافية وقوية على صدق هذه المواقف، وإن تقديم أدلة ضعيفة يقودنا إلى أخطاء في التفكير.

4- بنية الإثبات Evidence: structure

وهي القدرة على تقديم برهان قوي مستقل، أو برهان معتمد على حقائق أخرى، فالبرهان المستقل هو برهان قائم بذاته مثل زوايا المثل 180°.

أما البرهان المعتمد على غيره فيكون على النحو التالي:

إذا كانت   أ = ب   و   ب = جـ

فإن   أ = جـ   هذا برهان أو حقيقة قوية

لكنها ليست مستقلة لأنها تعتمد على مقدمات مثل أ = ب، ب = جـ وأن قوة هذا البرهان تعتمد على قوة المقدمات. وإذا كانت المقدمات خاطئة فإن البرهان - أو النتيجة التي تعتمد عليها خاطئ أيضاً، لأنّ ما بني على خطأ فهو خطأ.

5- الاتفاق والاختلاف وانعدام العلاقة

Agreement-Disagreement, Irrelevant

وهي القدرة على أن تحدد موقفك في النقاش مع الآخرين، وتميّز بين النقاط التي تتفق فيها معهم. والنقاط التي تختلف معهم فيها. والأمور الأخرى غير الأساسية أو غير ذات صلة بالموضوع.

إن معرفتك بهذه الأمور: أين تتفق وأين تختلف سيساعدك في تطوير النقاش والوصول إلى نهاية إيجابية فيه.

6- أن تكون على حق (1) Being Right (1)

وهو القدرة على أن تدعم رأيك بإثباتات وأدلة، وأن تسند رأيك بمراجع ومصادر علمية.

فإن عليك أن تقول:

1- إنه يفيد الطلبة والمعلمين والنظام التعليمي.
2- إنه يخلق فرصاً لوجود برامج علاجية.
3- يجعل التعلّم تلقائياً دون خوف أو حوافز خارجية.

كما أن عليك أن تسند رأيك بمراجع علمية كأن تقول. ورد في كتاب... ويتفق معي في الرأي المربي الكبير....

إذن أنت هنا قدمت بياناتك في الدفاع عن وجهة نظرك. ودعمت رأيك بمراجع علمية أيضاً وبمصادر شخصية هامة.

7- أن تكون على حق (2) Being Right (2)

وهي القدرة على تدعيم رأيك بإصدار حكم نهائي تلخص فيه الموقف بكلمة أو جملة مثل: هذه بطولة، مقاومة شريفة، هذا جبن وعار. إنك استخدمت أسلوب التسمية أو إصدار حكم يلخص الموقف ونختصره بدقة ويعبر عته بأمانة.

التسمية

إنك سميّت الموقف باختصاره في كلمة أو فكرة: هذه سرقة، خيانة، وهي بنفس الوقت حكم تصدره على الموقف.

8- الكشف عن الخطأ (1) Being Wrong (1)

وهي القدرة على كشف أخطاء التفكير كالمبالغة أو تجاهل عناصر هامة في الموقف. فهناك أشخاص يطلقون تعميمات فيها مبالغة مثل:

- لولا البوليس لأكل الناس حقوق بعضهم.
- لولا المعلمين لماتت الأمة.
- لولا الفن لانتشرت الجريمة في كل مكان.

إن في هذه الأحكام مبالغات غير مبرّرة، كما أن فيها تجاهل لعناصر أساسية. فحين نقول لولا البوليس لأكل الناس بعضهم، فإننا نتجاهل دور الأخلاق تماماً.

إن اكتسابنا لهذه المهارة يجنبّنا الوقوع في أخطاء التفكير أو الانسياق الأعمى وراء شعارات وتعميمات خاطئة.

9- أن تكون على خطأ (2) Being Wrong (2)

وهي القدرة على أن تكشف عن التحيز والتعصب والأخطاء في موقف ما أو في رأي ما. فهناك أخطاء علمية يقع فيها المتحدثون. كأن يقول شخص نسبة الأمية من النساء العربيات هي 30%. كيف تكشف هذا الخطأ؟

وهناك تحيزات يمارسها كثير من الأشخاص. كأن نقول المسلمون إرهابيون.

القدرة على كشف التحيز والأخطاء العلمية.

إن كشف هذه الأخطاء يتطلب مهارة الرجوع إلى المصادر العلمية للبحث عن الحقيقة. أو في معرفة قيم الشخص الذي ادعى أن المسلمين إرهابيون.

10- المحصلة النهائية (الناتج) Out come

وهي القدرة على تلخيص المناقشات واستخلاص الناتج منها وصياغته بشكل تعميم مثل:

- اتفقنا على أن اللباس الموحد يزيد من انتماء الطالب للجامعة.
- اتفقنا على ضرورة تقليل أسعار البيوت المستأجرة.
- اتفقنا على ضرورة تعديل أنظمة الدراسة.
- اتفقنا على مواصلة البحث في موضوع إلغاء الامتحانات.

إن تحديد المخرجات ينظم عملية التفكير ويجعل الشخص مستمتعاً بما توصل إليه.

الجزء الرابع

رابعاً: الإبداع Creativity

الإبداع أو التفكير الجانبي Lateral Thinking مهارة يمكن أن يكتسبها كل شخص كأي مهارة أخرى. ويتفاوت الأشخاص في مدى إتقانهم لهذه المهارة. ويتناول هذا الجزء عشرة دروس هي:

1- نعم، لا، Po
2- حجر الاستناد.
3- المدخلات العشوائية.
4- تحدي المفهوم.
5- الفكرة المسيطرة.
6- تحديد المشكلة.
7- التخلص من الأخطاء.
8- الربط.
9- المتطلبات.
10- التقييم.

ويهدف هذا الجزء إلى إكساب المهارات التالية:

1- أن يعطي فترة لأي فكرة جديدة قبل أن ينقدها أو يسخر منها.
2- أن يستخدم آليات إنتاج أفكار إبداعية.
3- أن يفكر بأساليب جديدة غير مألوفة.

1- نعم، لا، Po

تتعلق هذه المهارة بالقدرة على تعليق إصدار الأحكام على الأفكار والآراء وعدم التسرّع في الحكم على صحة الفكرة أو خطئها.

Po

هي كلمة جديدة وضعها إدوارد دي بونو تعني عدم إصدار حكم والنظر إلى الفكرة من زاوية جديدة غير مألوفة.

فإذا سمعنا فكرة وأصدرنا حكماً بأنها فكرة جيدة أو سيئة، فإن ذلك نهاية للفكرة، أما إذا قلنا Po فإن ذلك يعني بأننا ننتظر ونؤجل إصدار الحكم حتى تتفاعل الفكرة وتتضح معالمها وإمكاناتها.

فإذا سمعنا شخصاً يقول:

: كتاب من غير ورق.
: مطاعم لا تقدم طعاماً.
: فيل يرقص.

فإننا لا نقول نعم أو لا، إنما ننظر ونبحث فيما يمكن أن تقودنا إليه هذه الأفكار.

2- حجر الاستناد Stepping stone

وهي القدرة على الاستناد إلى فكرة مؤقتة يمكن أن تقودنا إلى فكرة جديدة ناجحة. فالحجر واسطة نستخدمها كما يستخدم من يريد أن يقطع سيلاً من الماء، إنه يضع حجراً يستند إليه للعبور إلى الحافة الأخرى من السيل. إن وظيفة هذا الحجر نقلنا إلى المكان أو الفكرة الجديدة.

فلو قلنا «إن المكالمات الهاتفية الدولية مجاناً».

هذه فكرة مستحيلة. لكن يمكن استخدامها كحجر استناد إذا قلنا أن شركات الإعلان هي التي تدفع قيمة المكالمة بدلاً منا. فحين نتصّل برقم دولي نسمع أولاً إعلانات تجارية من شركات. بعدها تتّم مكالماتنا على حساب هذه الشركات.

إذن نحن استندنا إلى فكرة أن المكالمات مجانية. وهذه الفكرة قادتنا أو عبرت بنا إلى الحل وهو التحدث على حساب الشركات التجارية. فالمكالمة ليست مجانية ولكنها مدفوعة من قبل غيرنا.

3- المدخلات العشوائية Random Input

وهي القدرة على الحصول على أفكار جديدة عن موضوع لا نعرف عنه من خلال استخدام أي فكرة عشوائية أخرى لا صلة لها بالموضوع.

فحين نريد أن نحصل على أفكار عن مدير المؤسسة، فإننا نبحث عن أي كلمة عشوائياً مثل فراشة، مطرقة، لوحة، جسر.... الخ. وإن كل كلمة من هذه الكلمات تعطينا أفكاراً هامة عن المدير.

الفراشة مثلاً:

- تنتقل من زهرة إلى أخرى.
- تطير وتحلق فوق الأزهار.

- لها خمس عيون.
- لها مجسات..... الخ

أليست هذه صفات المدير أيضاً؟؟

- يتجول.
- يتفقد الجميع.
- يراقب.... الخ.

4- تحدي المفهوم Concept challenge

وهي القدرة على معارضة فكرة أو رأي سائد موثوق مـن قبـل الآخرين. إن كثيراً مـن الأفكار الشائعة والمقبولة قد تكون صحيحة وقد لا تكون، إنما عاشت بفعل قوة الاستمرار. فمن قال إن الحياة المدرسية يجب أن تكون إثني عشر عاماً؟

وأن الطلبة يجب أن يقدموا امتحانات في نهاية العام؟

وأن نظام المرور الحالي هو أفضل الأنظمة؟

إن تحدي هذه الأفكار ومعارضتها يجعلنا أكثر حساسية تجاه المسلمات والبديهيات والحقائق التي تحتاج إلى فحص مستمر وتحدٍّ مستمر، بحثاً عن حقائق جديدة أفضل منها.

5- الهرب من الأفكار المسيطرة Dominant Idea

> إن الخطر مـن الأفكار السائدة هـو أنها تغلق أمامنـا بـاب البحـث عـن أفكار جديدة.
> ولذا علينا أن نهرب بين فترة وأخرى من بعض أفكارنا.

وهي القدرة علـى الهـرب مـن مسـرب معيّن معترف به إلى مسربجديد آخر للبحـث عـن أفكار جديدة. إن الماء حين يسـير في مسرب معيّن ونغلـق هذا المسرب فإنه يبحث عن مسارب جديدة عديدة يسير فيها، فلا يتوقف عند حدود المسرب القديم.

فلو فكرنا لوجدنا الكثير من الأفكار السائدة أو المسارب التي نسير عليها. ماذا لو خرجنا عنها قليلاً ماذا نجد؟

6- تحديد المشكلة Definition

وهي القدرة على صياغة المشكلة بشكل دقيق، يميزها عن غيرها. وهذه مهارة هامة لأن حل أي مشكلة يتطلب أولاً فهم المشكلة وتحديد طبيعتها.

ففي مشكلة مثل: بطالة الشباب الجامعيين. هل هي مشكلة محددة؟ هل المشكلة في عدم وجود فرص عمل؟ هل المشكلة هي عدم رغبة الشباب في الفرص المتوافرة؟

إننا إذا حددنا المشكلة استطعنا أن نبحث عن حلول لها.

7- التخلص من الأخطاء Removing faults

لا تكتف بالتذمر من وجود أخطاء. حاول التخلّص منها.

وهي القدرة على إدراك الأخطاء الموجودة في الموقف وتسجيلها في قائمة تمهيداً للتخلص منها. إن إزالة الأخطاء محاولة قد تقود في أحيان نادرة إلى الإبداع لأنها تخلق وضعاً جديداً.

8- الربط Combination

وهي القدرة على إقامة علاقة أو رابطة بين شيئين أو فكرتين منفصلتين لإنتاج شيء جديد ثالث منهما.

وإن كثيراً من عمليات الربط حتى لو كانت عشوائية يمكن أن تنتج لنا منتجاً جديداً. ومن أمثلة الربط:

لحمة + خبز = سندويش

ممرضة + معلمة = ؟

مدرسة + فندق = ؟

9- المتطلبات Requirements

وهي القدرة على توفير الشروط الأساسية لإنتاج فكرة أو تصميم آلة أو اختراع وسيلة ما.

فإذا فكرنا في كتابة بحث جديد علينا أن نفكر في بعض المتطلبات مثل:

- توافر مواد أولية، مراجع، مصادر.

- مدى أهمية الموضوع.

- سهولة استخدام نتائجه.

- إمكان القيام به وتسويقه.... الخ.

> في حل المسألة على الطلبة أن يفكروا في تحديد المتطلبات الأساسية للحل.

إن مهارة وضع المتطلبات وتأمينها، وترتيبها حسب الأولوية هي إحدى مهارات الإبداع الأساسية. ففي أثناء التخطيط لرحلة ما فإن علينا أن نحدد متطلبات نجاح الرحلة. وكلما نجحنا في توفير المتطلبات فإننا ننجح في القيام برحلة جيدة.

10- التقييم Evaluation

وهي القدرة على إصدار أحكام على صلاحية الفكرة وإمكان تطبيقها والحصول على النتائج الإيجابية منها. ويحكم على الفكرة بمعيارين:

> الفكرة الإبداعية ليست هي الفكرة الجديدة فحسب، بل هي فكرة ناجحة مفيدة عملية أيضاً.

1- قدرتنا على الوفاء بمتطلبات عديدة.

2- الموازنة بين إيجابياتها وسلبياتها.

إن الحكم يبدو مناقضاً للإبداع. صحيح أن الفكرة يجب أن تعطي فرصة لكي تنتج قبل أن نحكم عليها. ولكن في النهاية فإن حكماً ما يجب أن يصدر على نتائج هذه الفكرة أو سلامتها.

فالفكرة الإبداعية التي لا تنتج وليس لها تطبيقات لا تعتبر فكرة ناجحة بل يجب العمل عليها وتعديلها حتى تحصل على النتائج المرجوة.

الجزء الخامس

خامساً: المعلومات والمشاعر Information and Feeling

يتكون هذا الجزء مـن عشرة دروس، تـرتبط بعـدد مـن المهـارات ذات الصـلة بالمشـاعر والمعلومات: وهذه الدروس هي:

1- المعلومات المتوافرة والمعلومات الناقصة.

2- الأسئلة.

3- مفاتيح الحل الأساسية.

4- التناقضات والاستنتاجات غير السليمة.

5- التوقع والحِزر.

6- الاعتقاد.

7- الآراء الجاهزة.

8- العواطف.

9- القيم.

10- التبسيط والتوضيح.

ويهدف هذا الجزء إلى:

1- اكتساب مهارات جمع المعلومات.

2- استخدام الأسئلة المفتوحة والأسئلة المغلقة.

3- إدراك التناقضات في الموقف والكشف عنها.

4- القدرة على اكتشاف المفاتيح الأساسية لحل المشكلة وفهم الموقف.

5- القدرة على تدعيم الرأي بآراء الآخرين.

6- إدراك مدى ارتباط القيم والعواطف بالتفكير.

1- المعلومات المتوافرة والمعلومات الناقصة: Information : FI, FO

وهي قدرة الشخص على إدراك المعلومات والمعطيات المتوافرة في الموقف والمعلومات الناقصة فيه حتى يتمكن من إدراك الموقف ككل وبوضوح يمكنه من الوصول إلى الحل.

كثير من المواقف تحوي معلومات ليست ضرورية، إنما تربك الشخص وتضلّله. والمطلوب هو استخدام المعلومات المتوافرة ذات الصلة.

إننا لا نستطيع حل أي مشكلة إلاّ إذا حصلنا على المعلومات اللازمة للحل وهذه المعلومات نوعان:

- معلومات متوافرة يجب الاطلاع عليها وتوظيفها.
- معلومات ناقصة يجب البحث عنها.

ودون توافر هذه المعلومات يصعب الوصول إلى الحل.

2- الأسئلة Questions

وهي القدرة على إثارة وتوجيه الأسئلة بهدف الحصول على معلومات. وهذه الأسئلة نوعان:

- أسئلة استكشاف: Fishing بهدف الحصول على المعلومات مثل: من؟ أين؟ ماذا؟ متى؟
- وأسئلة تحقق: Shooting بهدف التحقق من معلومة ما مثل: هل؟ أو الأسئلة التي تجيب بنعم أو لا.

إننا نحتاج إلى النوعين من الأسئلة حتى تتكامل لدينا المعلومات.

3- مفاتيح الحل Clues

وهي القدرة على اكتشاف النقطة الأساسية في المواقف التي تقود إلى الحل. وهي ما تسمّى بمفتاح الحل.

فإذا أردنا أن نعرف مهنة شخص ما، والمعلومات المتوافرة هي:

- دخلها عالٍ.
- عمل مكتبي، وميداني.

- ذو صلة بالأطفال والكبار.

- تحتاج لملابس أنيقة.

- يلبس شعار وزارة التربية.

ما النقطة التي تقود إلى الجواب؟ هل هذه المعلومات متعادلة في قيمتها؟ أين مفتاح الحل؟ إنه الشعار.

إذن ! (إنه معلم).

4- التناقضات: Contradictions

والاستنتاجات الخاطئة: False Conclusion

وترتبط هذه المهارة بالقدرة على إدراك التناقضات في الفكرة أو الموقف أو إدراك الاستنتاجات الخاطئة غير السليمة من أي موقف.

فحين نقول إن أ تساوي $\dfrac{P}{2}$ فهذا تناقض غير مقبول منطقياً.

وحين نقول إن أ لا تساوي P فهذا تناقض أيضاً.

وحين نقول إن هذه الفكرة صحيحة وغير صحيحة بنفس الوقت فهذا تناقض. أن القدرة على إدراك التناقضات هي إحدى مهارات التفكير الأساسية. كما أن الكشف عن الاستنتاجات الخاطئة هي مهارة أساسية أيضاً.

فحين نقول البنات يعملن خارج المنزل، إذن الأخلاق في خطر، وهذا استنتاج خاطئ لا يترتّب على المقدمة المعطاة وهي: البنات يعملن في الخارج.

5- التوّقع والحزر Guessing

وترتبط هذه المهارة بالقدرة على تحديد معلومات غير متوافرة أمامنا. فحين نرى محطة بنزين عن بعد، فإننا نتوقع أن نحصل على ماء بارد في الكافيتريا المجاورة لها. أو تتوقع الحصول على كأس من الشاي.

وهناك حالات يسهل فيها التوقع وتكون نسبة الصدق فيه عالية، كأن تتوقع أن مدير المؤسسة سيكون مسروراً إذا نشرت الصحف تحقيقاً عن إنجازات المؤسسة.

> نحتاج إلى توقعات لأننا لا نمتلك دائماً معلومات كافية.

كما أن هناك حالات يصعب فيها التوقع ويصبح أشبه بمخاطرة حين لا نمتلك أسباباً أو معلومات كافية مثل حصول المؤسسة على جائزة الدولة التقديرية.

6- الاعتقاد Belief

وهو القدرة على الثقة بالأفكار أو الأشياء أو الأحداث باعتبارها حقائق قائمة، والتمسك بها إلى أن يتم فحصها وإثبات صحتها أو عدم صحتها.

> الخطر ليس في الاعتقاد إنما في ضعف المصادر التي قادتنا إلى هذا الاعتقاد، علينا فحص معتقداتنا باستمرار.

وقد يكون الاعتقاد شخصياً بناءً على خبرة قام بها الشخص نفسه، أو اعتقاداً مبنياً على ما سمعه من آراء ومعلومات من الآخرين.

فالاعتقاد يكون سخيفاً إذا كانت مصادرنا غير موثوقة، أو حواسنا خدعتنا، أو تسرّعنا في الحصول على استنتاجات، فالاعتقاد السليم هو ما كان مبنياً على تجربة سليمة ومصادر أمنية.

7- الآراء الجاهزة Ready - Made Ideas

وهي القدرة على تدعيم مواقفنا وأفكارنا وآرائنا بمصادر أخرى تزودنا بآراء جاهزة. فنحن لا نستطيع البدء من الصفر دائماً. وعلينا أن نعتمد على آراء سابقة ثبتت صحتها بشرط أن لا تكون هذه الآراء أشبه بملابس جاهزة نأخذها كما هي.

> إن الخطر في الآراء الجاهزة هو استخدامها كبديل عن التفكير والبحث والتجريب. المطلوب هو تدعيم مواقفنا ببعض الآراء الهامة.

إن من يسمح لنفسه بتبني جميع الأفكار التي ترد إليه من بعض المصادر، هو أشبه بمن يعطّل تفكيره.

إننا حين ننتسب إلى جماعة أو حزب، أو نحب صحيفة معيّنة، علينا أن نحذر من اعتبار كل هذه المصادر موثوقة.

8- العواطف Emotions

وهي القدرة على إدراك أثر العاطفة على تفكيرنا وقرارنا، وإدراك العواطف المرتبطة بكل قرار أو فكرة، سواء كانت في أفكارنا أو في أفكار الآخرين.

فنحن لا نفكر بمعزل عن عواطفنا، إن قيمنا ومشاعرنا، وما نحب، وما نكره تؤثر كثيراً على أفكارنا ووجهات نظرنا.

> إن تفكيرنا يختلف باختلاف مشاعرنا وعواطفنا. فحين نشعر بالراحة والسرور قد نتقبّل أفكاراً لا يمكن تقبّلها ونحن تحت تأثير مشاعر أخرى.

9- القيم Values

وهي القدرة على إدراك مدى تأثر أحكامنا وأفكارنا وقراراتنا بالقيم التي نؤمن بها.

> القيم هي أبرز محركات سلوكنا وأفكارنا.

إن من يعطي الصحة قيمة عالية نراه حذراً في غذائه وحركاته وسلوكياته.

ومن يعطي الوطن قيمة عالية نراه يضحّي بمصالحه في سبيل مصالح الوطن.

ومن يعطي الجمال قيمة عالية فإن أحكامه وقراراته سوف ترتبط بهذه القيمة.

10- التبسيط Simplification

وهي القدرة على نقل الفكرة والتعبير عنها بأسلوب واضح مفهوم، إما من خلال اختصارها أو شرحها وتوضيحها. إننا نتلقى الكثير من الأفكار الغامضة، كما نتلقى معلومات كثيرة بعضها ذو صلة بالموضوع وبعضها هامشي. إن مهارة تبسيط الأشياء وتوضيحها تظهر في قدرتنا على الكشف عن المعنى الأساسي بعيداً عن التفاصيل غير الضرورية.

فبدلاً من أن نقول: سائل لا لون له ولا طعم ولا رائحة.

نقول: ماء.

وبدلاً من أن نقول: جميع الأشياء تتقلص حجمها بالتبريد ما عـدا شيء واحد شـاذ عـن هذه القاعدة هو الماء.

إننا يمكن تبسيط ذلك بما يلي:

حين يبرد الماء ويتجمد، يزداد حجمه خلافاً لكل العناصر الأخرى.

الجزء السادس

سادساً: العمل Action

يشتمل هذا الجزء على عشرة دروس يمكن تدريسها بشكل منفصل عن بقية أجزاء الكورت. وهي دروس موجهة نحو العمل أو الفعل، وهذه الدروس هي:

1-	تحديد الهدف.
2-	التوسع.
3-	الاختصار.
4-	الهدف - التوسع - الاختصار.
5-	الهدف.
6-	المدخلات.
7-	الحلول.
8-	الاختيار.
9-	العملية، التنفيذ.
10-	جميع العمليات السابقة.

ويهدف هذا الجزء إلى إكساب المهارات التالية:

1- أن يركز القارئ على الهدف مباشرة.

2- أن يمر عبر مراحل مختلفة في حل المشكلة.

1- الدرس الأول: تحديد الهدف Target

يقصد بتحديد الهدف: وضع عنوان رئيسي، والتوجه نحوه مباشرة، إنه أشبه بعملية من يطلق النار: يحدد الهدف ثم يصوّب باتجاهه، وهكذا، التفكير يكون أكثر فعالية إذا توجّه مباشرة نحو الهدف.

وتتضمن عملية تحديد الهدف المعاني التالية:

- تعريف الهدف - انتقاء الهدف - التركيز على الهدف - الإشارة إلى الهدف.

فالمفكر يحدد الهدف، يلتزم بالهدف ولا يبتعد عنه. وهو بحاجة إلى أن يدرك هدفه وأهداف الآخرين المرتبطين بنفس الموقف.

2- الدرس الثاني: التوسع

التوسع هو البحث عن تفاصيل كاملة للموضوع. وقد يكون التوسع عمودياً كأن تتعمق في الموضوع، ونحلله إلى أجزائه. وقد يكون التوسع أفقياً لمعرفة علاقة الموضوع بالموضوعات الأخرى. أو التوسع في إيجاد بدائل وخيارات أخرى، وهذا هو الجزء الإبداعي من الموضوع.

ويتضمن التوسع المعاني التالية:

- البحث في التفاصيل.
- الشرح والتوضيح.
- تحليل الموقف.
- رؤية جوانب مختلفة من الموقف.
- التحدث عن العوامل المؤثرة في الموقف.
- وصف الموقف.
- التحدث عن نتائج ومترتبات.
- وضع بدائل.
- مقارنات.
- طرق جديدة لبحث الموقف.

- **التبسيط.**
- **التلخيص.**
- **الربط.**
- **اكتشاف النقاط الرئيسة.**
- **اكتشاف المهم.**
- **النتيجة المحددة.**

3- الدرس الثالث: الاختصار

الاختصار عملية معاكسة للتوسّع. في التوسّع كنا بحاجة إلى معرفة التفاصيل والعلاقات.

أما في الاختصار فإننا بحاجة إلى معرفة الفكرة الرئيسة والنتائج المحددة. وتتم عملية الاختصار من خلال: قراءة الموقف، فهم الموقف، النقاط الرئيسة والهامة.

ومن الأمثلة على الاختصار:

- لخص ما جاء في نشرة الأخبار.

- اكتب أهم ما ورد في الصحيفة.

- اقرأ مقالاً واختصره بجملة واحدة.

- ضع عنواناً يختصر هذا النص.

4- الدرس الرابع: حدد الهدف - توسّع - اختصر!

ارتبطت الدروس الثلاثة السابقة بعملية واحدة. أما الدرس الرابع فهو ربط بين الدروس الثلاثة معاً. فنحن نواجه موقفاً نحتاج إلى تحديد الهدف، ثم التوسّع فيه ومعرفة تفاصيله، ثم اختصاره في فكرة رئيسة أو نتيجة.

وكمثال على ذلك:

اختر هدفاً ما من أهداف المدرسة، وليكن «خدمة المجتمع المحلي».

- حدد أهداف خدمة المجتمع المحلي.

- توسّع في هذه الأهداف، قدّم تفاصيل ومعلومات.

- اختصر وقدّم النتيجة النهائية، أو الفكرة النهائية.

5- الدرس الخامس: معرفة الهدف من التفكير Object

يسأل الشخص نفسه: ما الذي أبحث عنه؟ ما الذي أريد التوصل إليه؟

إنه يحتاج إلى تحديد الهدف والغاية النهائية. فهناك أهداف تتعلق باتخاذ قرار ما. وأهداف تتعلق بحل مشكلة ما. وأهداف تتعلق بالوصول إلى نقطة ما. وأهداف تتعلق بإثبات صحة أو خطأ فكرة ما.

والمفكر الجيد يهتم بالبحث عن هدف دقيق ضمن دائرة الأهداف.

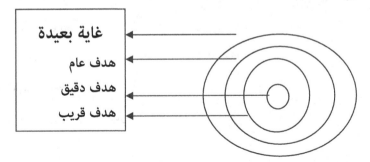

غاية بعيدة	
هدف عام	
هدف دقيق	
هدف قريب	

مثال:

> الهدف العام: أن يتقن الطالب اللغة العربية.
> الهدف المحدد: أن يميز بين حرف س، حرف ش.

ما الهدف الدقيق من حصولك على شهادة البكالوريوس؟

ما الهدف الدقيق من حضورك مباراة كرة القدم؟

ما الهدف الدقيق من اجرائك مكالمة هاتفية دون أن تذكر اسمك؟

6- الدرس السادس: المدخلات Inputs

حين نفكر بموضوع ما، نحتاج إلى معرفة جميع المدخلات ذات الصلة بهذا الموضوع.

مثل:

- العوامل المؤثرة في الموضوع.
- المعلومات المتوافرة.
- الأشخاص ذو العلاقة.
- الموقع، الزمان، المشهد.
- علاقة الموضوع بسائر الموضوعات.

إنّ كل مدخل جديد يمكن أن يوجّه تفكيرنا، نفكر في فتح مكتبة في شارع ما ثم تصلنا معلومات جديدة عن أشخاص آخرين يخططون لفتح مكتبة كبيرة في نفس الشارع، فإن هذه المعلومة قد تغيّر من خططنا.

7- **الدرس السابع: البحث عن الحلول Solution**

عالج الدرس الخامس مرحلة تحديد الهدف، وعالج الدرس السادس موضوع الحصول على المعلومات، وهذا الدرس ينقلنا إلى مرحلة إيجاد الحلول.

وفي مرحلة إيجاد الحلول، لا نبحث عن حل، بل عن عدة حلول أو بدائل وتتعدد أنواع الحلول:

فهناك حلول واضحة، ترتبط بالهدف مباشرة، وهناك حلول قديمة عثر عليها الآخرون في الماضي، وهناك حلول مكتشفة حديثة، وهناك حلول قديمة تم تطويرها. علينا أن نبحث في جميع هذه البدائل.

8- **الدرس الثامن: الاختيار Choice**

حين نكون أمام بدائل وحلول، فإننا بحاجة إلى اختيار الحل المناسب والحل المناسب هو الذي يخدم الظروف أو الهدف الذي نسعى عليه.

فالمفكر يسأل نفسه:

- ما الذي عليّ أن أختاره؟
- أي البدائل يناسب متطلباتي؟
- ما ميزة هذا الحل عن غيره؟

> **الحل الملائم**
> ما يناسب متطلبات الموقف ولكل موقف متطلبات متباينة حسب الأهداف والأشخاص والظروف.

مثال:

مع سيدة مبلغ من المال، وفي ذهنها عدد من المشروعات:

- شراء سيارة أنيقة.
- بناء بيت لمستقبل أبنائنا.
- استثمار المبلغ في شراء أراض.
- الاحتفاظ بالمبلغ في بنك.
- أي الحلول ملائمة من وجهة نظرك؟

- ما الحلول التي تشعر بالخوف، الرضى، الأمن؟

- ما عواقب ومترتبات كل حل؟

9- الدرس التاسع: العملية أو التنفيذ Operation

حين نصل إلى عدد من الحلول، ونختار أحد هـذه الحلـول، فـإنّ الخطـوة اللاحقـة هـي تنفيذ الحل! فكيف نضع الحل موضع التنفيذ؟

- ما الخطوة الأولى؟

- من سينفذها؟ متى؟

- كيف؟

10- الدرس العاشر: جميع العمليات السابقة.

ويتعلق هذا الدرس باختيار موضوع محدد «تحديد الهدف» والقيام بالعمليات الثلاث: تحديد - التوسّع - الاختصار.

ثم القيام بالعمليات الخمس: تحديد الهدف والبحث في المـدخلات واستعراض البـدائل والحلول، والاختيار منها، ثم وضع الحلول موضع التنفيذ.

وهذه الخطوة تلخص جميع الخطوات التسع السابقة.

الفصل السادس

التعلم من أجل التفكير
تطبيقات على مهارات الكورت من الكتب المدرسية

الفصل السادس
التعلم من أجل التفكير
تطبيقات على مهارات الكورت من الكتب المدرسية

تناول هذا الفصل التطبيقات العملية على عدد كبير من مهارات الكورت. حيث تم اختيار موضوع من المناهج والكتب المدرسية وإعداد مجموعة من الأنشطة التفكيرية المرتبطة بمهارات الكورت.

تم اختيار موضوع الدرس من مادة العلوم للمرحلة الأساسية الدنيا. وكان محتوى الدرس: الجو البارد.

وقد أعدت الأنشطة جميعها وعددها ثلاثون نشاطاً لكي نبيّن للأخوة والأخوات من العاملين في التدريس سهولة إعداد أنشطة متعددة، والإمكانات الهائلة التي تتوافر لدى المعلمين.

وسيجد القارئ أن هذه الأنشطة ممتدة أيضاً لتشمل بعض مهارات التفكير الناقد والتفكير الإبداعي.

إن بالإمكان تطبيق جميع هذه الأنشطة أو بعضها، ولكن وجودها معاً لإقناع الزملاء المعلمين بأهمية وسهولة إنتاج الأنشطة نأمل أن يجد فيها الزملاء ما يجعل تعليمهم أكثر متعة لهم، وأكثر إمتاعاً للطلاب.

أنشطة تفكير

الدرس: علوم **الصف: الثاني**

أولاً: محتوى الدرس:

- الجو بارد

ثانياً: الأنشطة التعليمية:

النشاط الأول:

الهدف: أن يستوعب الطالب الأشكال أو الأحوال المختلفة للطقس.

الإجراءات:

1- اطلب من الطلبة استكمال الفراغ:

الجو بارد

الجو.........

الجو.........

الجو.........

2- اطلب استكمال الفراغ:

..........،..............،..............، بارد،.............،..............،..........

النشاط الثاني:

الهدف: أن يصنف الطالب عدداً من الأشياء.

الإجراءات:

1-اطلب تصنيف ما يلي إلى بارد، غير بارد (دافئ، حار،....)

الشاي، الكتاب، النار، المكيّف، الثلاجة، المدفأة، العصير، الحليب،.......الخ.

النشاط الثالث:

الهدف: توسيع إدراك الطفل.

الإجراءات: اطلب استكمال الفراغ:

الجو بارد   الجو حار، دافئ

..... بارد   ..... حار

..... بارد   ..... حار

..... بارد   ..... حار

النشاط الرابع:

الهدف: تنمية مهارة الملاحظة.

الإجراءات: اطلب استكمال الفراغ:

نحمل في المطر مظلة (شمسية).

المظلة : محدبة   وذلك من أجل   ....

: لها عصاً طويلة   وذلك من أجل   ....

: لها يد   وذلك من أجل   ....

: يمكن طيها   وذلك من أجل   ....

النشاط الخامس:

الهدف: أن يهتم الطالب بمراعاة الجوانب المختلفة للموضوع بإيجابياته وسلبياته.

الإجراءات: اطلب من الطلبة قراءة ما يلي:

حملت حنان مظلة معها إلى المدرسة:

أكمل ما يلي:

الإيجابيات هي: ....،.............

السلبيات هي: ....،.............

النشاط السادس:

الهدف: أن يراعي الطالب جميع العوامل المؤثرة على الموضوع.

الإجراءات: قدّم العبارة التالية:

أمطرت بشدّة، ولبس فيصل، مواد ثقيلة جداً:

كنزة صوف، ملابس داخلية صوف، جاكيت، طاقية، كبوت(معطف).

اسأل: ما العوامل التي تم أخذها بعين الاعتبار؟

اسأل: ما العوامل التي لم تؤخذ بعين الاعتبار؟

النشاط السابع:

الهدف: أن يدرك الطالب بعض التناقضات.

الإجراءات: قدّم الجمل الغبية التالية: واطلب إيجاد التناقضات في كل منها. اطلب تصحيحها.

- اشتد الحر، فأشعل أبي التدفئة.

- بعد أن غلى والدي الشاي وضعه في الثلاجة.

- أرادت أمي المحافظة على برودة الثلاجة، فتركتها مفتوحة.

- اشتد البرد فلبسنا ملابس قصيرة.

- عطشت، فشربت ماءً دافئاً.

اطلب من الطلبة وضع تناقضات أخرى.

النشاط الثامن:

الهدف: أن يضع الطالب فروضاً عديدة لتفسير الموقف.

الإجراءات: خرجت غادة من منزلها، فرأت الجو ماطراً. عادت إلى المنزل مدة دقيقتين، ثم خرجت ثانيةً.

- ماذا فعلت في أثناء عودتها؟

- ماذا أخذت معها؟

النشاط التاسع:

الهدف: أن يقارن بين شيئين.

الإجراءات: اطلب المقارنة بين الحليب والعصير.

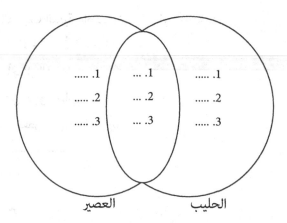

النشاط العاشر:

الهدف: أن يتخذ الطالب قرارات بناء على معايير.

الإجراءات: قدّم النص التالي:

كان عليك الخروج في يوم ماطر لمدة ساعة. وسمح لك بأخذ اثنين مما يلي: ما هما؟ مظلة، حذاء مطري، طاقية، راديو، طعام، ماء، معطف، مدفأة صغيرة. لماذا اخترت ذلك؟

النشاط الحادي عشر:

الهدف: أن يدرك الطالب النتائج المترتبة على قراره.

الإجراءات: قدّم النص التالي:

خرج علي من منزله صباحاً مرتدياً ملابس خفيفة.

ما المترتبات على ذلك؟

النشاط الثاني عشر:

الهدف: أن يميّز الطالب بين الآراء والحقائق.

الإجراءات: قدّم العبارات التالية واطلب تصنيفها إلى آراء وحقائق:

1- في الشتاء ينزل المطر عادةً في بلادنا.

2- فصل الشتاء أجمل الفصول.

3- أفضل البرد على الجو الحار.

4- في أيام البرد تنخفض درجات الحرارة.

5- ....

6- ....

النشاط الثالث عشر:

الهدف: أن يميّز الطالب بين الأسباب والنتائج.

الإجراءات: قدّم العبارات التالية واطلب تحديد السبب والنتيجة.

1- حين يشتد البرد يصاب بعضنا بالزكام.

2- تتغير حالة الجو، فتنزل درجات الحرارة.

3- أدى سقوط المطر إلى حدوث فيضانات.

4- كان تحسّن المحصول هذا العام لأن المطر كافٍ.

5- ....

6- ....

النشاط الرابع عشر:

الهدف: أن ينتج أفكاراً، أن يرتب أشياء.

الإجراءات: اطلب من الطلبة تضخيم ما يلي:

اطلب من الطلبة تقليل ما يلي:

تضخيم: نقطة ماء،............،.............،..............

تقـليـل: ....،.............،..............، برد شديد.

النشاط الخامس عشر:

الهدف: أن يدرك التغيرات في عدد من الموضوعات

الإجراءات: قدّم العبارات التالية:

في الشتاء

يتغيّر الجو من   ....   ،   إلى   ....

تتغيّر ملابسنا من   ....   ،   إلى   ....

تتغيّر أحوال منازلنا من..............   ،   إلى   ....

تتغيّر مأكولاتنا من   ....   ،   إلى   ....

تتغيّر مشروباتنا من   ....   ،   إلى   ....

النشاط السادس عشر:

الهدف: ربط المفاهيم بمدلولاتها.

الإجراءات: قدّم ما يلي:

من أنا؟

1- أحميك من المطر.

2- أنزل في فصل الشتاء.

3- أرفع درجة حرارة منزلك في الشتاء؟

4- أقيس درجة الحرارة.

النشاط السابع عشر:

الهدف: أن يستنتج الطالب تسلسلات معينة.

الإجراءات: قدّم القصة التالية في حلقات. واطلب من الطلبة استكمال النقص فيها:

1- نزل المطر.

2- سارت وفاء في الشارع.

3- ....

4- أخذها والدها إلى الطبيب.

النشاط الثامن عشر:

الهدف: أن يضع الطالب فروضاً عديدة لتفسير موقف ما.

الإجراءات: قدّم العبارة التالية. واطلب تفسيرات عليها.

وصلت وفاء إلى المدرسة دون أن تبتل. كيف حدث هذا؟

....

....

....

النشاط التاسع عشر:

الهدف: أن يستنتج الطالب أو أن يحكم على صحة الاستنتاجات.

الإجراءات: قدّم نصاً قصيراً. ثم قائمة بالاستنتاجات. واطلب الحكم عليها هل هي صحيحة أم خاطئة.

شوهدت عالية وهي تحمل شمسية ملونة. أي الاستنتاجات التالية صحيحة:

- كان المطر خفيفاً.

- كان المطر نازلاً.

- كان الجو حاراً.

- تتلاءم الشمسية مع ملابسها.
- لم تكن لديها شمسية أخرى.
- إنها على عجلة من أمرها.

النشاط العشرون:

الهدف: أن يعبّر بدقة عن حدث.

الإجراءات: قدّم عدداًَ من العبارات، واطلب من الطلبة وضع كلمة دائماً، أحياناً، قليلاً، نادراً، أبداً.

1- يحمل الناس شمسية في أثناء المطر.
2- يلبس الناس ملابس دافئة في أثناء البرد.
3- يسير الناس بملابس قصيرة في أثناء البرد.
4- يلبس الرجال قبعة أجنبية في أيام البرد.
5- نلبس أحذية شتوية في البرد.
6- نفتح شبابيك منزلنا في البرد.

النشاط الحادي والعشرون:

الهدف: يهدف النشاط إلى تخيل أحداث قادمة، تنبؤ.

الإجراءات: اختر حدثاً ثم اطلب من الطلبة استكمال أحداث مترتّبة عليه.

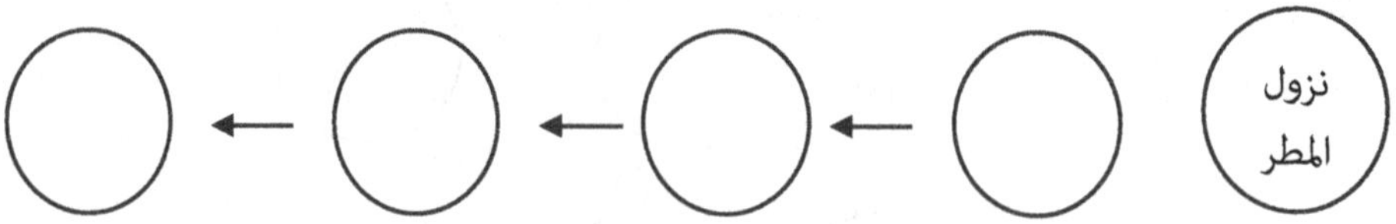

النشاط الثاني والعشرون:

الهدف: يهدف النشاط إلى الإيجابيات والسلبيات المترتبة على الموضوع، نتائج أولية وثانوية.

الإجراءات: اكتب ظاهرة في دائرة واطلب تعبئة الدوائر الأخرى.

+   تشير إلى نتيجة إيجابية.

——   تشير إلى نتيجة سلبية.

——   تشير إلى نتيجة أولية

——   تشير إلى نتيجة ثانية.

≡   تشير إلى نتيجة ثالثة.

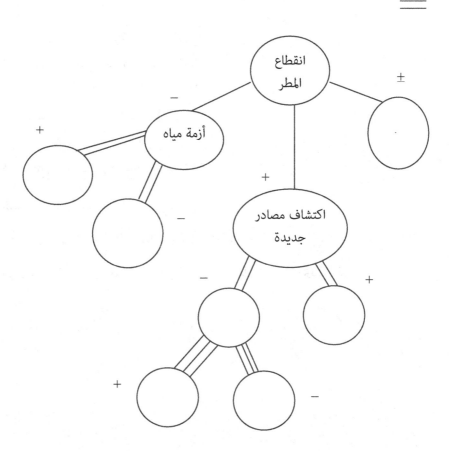

النشاط الثالث والعشرون:

الهدف: أن ينتج أو يبدع الطالب أفكاراً جديدة.

الإجراءات:

• أطلب أفكاراً جديدة عن البرد.

• ضع كلمة عشوائية مثل معلم. واعمل مقارنة

البرد	المعلم
------------	------------
	• يخيف الطلبة
	• يساعد الطلبة
	• يأتي في وقت معين
	• يبسّط الأمور
	• يغيّر من مهارات الطلبة
	• يقدم معلومات جديدة

النشاط الرابع والعشرون:

الهدف: أن ينتج الطالب أفكاراً جديدة باستخدام أسلوب عكس المسلّمات.

الإجراءات: قدّم فكرة ما. واطلب عكسها واطلب من الطلبة تفسير النتيجة الجديدة.

ندخل في الجو البارد ←――――― يدخل البرد فينا

الماء يحمي المزروعات ←―――――

....

....

النشاط الخامس والعشرون:

الهدف: أن يرتّب الأدلة حسب قوتها.

الإجراءات: قدّم العبارة التالية:

«أخذت حنان مظلتها معها صباحاً»

اطلب ترتيب الأدلة التي اعتمدت عليها في هذا القرار حسب قوتها

- قالت أم حنان إن الجو بارد هذا اليوم.
- سمعت حنان نشرة جوية قبل أسبوع تشير إلى إمكان سقوط المطر.
- نظرت حنان من النافذة فرأت غيوماً كثيفة.
- قالت المعلمة للطالبات عليكن اصطحاب المظلات في أيام المطر.
- سمعت حنان نشرة المساء الجوّية التي أعلنت عن إمكان سقوط المطر صباحاً.

النشاط السادس والعشرون:

الهدف: أن يستخدم القياس.

الإجراءات: قدّم ما يلي:

إذا كان الجو ماطراً   فإن المشاة يبتلون.

رأيت مشاةً مبتلّين.

إذن ....

النشاط السابع والعشرون:

الهدف: أن تستخدم مهارة الاستنتاج.

الإجراءات: قدّم العبارة التالية واطلب التمييز بين الاستنتاجات الصحيحة والخاطئة.

«سارت غادة تحت المطر ولم تبتل»

إنّ هذه العبارة تشير إلى أنّ غادة:

- وصلت إلى المدرسة بسيارة.
- كانت ترتدي معطفاً واقياً من المطر.
- ربما كانت تحمل مظلة.
- كانت تسير بسرعة.
- انقطع المطر حين كانت تسير في الشارع.

النشاط الثامن والعشرون:

الهدف: أن يقدم الطالب أدلة مقنعة.

الإجراءات: قدّم الموقف التالي:

«رفض سامي حمل مظلة معه في يوم مطر».

ما وجهة نظره؟

كيف تقنعه بحمل مظلته؟

النشاط التاسع والعشرون:

الهدف: أن يقدّم الطالب تنبؤات معينة.

الإجراءات: قدّم الموقف التالي:

نزل المطر واستمر في النزول أسبوعاً دون انقطاع.

ما النتائج المتوقعة لذلك؟

- عليك.
- على المدرسة.
- على الأسرة.
- على الطعام.
- على الحياة بشكل عام.

النشاط الثلاثون:

الهدف: أن يقدم أدلة قوية.

الإجراءات: رفض فيصل ارتداء معطف مطري. تحدّث معـه أبـوه لمـدة ثلاث دقـائق. ارتـدى فيصل المعطف.

- ماذا قال له أبوه؟
- ماذا أجاب فيصل؟

الفصل السابع

التعلم من أجل التفكير

قبعات التفكير الست

Six Thinking Hats

الفصل السابع

التعلم من أجل التفكير

قبعات التفكير الست Six Thinking Hats

قبعات التفكير الست

ترجع فكرة طواقي التفكير إلى إدوارد دي بونو، المفكّر الذي طرح الكثير من الأفكار حول تعليم التفكير، وتستند فكرة الطواقي الست إلى الملاحظة التي يشعر بها كل شخص في أي نقاش، حيث يتبنّى أحد الأطراف فكرة ما أو موقف ما يدافع عنها، فيقوم شخص آخر بمعارضة هذه الفكرة أو الموقف، ويثور جدل لا ينتهي، يستهلك الوقت ولا يصل الطرفان إلى نتيجة.

فالمناقشات البرلمانية مثال على ذلك. فلكل وجهة نظر، يتمسك بها. والمعاملات التجارية مثال أيضا، حيث يتمسك كل طرف بحقوقه.

ولعلّ هذا جائز في مثل هذه الحالات. إلا أن مناقشة موضوع ما أو فكرة ما يجب أن لا تولّد خصومات بين المتناقشين، فليس لطرف مصلحة إلا في الوصول إلى الحقيقة. ومن هنا طرح دي بونو فكرته عن الطواقي الست.

ما القبعات الست؟

إنها قبعات ملونة:

- القبعة البيضاء.

- القبعة الحمراء.
- القبعة السوداء.
- القبعة الصفراء.
- القبعة الخضراء.
- القبعة الزرقاء.

ولكل قبعة وظيفة تختلف عن سائر القبعات. وحين نلبس إحدى القبعات فإننا نمارس دوراً معيناً. سرعان ما نتركه إذا لبسنا قبعة أخرى.

لماذا قبعات؟

يرى دي بونو أن اختيار القبعات تم على أساس:

1- أن القبعات هي الأقرب إلى الرأس. والرأس يحوي الدماغ الذي يقوم بوظيفة التفكير. ولذلك فهي الأقرب إلى التفكير.

2- إننا لا نلبس دائما قبعة معينة، ونبقيها فترة طويلة. فالقبعة التي نلبسها سرعان ما نتخلى عنها بسبب تغيّر الظروف. فقد نلبس قبعة مناسبة لملابس معينة. ولكننا سرعان ما نتخلى عنها إذا غيّرنا من ملابسنا. وهكذا الأفكار. فقد نعجب بفكرة ما في وقت معين، ونتخلّى عنها في وقت لاحق. وكما أن القبعة لا يجوز أن تبقى فترة طويلة على الرأس فإن الفكرة يجب أن لا تعيش طويلاً لدينا.

3- إن القبعة التي نلبسها فترة طويلة، يمكن أن تتسّخ وتفقد أناقتها وكذلك الفكرة، فإنها إذا بقيت فترة طويلة في رأسنا فإنها قد تفسد وتصبح قديمة لا جدوى منها.

4- إن القبعة رمز للدور الذي يمارسه الشخص. فرجل الأمن يلبس قبعة مميزة. والقاضي يلبس قبعة خاصة وهكذا... فالقبعة ترمز إلى الدور.

5- يحتاج الإنسان إلى ألوان مختلفة من التفكير، وأن يغيّر أسلوب تفكيره حسب الوضع المستجد أمامه، فهو تماما كلاعب الجولف الذي يستخدم عدة مضارب. فهناك مضرب

ملائم لضربة البداية، ومضرب آخر للضربة الخفيفة، وثالث للضربة السفلية وهكذا... إنه لن يستطيع اللعب مستخدما مضربا واحداً. وهكذا الإنسان المفكر يحتاج إلى أن يلبس عدة قبعات: واحدة للحصول على معلومات والثانية للنقد وهكذا....

ألوان القبعات الست

تتعدد ألوان القبعات حسب طبيعة الموقف، وفيما يلي عرض لهذه القبعات.

1- القبعة البيضاء:

إنّ اللون الأبيض يشير إلى الحياد والموضوعية والتجرد. فمن يلبس القبعة البيضاء عليه أن يكون محايداً، موضوعياً، متجرداً بعيداً عن إصدار الأحكام أو النقد.

وترتبط القبعة البيضاء بالمعلومات. ومن يلبس هذه القبعة يبحث القبعة البيضاء عن معلومات، ويكمل ما لديه من نقص فيها، ولذلك فإنه يثير مجموعة من الأسئلة التي تهدف إلى:

القبعة البيضاء

تهتم بالبحث عن الحقائق فقط لا عن تفسيرات وآراء.
وصاحب هذه القبعة يبحث عن حقائق أو يقدم حقائق. فلا يحق له تقديم وجهات نظره أو تفسيراته الشخصية.

- الحصول على معلومات.
- استكمال المعلومات الناقصة.

ومن الأسئلة التي يثيرها:

- ما المعلومات المتوافرة لدي؟
- ما المعلومات التي أحتاجها؟
- ما المعلومات الناقصة؟
- كيف أحصل على المعلومات؟
- ما الأسئلة التي يجب أن أثيرها لأحصل على المعلومات؟

فالهدف من لبس القبعة البيضاء هو توجيه الاهتمام للحصول على معلومات. فإذا طرح أمامي مشروع أو فكرة حول «تغيير العمل» مثلاً فإنني ألبس القبعة البيضاء، وأسأل:

- ما طبيعة العمل الجديد؟
- أين موقع العمل؟
- كم يوفر لي دخلاً؟
- هل يناسب مؤهلاتي؟
- ما المهام التي سأمارسها؟
- ما مستقبل من يعمل في هذا العمل؟

وهكذا فإنني أحاول أن أثير أسئلة بهدف الحصول على المعلومات وحين أحصل على كل ما أريد، فإنني أترك القبعة البيضاء لعدم الحاجة إليها، وأرتدي قبعة أخرى، فما هي؟

2. القبعة الحمراء

القبعة الحمراء

القبعة الحمراء ضد المعلومات المحايدة أو الموضوعية لأنها تطلب منك تحديد مشاعرك الخاصة تجاه الموضوع.

يعكس اللون الأحمر الـدفء والمشـاعر، إنّـه لـون النار ولون العاطفة، ولذلك مـن يلبـس القبعـة الحمراء عليه أن يعبّـر عـن مشـاعره وعواطفه، ومـن يعبّـر عـن مشاعره ليس مطالباً بذكر الأسباب، فيقول مثلاً:

أحببت فكرة تغيير العمل! تغيير العمل فكرة مدهشة! مقلقة! أشعر بـالخوف! وهكـذا تعبّـر عـن عواطفـك ومشـاعرك دون أن تقـدم تفسـيراً أو شرحـاً، فالقبعة الحمراء تسمح لك بإظهار عاطفتك ومشاعرك نحو الموضوع المطروح.

والقبعة الحمراء يجب أن لا تُلْبس فترة طويلة، ويجب تركها بعد أن تعبّر عن مشاعرك، وبعد أن يعبّ‌ر شخص معك أو في الاجتماع عـن مشـاعره. وينصح عـادة بـأن لا نسرف في التعبير عن المشاعر بحيث يستهلك ذلك وقتاً كبيراً، فالقبعة الحمراء تقـوم بـدورها، وبعـد الانتهاء من هذا الدور يمكن تركها وارتداء قبعة أخرى. فما هي؟

3- القبعة السوداء

القبعة السوداء
- تنقد وتنبه.
- تعكس موقفاً سلبياً عن موضوع.

اللـون الأسـود يعكس التـحفظ والنقد والمسـاءلة والتحذير فالقاضي يلبس ملابس سوداء، وكل من يمارس دور القاضي أو دور من يصـدر الحكـم يتمتـع بالجديـة والقـوة. إنّ القبعة السـوداء هامـة جـداً، ومـن أكـثر القبعـات اسـتخداماً. فـالمعلمون والآبـاء والبـوليس والمصلحون والواعظون غالباً ما يرتدون قبعة سوداء، ويصدرون أحكاماً:

- تحذرنا من الوقوع في الأخطاء.
- تحذرنا من المخاطر.
- تحمينا من الخطأ.

إنّ ارتداء القبعة السوداء عملية سهلة، ولكن يجب أن نحذر مـن ارتدائها دائمـاً، لأن ذلك:

- يجعل من يرتديها شخصاً منفّراً. يتدخل في شؤون الآخرين.
- يعكس تعالي من يرتديها، وتنمي مشاعر الغرور والظهور بمظهر الحكمة والنضج.
- يقلّل من أهمية الأحكام التي تصدر من مرتديها.

وفي المثال الذي قدمناه عن تغيير العمل، فإن ارتداء القبعة السوداء يجعلك تحذّر وتثير مواقف مثل:

- العمل الجديد قد يكون بعيداً عن أهلك.
- العمل الجديد سوف يلغي المكاسب التي حصلت عليها من العمل القديم.
- العمل الجديد يقلّل من فرصتك في استكمال الدراسة الجامعية.
- العمل الجديد قد يعرضك لإفساد علاقتك مع رؤسائك.

إنّ مثل هذه التحذيرات والانتقادات هامة، لأنّها تنبّهك إلى المخاطر الجديدة حتى تحرص على عدم الوقوع فيها. ولكن زيادة مثل هـذه التحـذيرات قـد يكون ضاراً. ولذلك

احرص على أن تلبس القبعة السوداء باعتدال، ولفترة قصيرة، وأن لا تظهر دائماً بمظهر من يلبس هذه القبعة. حاول التخلص منها والبس قبعة أخرى ! فما هي؟

4- القبعة الصفراء

يعكس اللون الأصفر الشروق والأمل. فحين نلبس القبعة الصفراء فإننا ننظر نظرة متفائلة إلى الموضوع. ونبحث عن فوائده ومزاياه، وحتى لو لم يكن الموضوع مغرياً، فإنّ ارتداء هذه القبعة يلزمنا أن نقلّب جوانب هذا الموضوع، ونبحث عن إيجابياته وفوائده ومزاياه.

القبعة الصفراء

نرتدي القبعة السوداء قبل الصفراء لأنها تقوم بغربلة الأفكار غير العملية دون إضاعة وقت فيها.

وإذا رفضنا الفكرة لا داعي للاستمرار فيها.

ولذلك نرتدي القبعة الصفراء ونسأل:

- ما مزايا هذه الفكرة؟

- ما الإيجابيات التي تحتوي عليها؟

- ما المنافع التي ستقود إليها؟

- من سيستفيد منها؟

- كيف سنحصل على الفوائد منها؟

وعودة إلى مثالنا: تغيير العمل، إن من يلبس الطاقية الصفراء يبحث عن مزايا العمل الجديد ويقول:

- هذا العمل يجدد نشاطي.

- هذا العمل يبرز شخصيتي، وكفاءتي.

- هذا العمل يفتح أمامي أبواباً عريضة.

- هذا العمل تحدٍ لقدراتي.

إنّ ميزة ارتداء هذه القبعة تأتي من كونها تلزمنا بالبحث عن المزايا والإيجابيات، ولا تظهرنا بمظهر من يعترض دائماً، وينتقد دائماً... فلكل موضوع جانب مشرق، وعلينا أن نبحث عنه. وبعد أن نجده نتخلى عن القبعة الصفراء، ونرتدي قبعة أخرى. فما هي؟

5- **القبعة الخضراء.**

القبعة الخضراء

قبعة الإبداع والبدائل والخيارات تعطي صاحبها حصانة ليقول أي فكرة غير مألوفة دون أن يتعرض لسخرية أو نقد.

يعكس اللون الأخضر الخصوبة والنماء والطاقة والحيوية.

فالقبعة الخضراء هي قبعة الحياة والطاقة، هي التي تجعلنا نقدم مقترحات ونبحث عن بدائل وأفكار جديدة. هي التي تقودنا إلى تعديل الأفكار ووضع بدائل لها أو تطويرها وتحسينها. إنها قبعة الإبداع حين نرتديها فإننا نعدّل من أساليبنا ونبحث عن الجديد والتغيير والخلق.

ففي مثالنا عن تغيير العمل يمكن أن تقودنا الفكرة المطروحة إلى نتاجات وإبداعات جديدة مثل:

- ممارسة أكثر من عمل بنفس الوقت.
- ممارسة عمل دون دوام مكتبي.
- تصميم عمل خاص.

إنّ ارتداء القبعة الخضراء يتطلب منّا أحياناً أن نخرج عن القواعد المألوفة، وأن لا نحصر أنفسنا ضمن حدود معينة. فالإبداع يتطلب جرأة ومغامرة بدلاً من الحذر والتردد والقبعة الخضراء من أصعب القبعات لأن عملية الإبداع ليست سهلة، بل تتطلب مهارات عالية وتدريباً خاصاً. إننا في هذه القبعة بحثنا عن مقترحات وبدائل. وعلينا الآن أن نتركها ونبحث عن القبعة الأخيرة، فما هي؟

6- القبعة الزرقاء.

اللون الأزرق هو لون الفضاء والأفق، ولذلك يتميز من يرتدي هذه القبعة بإثارة أسئلة هامة مثل:

- ما الذي يجب عمله لاحقاً؟ ما الخطوة التالية؟
- كيف ننفذ هذه الفكرة؟
- كيف نحرص على عدم الوقوع في المحاذير التي قالتها القبعة السوداء؟
- كيف نستفيد مما قالته القبعة الصفراء؟
- كيف نحافظ على المشاعر التي قالتها القبعة الحمراء؟

القبعة الزرقاء

يرتدي رئيس الاجتماع هذه القبعة ويقوم بدور المايسترو في الفرقة الموسيقية: ضبط وتنظيم وتنفيذ، يلخص خطوات العمل، يراجع، يحصد النتائج.

إنّ من يرتدي هذه القبعة يحاول دائماً تلخيص النقاش، وتحديد النقطة التي وصلنا إليها، كما أنه مهتم بعمليات تنفيذ الفكرة أو المشروع.

ففي مثالنا عن تغيير العمل، فإنّ ارتداء القبعة الزرقاء يعني البحث في كيفية الانتقال إلى العمل الجديد، فهي قبعة تنظيمية وتنفيذية تهتم بالتطبيق والعمل.

كيف نرتدي القبعات؟

قد يكون بعضنا حالماً فيتحدث دائماً عن المشاعر والعواطف (القبعة الحمراء). وقد يكون بعضنا ناقداً أو منتقداً باحثاً عن الخطأ (القبعة السوداء). وقد يرتدي بعضنا قبعة واحدة لا يغيرها! وهذه القبعة تعكس شخصيته. ولكن لكي نفكّر جيداً علينا أن نتخلى عن القبعة التي نحبّها، أو القبعة التي نلبسها دائماً. إنّ المطلوب في عمليات التفكير الجيد هو أن نرتدي جميع القبعات، فكيف نفعل ذلك؟

1- لا يجوز ارتداء قبعة واحدة تميزنا دائماً.

2- إنّ علينا أن نرتدي قبعة حسب الموقف، وأن نغيّر هذه القبعة حسب تغير الموقف.

3- إنّ علينا أن نلبس جميع القبعات، ولكن ليس في وقت واحد، لأنّ لكل قبعة دوراً يختلف عن سائر القبعات.

ما فوائد هذه النظرية؟

إنّنا نلاحظ في مناقشاتنا أننا قد نعارض فكرة يؤيدها آخرون. وقد يعارض آخرون الفكرة التي نؤيدها. وهكذا يستمر الجدل دون التوصل إلى أي نتيجة.

إنّ ارتداء القبعات الست في اجتماع ما يعني أنّ جميع المجتمعين، يلبسون القبعة البيضاء معاً، فيبحثون عن المعلومات، ثم يلبسون القبعة الحمراء ويعبّرون عن المشاعر. ثم القبعة السوداء فيحذرون وينتقدون ويعددون العيوب والأخطاء. ثم يلبسون الصفراء فيبحثون عن الفوائد وهكذا... فحين يلبس الجميع كل القبعات، فإن النقاش يكون أكثر عمقاً وأكثر سهوله وأقل صداماً، وأقصر وقتاً، وأسهل اتفاقاً. فلا يضيع الوقت في الجـدل، ولا ينقسـم الفريـق إلى مؤيد ومعارض.

كما أننا حين نستخدم القبعات الست في التفكير بموضـوع مـا، فإننا نمـارس الخطـوات العلمية الصحيحة وهي:

- البحث عن المعلومات (البيضاء).
- التعبير عن المشاعر (الحمراء).
- التحذير من الأخطاء والسلبيات (السوداء).
- البحث عن الفوائد (الصفراء).
- المقترحات والبدائل (الخضراء).
- التنفيذ (الزرقاء).

إنّ هذه العملية تقودنا إلى قرار أفضل وحل ملائـم بعيـد عـن التعصـب ولا يعـاني مـن نقص في المعلومات، أو الإساءة إلى مشاعر أحد.

تطبيقات على القبعات الست

يمكن استخدام القبعات الست في عدد مـن المجـالات مثـل التـدريس وإدارة الاجتماعـات والإشراف التربوي. كما يمكن استخدامها في حل المشكلات واتخاذ القرارات.

ونقدم في ما يلي مثالين على إدارة اجتماع وتدريس حصة.

أولا: إدارة اجتماع:

يعلن رئيس الاجتماع أنّ الموضوع المطروح مثلاً هو إلغاء الإشارات الضوئية وإقامة نفق وجسر علوي مكانها.

إلغاء الإشارات الضوئية

1- القبعة البيضاء:

يقدم معلومات عن: متى، أين، كيف، لماذا والكلفة المتوقعة؟

ويسأل المجتمعون رئيس الاجتماع أسئلة بهدف استكمال المعلومات مثل:

- كم مدة البناء؟ كم سيارة يستوعب النفق، الجسر؟
- ما التوفير العائد لسائقي السيارات؟......... الخ.

2- القبعة الحمراء:

يعبّر المجتمعون عن مشاعرهم:
- أشعر بأنها فكرة مسلوقة، غير مدروسة.
- أشعر بأنها فكرة مدهشة.
- أشم رائحة رشوة. أنا غير مطمئن.
- أحببت هذه الفكرة.
- لدي إحساس بأهمية الفكرة.
- أشعر بعدم جدوى المشروع.

3- القبعة السوداء:

يقدم المجتمعون نقداً:
- مشروع مكلف.

- يؤذي المحال التجارية القريبة.
- قد يزيد من طيش السائقين.
- قد يشوه جمال الشارع.

4- القبعة الصفراء:

يقدم المجتمعون مزايا وإيجابيات.

- يعطي المشروع انطباعاً إيجابياً عن مدينتنا.
- يخفف أزمة المرور.
- يخفف أعباء كثيرة على السائقين.
- يقدم نموذجاً لما يمكن فعله في شوارع أخرى،......... الخ

5- القبعة الخضراء:

يقدم المجتمعون تعديلات ومقترحات وبدائل مثل:

- يمكن جعل النفق مخفياً والجسر بمستوى الشارع.
- يمكن أن يصل النفق بشارعين بدلاً من شارع واحد.
- تجميل الجسر باستخدام مواد بلاستيكية جاذبة،..... الخ

6- القبعة الزرقاء:

يقدم رئيس الاجتماع تلخيصاً للنتائج والمقترحات ويحدد مسؤوليات التنفيذ.

يقدم المجتمعون مقترحات للتنفيذ....

ثانيا: خطة تدريس: موضوع الدرس «رحلة مدرسية»

1- **القبعة البيضاء:** يسأل الطلاب: أين، متى، كم.... الخ

2- **القبعة الحمراء:** يعبر الطلاب عن مشاعرهم: قبل الرحلة، في أثناء الرحلة، بعد الرحلة.

3-   **القبعة السوداء**: ما الأخطاء؟ الصعوبات؟ العيوب في الرحلة؟

4-   **القبعة الصفراء**: ما إيجابيات؟ فوائد؟ مزايا الرحلة؟

5-   **القبعة الخضراء**: مـا البـدائل؟ الخيـارات؟ بـدائل الأمكنـة؟ بـدائل الكلفـة؟ بـدائل الوقـت؟ اقتراحات لرحلات جديدة.

6-   **القبعة الزرقاء**: تنفيذ المقترحات. التخطيط لرحلات جديدة.

الفصل الثامن

التعلم من أجل التفكير

الذكاءات المتعددة وانعكاساتها

على عملية التعلم والتعليم

Multi- Intelligences

الفصل الثامن

التعلم من أجل التفكير
الذكاءات المتعددة وانعكاساتها على عملية التعلم والتعليم
Multi- Intelligences

الذكاءات المتعددة

ترجع هذه النظرية إلى هوارد جاردنر Gardener، في بداية الثمانينات 1983 حيث رفض في كتابه The frame of mind اعتبار الـذكاء قـدرة واحـدة يكمـن أن تقـاس باختبـار واحـد. وقادته بحوثه التجريبية إلى إيجاد أسس متعددة للكشف عن أنمـاط متعددة مـن الـذكاء تراوحت بين سبعة أنماط وعشرة. إلى أن انتهى الأمر باعتماد ثمانية ذكاءات. وسميت نظريتـه بنظرية الذكاءات المتعددة Multi-Intelligences (MI). وقد عرّف جاردنر الـذكاء بأنه القدرة على حل المشكلات أو إضافة ناتج جديد.

وقـد انبثقـت هـذه النظريـة مـن البحـوث المعرفية الحديثة التي أوضحت أن الطلبة مختلفون في عقـولهم، وأنهـم يتعلمـون ويتذكرون ويفهمـون بطرق مختلفة.

إن كل إنسان قادر على معرفة العالم بثمانية

الذكاءات الثمانية
الذكاء اللغوي أو اللفظي.
الذكاء المنطقي - الرياضي.
الذكاء المكاني - البصري.
الذكاء الجسمي - الحركي.
الذكاء الإيقاعي - الموسيقي.
الذكاء الاجتماعي- البينشخصي.
الذكاء التأملي - الذاتي.
الذكاء الطبيعي - البيئي.

طرق مختلفة سمّاها جاردنر: الذكاءات الثمانية وهي: اللغوي والمنطقي والمكاني والبصري والإيقاعي والاجتماعي والذاتي والتأملي والطبيعي. ويختلف الناس في مدى امتلاكهم لكل نوع من الذكاءات، لكنهم جميعاً يمتلكون بروفيلاً لهذه الذكاءات، وأنهم يستخدمون هذه الذكاءات في التعلم وفي الأداء.

وقد ارتبطت نظرية جاردنر هذه بمسلمات أساسية هي:

1- ليس هناك ذكاء واحد ثابت ورثناه، ولا يمكن تغييره.

2- إن اختبارات الذكاء الحالية هي لغوية منطقية وهي لا تغطي جميع الذكاءات الموجودة عند كل فرد.

3- يمتلك كل شخص عدداً من الذكاءات. وليس ذكاء واحداً.

4- بالإمكان تنمية ما نمتلكه من ذكاءات فهي ليست ثابتة.

5- يتعلم الأطفال إذا كان التعليم مناسباً لما يمتلكونه من ذكاءات.

6- يمتلك كل شخص بروفيلاً من الذكاءات. ويمكن رسم هذا البروفيل لكل شخص.

7- تتفاوت الذكاءات الثمانية لدى كل شخص ومن المستحيل وجود بروفيل لشخص ما مشابه لبروفيل شخص آخر.

8- يمكن استغلال الذكاءات القوية لتنمية الذكاءات الضعيفة.

وقد بحث جاردنر أشكالاً أخرى من الذكاءات هي:

1- الذكاء الروحي المتمثّل في الاهتمام باستخدام الحدس كوسيلة مباشرة للمعرفة والإحساس بالأرواح والمعتقدات الدينية. وأداء الشعائر.

2- الذكاء الوجودي وهو الحساسية اتجاه الأسئلة الكبرى في الكون مثل: لماذا نعيش؟ لماذا نموت؟

غير أنه لم يتوصل حتى الآن إلى اعتبارها ذكاءات، وترك الباب مفتوحاً أمام إمكانات البحث فيها.

وفيما يلي تعريف بسيط بهذه الأنماط:

1- الذكاء اللغوي اللفظي -Linguistic Verbal

ويظهر هذا الذكاء في قدرة الفرد على التعامل مع الألفاظ والمعاني والكلمات. أو في القدرة على استخدام الكلمة. وتبرز بقوة في الطفولة المبكرة وتستمر مع مراحل النمو المختلفة.

2- الذكاء المنطقي الرقمي Mathematical-Logical

ويظهر في قدرة الفرد على استخدام الأرقام أو السلوك المنطقي. ومظهر هذا الذكاء استخدام الرقم. وتزدهر في فترة المراهقة، وتتزايد حتى سن الأربعين.

3- الذكاء المكاني- البصري Visual-Spatial

ويظهر في القدرة على ملاحظة العالم الخارجي بدقة وتحويله إلى مدركات حسّية. ومظهر هذا الذكاء الصورة. ويبرز هذا الذكاء مبكراً ويزدهر في سن 9-10 سنوات، ويبقى مع الفنانين إلى عمر متأخر.

4- الذكاء الجسمي- الحركي Kinesthetic-Bodily

ويظهر في القدرة على ضبط حركة الجسم، ومسك الأشياء بدقة، والتعبير الجسمي عن السلوك، ومظهر هذا الذكاء «الحركة» وتبدأ في الطفولة المبكرة وتستمر في نشاط حتى الأربعين.

5- الذكاء الإيقاعي Musical

ويظهر هذا الذكاء في الاهتمام باللحن والإيقاع والنغمات، ومظهر هذا الذكاء «النغمة» تتطور بسرعة منذ وقت مبكر.

6- الذكاء الاجتماعي- البينشخصي Social -Interpersonal

ويظهر هذا الذكاء في القدرة على الإحساس بالآخرين، وإقامة علاقات سليمة معهم، ومظهره «العلاقة مع الآخر» وتبرز بقوة في سن الثالثة وتستمر.

7- **الذكاء الذاتي الداخلي -Intrapersonal Reflective**

ويظهر هذا الذكاء في القدرة على فهم الإنسان لمشاعره الداخلية، والقدرة على ضبطها والتحكم بها، ومظهره «فهم الذات».

8- **الذكاء البيئي-الطبيعي -Naturalists Environmental**

ويظهر في الاهتمام بالكائنات الحية وغير الحية المحيطة بنا، والقدرة على التعامل مع البيئة باحترام، ومظهره «العلاقة مع البيئة».

إن هذه الذكاءات الثمانية موجودة لدى كل فرد. ولكنها موجودة بتفاوت. فقد يكون شخص ما لغوياً بدرجة عالية في حين يكون منطقياً بدرجة أقل، ولذلك لا نتعامل مع الآخرين على أنهم أذكياء أو قليلي الذكاء، فكل شخص يمتلك درجات متفاوتة من كل نمط. وهكذا يكون لكل شخص بروفيل ذكاء وليس نسبة ذكاء.

وفيما يلي نموذجان لشخصين متفوقين دراسياً.

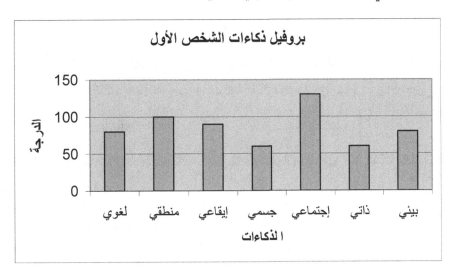

يلاحظ مظاهر قوة هذا الشخص في الذكاء المنطقي والإيقاعي والاجتماعي، وانخفاض قدرته في الذكاء الجسمي والذاتي.

أما النموذج الثاني، كان بروفيله الذكائي مختلفاً تماماً، كما يبدو فيما يلي:

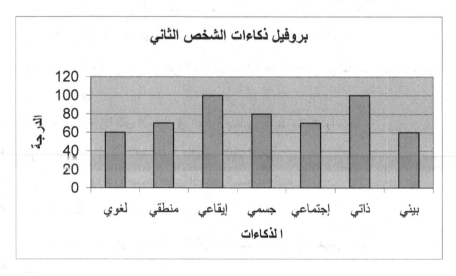

يلاحظ مظاهر قوة هذا الشخص في الـذكاء الـذاتي الإيقـاعي والجسـمي وانخفاضـها في الذكاء البيئي واللغوي.

إذن لكل شخص بروفيل ذكائي. وليس نسبة ذكاء. وهذا البروفيل هام جداً، لأن معرفة بروفيل ذكاءات الطالب تساعد المعلم على تقديم تعليم يتلاءم مـع تفضيلاته ومصـادر قوتـه. وبـدون معرفة هذه الذكاءات سيبقى الطالب يتلقى تعليماً لا يتناسب مع تمثيلاته المفضلة.

إن التعرف على هذه الذكاءات هو الخطوة الأولى لتقديم التعليم الجيد، وسيتحدّث الجزء التالي عن كيفيـة التعـرف علـى مؤشرات الـذكاءات المختلفـة بمـا يسـاعد المعلـم أو أي شخص على رسم بروفيل ذكاءاته، أو ذكاءات الآخرين.

كيف تتعرف إلى ذكاءات الطلبة؟

يقدم هذا الجزء من الكتاب عدداً من المؤشرات الهامة التي تعكس مختلـف القـدرات الذكائية الثمانية. هي ليست اختباراً أو مقياساً إنما مجموعة من المؤشرات الدالـة علـى تـوفر هذه الذكاءات.

وقد قسّمت المؤشرات إلى اثنى عشر مؤشراً في كل نمط ذكائي. يمكن للشخص أن يقرأها ويضع لنفسه درجة على كل مؤشر، ثم يحسب درجاته من 120 درجة.

والمهم في وضع الدرجات أن يقرأ الشخص العبارة ويتأملها ويضع لنفسه درجة من 1-10 على النحو التالي:

- ضع درجة «10» إذا كان السلوك في العبارة ينطبق عليك بشكل واضح.
- ضع درجة «1» إذا كان السلوك لا ينطبق عليك إطلاقاً.
- ضع درجة من (1-10) حسب مدى انطباق السلوك عليك.
- اجمع درجاتك في كل ذكاء، ثم ارسم بروفيلاً لذكاءاتك.

لا تجامل نفسك، وأوضّح مرةً ثانية أن هذا ليس اختباراً إنما عرض فقط بسيط لمظاهر كل ذكاء.

أولاً: الذكاء اللفظي Linguistic

1- أكتب وانشر بعض المقالات أو أتمنى وأحب ذلك.

2- أقرأ يومياً بعض الموضوعات التي لا ترتبط بعملي.

3- أنتبه إلى الإعلانات واللوحات.

4- أستمع إلى الراديو والأشرطة التي تتحدث عن كتب أو محاضرات.

5- أستمتع بحل الكلمات المتقاطعة والأحاجي.

6- أستخدم السبورة، والبروجيكتر، واللوحات والبطاقات أو أحب أن أتعلم بوساطتها.

7- أعتبر نفسي كاتباً جيداً وأتقن كتابة الرسائل أو أرغب في ذلك.

8- أتذكر كلمات الأغنية إذا سمعتها عدة مرات.

9- غالباً ما أطلب من الآخرين قراءة وكتابة بعض الأشياء.

10- كتبت أشياء أحبها أو أحب كتابة أشياء أحبها.

11- أحب الحوار وإجراء المقابلات ووصف الأحداث.

12- تستهويني مهن مثل: كاتب، شاعر، معلّق، أديب.

ثانياً: الذكاء المنطقي الرياضي mathematical-Logical

1- أشعر بالراحة حين يكون جوابي صحيحاً ويمكن قياسه والتأكد منه.

2- أستطيع حساب الأرقام في ذهني بسهولة.

3- أحب تحليل المواقف إلى عناصرها.

4- أحب دروس الرياضيات والعلوم وأستمتع بها.

5- أعتقد أن معظم الأشياء والأحداث منطقية ولها أسبابها.

6- أحب الألعاب التي تتطلب تفكيراً دقيقاً.

7- أهتم بالتطورات الجديدة في مجال العلوم.

8- أضع مقادير دقيقة حين أطبخ أو أعمل شيئاً.

9- أستخدم أسلوب حل المشكلات كثيراً في صفي أو في حياتي.

10- إن أصدقائي أو زملائي مرتبون ويستطيعون توقع ما يحدث.

11- أهتم بتحويل بعض المعلومات إلى جداول وأرقام.

12- تستهويني مهن مثل: محاسب، عالم رياضيات، محام، مبرمج.

ثالثاً: الذكاء المكاني البصري Spatial Visual-

1- أهتم بالألوان التي ألبسها، أو يلبسها الآخرون.

2- أهتم بأن (أتصور) أو تأخذ لي صور فوتوغرافية.

3- أحب أن أرسم وأصمم بعض الإعلانات أو الأشياء.

4- أحب قراءة الكتب التي توجد بها صور كثيرة.

5- أحب الكتب المدرسية التي توجد بها (رسوم توضيحية، صور، أشكال، رسومات).

6- من السهل علي أن أجد طريقي في المدن غير المألوفة لي.

7- أستخدم الصور والسلايدات في قراءتي أو شرحي للدروس، أو في توضيح أفكاري.

8- أستمتع في وضع الأحاجي أو حلها.

9- أحب دروس الهندسة أو كنت أحبها في أيام دراستي.

10- حين أدخل إلى مكان أنتبه بسرعة إلى أوضاع الناس وطريقة جلوسهم.

11- أهتم بملاحظة المسافات والحجوم والمساحات.

12- تستهويني مهن مثل: فنان، مصور، مهندس ديكور، نسّاج.

رابعاً: الذكاء الحركي Bodily-Kinesthetic

1- أحب الذهاب في مشاوير المشي.

2- أحب الرقص.

3- أهتم كثيراً بإحدى المهارات (التوازن، السرعة، المرونة، القوة).

4- أحب عمل الأشياء اليدوية (خياطة، حفر، نحت، نشر أنباء...).

5- أحب ممارسة المهارة أكثر من القراءة عنها.

6- أحصل على أفكاري حين أكون ماشياً أو راكضاً أو ممارساً لإحدى مهاراتي اليدوية أو الرياضية.

7- أحب عمل الأشياء خارج المنزل «الأعمال والأنشطة خارج المنزل».

8- من الصعب علي أن أقضي وقتاً طويلاً وأنا جالس.

9- غالباً ما أعمل النشاطات وأنا في حالة حركة.

10- أن معظم هواياتي ترتبط بمهارات جسمية.

11- أحب أن أستخدم جسمي وحركتي في التعبير والتفسير.

12- تستهويني مهن مثل رياضي، مدرب، راقص، نحّات.

خامساً: الذكاء الموسيقي أو الإيقاعي Musical

1- لا أجد مشكلات في تحديد أو متابعة الأنغام(توقّع النغمة التالية).

2- عندما أستمع إلى معزوفة موسيقية،أنسجم معها بسهولة.

3- أستطيع معرفة فيما إذا كان المغني لا يغني حسب الأصول.

4- لدي صوت معبر، وأستطيع أن أنغم صوتي حسب المتطلبات.

5- غالبا ما أستخدم الموسيقى والغناء.

6- أتقن العزف على آلة موسيقية.

7- أستمع إلى الموسيقى حين أقود سيارتي أو في أثناء العمل أو في المنزل.

8- أعرف نغمات كثير من الأغاني.

9- غالباً ما أدندن أو أصفر حين أكون في بيئة مريحة.

10- حين أستمع إلى الموسيقى أحبها، أشعر بالراحة.

11- أحاول صنع بعض الأدوات الموسيقية من مواد في البيئة المحلية(ورق، أوراق شجر...الخ).

12- تستهويني مهن مثل (العزف، الغناء، الإخراج الفني، بائع أدوات موسيقية).

سادساً: الذكاء البينشخصي Interpersonal

1- أفضّل الذهاب إلى حفلة أكثر من البقاء وحيداً.

2- حين تواجهني مشكلة، أفضّل بحثها مع أصدقائي.

3- غالباً ما يشركني الآخرون في مشكلاتهم.

4- أنشغل في نشاطات اجتماعية أكثر من مرة في الأسبوع.

5- أحب أن أتسلّى مع الأصدقاء وأحضر الحفلات.

6- أعتبر نفسي قائداً، وأقوم بمهام القيادة.

7- أحب أن أعلّم، وأقول للآخرين كيف يعملون الأشياء.

8- لدي أكثر من صديق حميم.

9- أشعر بالراحة حين أكون مع الآخرين في حفلة.

10- يشترك طلابي في تحديد أنشطة ومحتوى الدرس.

11- أعتبر نفسي مستمعاً جيداً.

12- تستهويني مهن مثل: سياسي، معلم، قائد، طبيب، مرشد اجتماعي.....

سابعاً: البعد الذاتي-أو التأملي Intrapersonal

1- أصرف وقتاً كافياً في التأمل أو التفكير.

2- أعتبر نفسي مستقلاً.

3- أسجّل أفكاري في دفتر خاص بي.

4- أرغب في نشاطات خاصة بي أكثر من اعتمادي على أنشطة الكتاب.

5- أبتكر نشاطات جديدة لعملي ودراستي.

6- أحدد القيم الخاصة التي تحكم حياتي، وأمارس النشاطات التي تنسجم مع هذه القيم.

7- عندما أشعر بالأذى أو بالإحباط أتراجع بسرعة.

8- لدي هوايات وميول خاصة بي أمارسها وحدي.

9- أختار أنشطة، يمكن ممارستها فردياً أو بشكل مستقل.

10- أفضّل الهدوء وأفضل الوقت الذي أستطيع أن أجلس فيه وحدي وأتأمل في نشاطاتي.

11- أعرف نقاط قوتي وضعفي وأقيّم ذاتي بشكل مستمر.

12- تستهويني مهن مثل: فيلسوف، فنان، عالم نفس، طبيب.

ثامناً: البعد البيئي- الطبيعي Naturalistic

1- أنا ماهر في التعرف على أنواع الطيور.

2- أنا ماهر في التعرف على أنواع الأزهار.

3- أحب الحدائق والمتنزهات وأحب العناية بها.

4- أستمتع بتربية حيوانات أليفة.

5- أستطيع معرفة موديلات أنواع عديدة من السيارات أو الآلات.

6- غالباً ما أنظر السماء، وأتعرّف على أشكال الغيوم، الماطرة وغير الماطرة.

7- أحب إجراء التجارب على بعض الظواهر الطبيعية.

8- أحب التعلم وجمع المعلومات عن البيئة والصخور.

9- لدي نباتات في منزلي أو مكتبي.

10- أستخدم دفتر ملاحظات أسجّل فيه بعض الظواهر الطبيعية.

11- أحب القراءة في الهواء الطلق.

12- تستهويني مهن مثل عالم فيزياء، عامل في مختبر، منسق حدائق، بيولوجي.

الذكاءات المتعددة والتعلم:

إنّ نظرية الذكاءات المتعددة أكثر ما تتضح في تطبيقاتها التربوية. وقد لاقت هذه النظرية إقبالاً متزايداً من المربين والمعلمين والطلبة لما لها من انعكاسات واضحة على طرق التدريس والتعلم.

ومن المهم أن نشير إلى أن الأنظمة التعليمية المختلفة، ومنذ نشأتها كانت تقدم نشاطات تعليمية لفظية لغوية في معظم الأحيان بالإضافة إلى بعض النشاطات المنطقية، وبذلك تفوق الطلبة اللفظيون.

فالمناهج الدراسية وطرق التدريس وطرق الامتحان والواجبات المدرسية كلها وسائل وأدوات لغوية لفظية. وهكذا استفاد الطلبة اللفظيون لأنهم تلقوا تعليماً ملائماً لذكاءاتهم ولتمثيلاتهم المفضلة. أما الطلبة الحركيون أو الاجتماعيون والإيقاعيون فغالباً ما كانوا يعزفون عن التعلم، لأن مناهج التعلم وأدواته لا تخاطب ذكاءاتهم. فهم يتعلمون مناهج لفظية وبطرق تدريس لفظية.

فالمطلوب إذن تغيير طرق التدريس ومناهجه بحيث يتلقى تعليماً يتلاءم مع ذكاءاته.

إن الطلاب حالياً يتلقون دروساً لفظية، بطرق تدريس لفظية هي المحاضرة والمناقشة والقراءات والكتابة، فماذا يحدث لو غيرنا طرق التدريس الحالية بما يتناسب مع ذكاءات كل طالب؟ وما طرق التدريس التي تتلاءم مع مختلف الذكاءات؟

إن الجدول التالي يوضح طرق التدريس المفضلة لدى كل نمط من الطلبة والأدوات التعليمية الملائمة لهم والأنشطة المفضلة:

الأنظمة التربوية التقليدية

قدمّت هذه الأنظمة تعليماً لفظياً استفاد منه الطلبة الذين يتمتعون بذكاء لفظي. أما بقية الطلبة فلم يستفيدوا من التعليم بشكل واضح، وغالباً ما اتهموا أنهم طلاب كسالى.

لو تلقى كل طالب تعليماً حسب ذكاءاته وتمثيلاته المفضلة. لكان طالباً متفوقاً. ولتغيّرت كثير من الحقائق التربوية الحالية، ولما كان الطلاب المتفوقون حالياً - وهم لفظيون هم أفضل الطلبة.

ثماني استراتيجيات للتعليم

الذكاء	طرق التدريس المفضلة	أدوات تعليمية	الأنشطة المفضلة
اللفظي	محاضرة، نقاش، الكلمات المتقاطعة، رواية القصص، قراءة النوتة الموسيقية، كتابة السيرة الذاتية.	الكتب، جهاز التسجيل، الآلة الطابعة، مجموعات الطوابع.	اقرأ، أكتب، تحدث، استمع.
المنطقي - الرياضي	حل المشكلات، التجارب العلمية، جمع الأرقام في الذهن، الأرقام المتقاطعة، التفكير النقدي.	الآلة الحاسبة، الحسابات اليدوية، الأدوات العلمية، ألعاب الرياضيات.	قم بالقياس، فكر عنها بشكل انتقادي، ضعها في إطار منطقي، قم بتجربتها.
المكاني - البصري	عرض بصري، أنشطة فنية، ألعاب التخيل، الخرائط الذهنية، المجاز، التصور، التخيل.	الرسم البياني، الخرائط، الفيديو، ألعاب التركيب، الأدوات الفنية، الخدع البصرية، الكاميرات، الصور.	أنظر، ارسم، تخيل، لوّن، اعمل خريطة ذهنية.
الجسمي - الحركي	التعلم باليد، التمثيل، الرقص، الرياضة البدنية، الأنشطة اللمسية(اللمس)، تمارين الاسترخاء.	ألعاب التركيب، الصلصال، الأدوات الرياضية، مصادر التعلم اللمسي.	ركّب، الأداء، المس، حس، ارقص.
الموسيقي	تعلم النغم، الطرْق، استخدام الأغاني كجزء تعليمي.	جهاز التسجيل، جمع الأشرطة، الأدوات الموسيقية.	غنّ، اطرق، طبّل، استمع.

الذكاء	طرق التدريس المفضلة	أدوات تعليمية	الأنشطة المفضلة
البينشخصي	التعليم التعاوني، تعلم الرفاق، مشاركة المجتمع، اللقاءات الاجتماعية.	جهاز التسجيل، تنظيم الحفلات، يلعب أدوار مختلفة.	درّس، تعاون مع، تفاعل مع، احترم.
ذاتي - تأملي	تعليمات فردية، الدراسات المستقلة الذاتية، بناء الثقة بالنفس، احترام الذات.	أدوات بناء الذات، السيرة الذاتية.	مرتبط بالحياة الشخصية، إعطاء خيارات مع الرجوع إليها، الاستبصار الذاتي.
طبيعي - بيئي	دراسة الطبيعة، الوعي البيئي، العناية بالحيوانات، الرحلات،الجولات، التجارب، متابعة الظواهر الطبيعية.	النبات، الحيوان، أدوات مراقبة الطبيعة مثل المناظير، أدوات الحقائق.	معايشة الأحياء(نبات + حيوان)، متابعة الظواهر الطبيعية.

ويفكر الطلبة حسب أنماطهم، كما يحبون ممارسة الأعمال، ويشعرون بالاحتياجات التي تتلاءم مع هذه الأنماط، فلكل طالب أداة التفكير الخاصة به حسب نمطه.

والجدول التالي يوضح أدوات التفكير المفضلة، والأنشطة والأعمال المحببة والاحتياجات الخاصة بكل نمط:

يفكر كل طالب حسب النمط الأكثر شيوعاً لديه، فاللغويون يفكرون بالكلمات، والمنطقيون بالمنطق، والجسميون بالحركة، والإيقاعيون بالألحان والاجتماعيون يستخدمون أفكار الآخرين والتأمليون احتياجاتهم، والطبيعيون عبر الطبيعة.

أدوات التفكير المفضلة

الذكاء	التفكير	حب العمل	الاحتياجات
لفظي لغوي	بالكلمات	القراءة والكتابة وسرد القصص ولعب الألعاب اللفظية والتلاعب بالألفاظ	الكتب، الأشرطة، أدوات الكتابة، الورق، المفكرات، الأحاديث، مناقشة، مجادلات وقصص.
منطقي رياضي	بالمنطق	التجريب، الاستفسار، حل الألغاز، العمليات الحسابية.	أدوات التجربة، المواد العلمية، استرجاع معلومات، رحلات، المتاحف العلمية.
مكاني حركي	صور، وتخيلات	التصميم، رسم، تشخيص، الاستقراء.	الفن، الشعارات، فيديو، أفلام وسينما، شرائح، ألعاب تثير الخيال، ألعاب المتاهات، ألغاز، كتب مصورة، رحلات إلى متاحف الفن.
حركي جسمي	بالإحساس	رقص، ركض قفز، بناء، لمس، الإيماء.	تمثيليات، مسرح، الحركة، بناء الأشياء، الرياضة، والألعاب الجسمانية،تجارب بقصد إثارة الذكاء، التعلم.
صوتي إيقاعي	عبر الشعر والأغاني	غناء، صفير، طنين، الخبط بالأيدي والأرجل، الاستماع.	الغناء، رحلات، حفلات موسيقية، عزف الموسيقى في المدارس والمنازل، وأدوات موسيقية.

الذكاء	التفكير	حب العمل	الاحتياجات
اجتماعي بينشخصي	باسترجاع الأفكار من الآخرين	ريادة، تنظيم، الانتماء، المشاركة، التجمع، التجمهر.	الأصدقاء، الألعاب الجماعية،الأمسيات الاجتماعية، حوادث المجتمع من أفراح وأحزان، أندية.
التأمل الذاتي	الارتباط باحتياجاتهم، شعورهم وأهدافهم.	وضع الأهداف، تأمل، أحلام، تخطيط، تخطيط عميق.	أماكن سرية، العزلة، مشاريع ذاتية، خيارات.
بيئي طبيعي	عبر الطبيعة والأنماط الطبيعية	اللعب مع الحيوانات الأليفة، الفلاحة، استغلال الطبيعة، تربية الحيوانات، الاهتمام بالأرض.	التعرف أو البقاء في الطبيعة، فرص التعامل مع الحيوانات، أدوات لاكتشاف الطبيعة (مثال: العدسات المكبرة والمناظير).

انعكاسات نظرية الذكاءات على التدريس:

إنّ ما يهمنا هو كيفية الإفادة من هذه النظرية في التدريس، وتحسين طرق التعليم والتعلم، إن هذه النظرية طرحت الأفكار التالية:

1- تتوافر الذكاءات الثمانية لدى كل شخص، فالطالب لا يصنّف على أساس نمطي، لأنه يمتلك جميع الذكاءات، ولكن بدرجات متفاوتة.

2- إن لكل نمط أو ذكاء طريقة تدريس خاصة واهتمامات خاصة وأدوات خاصة يرغب في استخدامها، وإن استخدام هذه الطريقة في تدريس أصحاب هذا النمط يسهّل عملية التعلم، ويساعد الطلبة على التفوق والنجاح.

3- يفضل الطلبة أن يتعلموا وفق تمثيلاتهم وأنماطهم. فالطالب اللغوي يفضل التعلم

اللغوي، والطالب البصري يفضل التعلم من خلال الصور والملاحظة والمشاهدة. والطالب الاجتماعي يفضل التعليم التعاوني وهكذا.... فلكل طالب تمثيلاته التي تناسب النمط الذكائي الخاص به.

4- يمكن استخدام التمثيلات المفضلة للطالب في تقوية التمثيلات الأخرى، فالطالب الذي يفضل التمثيلات الإيقاعية يمكن أن نستغل هذه التمثيلات في تحسين قدراته على دراسة اللغة أو التفكير المنطقي.

5- إن الطلاب المتفوقين حاليا هم الذين تصادفت تمثيلاتهم وأنماطهم الذكائية مع طرق التدريس الحالية، وهم إما لغويون أو منطقيون، أما بقية الطلاب من ذكاءات أخرى فإنهم يواجهون صعوبات أكثر مع طرق التدريس الحالية.

6- إن الطريقة الملائمة للتدريس هي التي تناسب ذكاءات الطالب، ولذلك يجب أن تقدم تعليماً متمايزاً للطلبة حسب ذكاءاتهم.

7- نستطيع أن نقدم الدرس الواحد بطرق تدريس واحدة تناسب مختلف الذكاءات، ويمكن إعداد أنشطة صفية متنوعة حسب الذكاءات، كذلك يمكن إعداد واجبات متنوعة أيضاً.

التعليم لتنمية الذكاء الجيد

مبادئ أساسية

إن أحد الحلول لردم الهوة بين النظرية والتطبيق هو وضع مجموعة من المبادئ لترجمة الأفكار إلى ممارسات، وقد استخدم ستيرنبرغ مصطلح الذكاء الجيد ليتجاوز الأفكار القديمة عن الذكاء أو تعريف مفهوم الذكاء.

فالذكاء هو مجموعة القدرات العقلية التي نستخدمها لتحقيق أهدافها في الحياة. وفيما يلي عرض لهذه المبادئ التي تعتبر ضرورية لتنمية الذكاء الجيد لدى الطلاب.

يتضمن التدريس الجيد ثلاث مهارات هي: • التحليل. • الإبداع. • التفكير.

1- يهدف التعليم إلى تنمية خبرات الطلبة بتزويدهم بقاعدة معرفية من المعلومات والحقائق. وفي هذا يتفق هدف التربية الحديث مع أهداف التربية القديمة أو التقليدية. فالذي لا يمتلك قاعدة معرفية لا يستطيع أن يحلل ويبدع ويفكر وهي المكونات الأساسية للذكاء الجيد.

القاعدة المعرفية في التربية الحديثة تتميز عن التقليدية بأنها: • سهلة الاستخدام. • مرنة. • منظمة.

إن القاعدة المعرفية التي تنمّي الذكاء الجيد يجب أن تتميز بسهولة استخدامها وتنظيمها ومرونتها بخلاف المادة التي ركزت عليها المدرسة التقليدية وهي مادة ليست ذات معنى، جامدة، مبعثرة.

إن ملء الذاكرة بالحقائق لا يفي بالغرض. فالمطلوب استخدام الحقائق في التحليل والإبداع والممارسة اليومية.

2- يركز التعليم الجيد على العمليات الثلاث: التحليل، الإبداع والممارسة في جميع الصفوف وفي جميع المواد.

إن التعليم من أجل التحليل يتضمن التركيز على مهارات: المقارنة والشرح والتفسير والتطبيق وحل المشكلات والتصنيف والترتيب.

والتعليـم مـن أجـل الإبـداع يتضـمن التركيـز علـى مهارات: وضع الفرضيات، التصميم، التركيب، التصور.

والتعليـم مـن أجـل المـمارسة يتضـمن المهـارات التاليـة: **الاستخدام، التطبيق، التنفيذ.**

> إذا كـان التـدريس مرتبطـاً بـالتحليـل والإبـداع والممارسة، فـإن التقـويم يجب أن يـرتبط بنفس هذه الأهداف.

3- إنّ تقويم التعليم مرتبط تماماً بعملية التعليم نفسها. فـإذا كـان التعليـم مـن أجـل الـذكاء الجيـد يتضـمن أهداف التحليل والإبداع والممارسة فإن التقويم يجب أن يتضمّن أيضاً قيـاس هـذه الأهـداف. فـلا يجـوز أن يكـون التـدريس تقليـدياً يركـز علـى الحفـظ ويكون التقويم حديثاً يركز على التحليل والإبداع. كما لا يجوز أن يكون التدريس إبداعياً ويكون التقويم تقليدياً.

> إذا ركز التعليم على عناصر قوة الطالب، شعر الطالب بتفوقه وقدرتـه علـى إنجاز أعمال لم يكن بمقدوره إنجازها.

4- يركز التعليم من أجل تنمية الذكاء الجيد على عناصر قوة الطالب. وعلى التمثيلات أو الذكاءات المتوافرة لديه. فالتعليم الذي يركز على الذاكرة لا يخدم الطلبة الذين يهتمـون بالتحليل أو المهارات الأخرى. فالتعليم يجب أن يكـن موجّهـاً نحـو عناصر قوة الطالب، لتدعيم قدراته الذاتية ولجعله يشعر بالثقة والقدرة على إنجاز أعمال هامة.

وكما يركز التعليم على عناصر قوة الطالب، فإن التقويم يجب أن يركز عليها أيضاً. فـلا يجـوز أن يمتحن طالـب تحليلـي باختبار يقيس حفظه وتذكره للمادة.

> إن مراعـاة الفـروق أو تفريـد التعليـم تعني احـترام قدرات الطلبة.
> أمـا التعليـم المتمايـز فيعنـي تزويـد الطلبة بما يمكنهم مـن رفع قـدراتهم ومعالجة نقاط ضعفهم.

5- والتعليم الجيد تعليم تعويضي إصلاحي أيضاً، فنحن لا نعلّم الطلبة وفق مصادر قوّتهم فقط. فلابـدّ أن يمتـد التعليـم لإصلاح أو تعويض نقاط ضعفهم.

فالتعليم لا يجوز أن يفرد حسب مستويات الطلبة،

ويتوقف عند نقاط ضعفهم، فلا بد أن يمتد التعليم الجيد ليقدّم تعليماً متمايزاً حسب الذكاءات المتوافرة لدى كل طالب، وبحيث يستغل التفضيلات أو الذكاءات القوية لتنمية الذكاءات الأقل.

إن بإمكان معلم اللغة الإنجليزية مثلاً أن يقوي قدرات طالب رياضي ضعيف باللغة الإنجليزية من خلال تكليفه بكتابة تقارير رياضية باللغة الإنجليزية. وهذا هو التعليم المتمايز. فنحن لا نقف عند نقاط الضعف، إنما استثمرنا نقاط القوة لمعالجة نقاط الضعف.

6- يتوجه التعليم الجيد إلى أسلوب حل المشكلات بحيث يقدم المعلم أو يضع أمام الطلبة مشكلة ما.

ويدربهم على ممارسات خطوات حل المشكلات. فالمادة تترجم إلى مواقف ومشكلات، ويطلب من الطلبة حل المشكلات باتخاذ خطوات حل المشكلة.

خطوات حل المشكلة
• تحديد المشكلة.
• بناء استراتيجيات حل المشكلة.
• تخصيص الموارد.
• الوصول إلى الحل.
• تقييم الحل.

7- يتضمن التعليم الجيد مهارات الحصول على المعرفة، وهي الحفظ والمقارنة والربط. وهذه المهارات لا تؤدي إلى تنمية الذكاء إلاّ إذا سمح للطالب بأن يمارس السلوك الانتقائي في حفظ بعض المواد والمعلومات وخزنها، وإجراء مقارنات بينها وبين معلومات ومواد أخرى، ليقيم روابط علاقات بينها حسب أغراضه وحاجاته لها واستخدامه لها مستقبلا.

مهارات الحصول على المعرفة
• الحفظ الانتقائي.
• المقارنة الانتقائية.
• الربط الانتقائي.

8- يسمح التعليم الجيد للطلبة باستخدام

التعليم الجيد يراعي الفروق في التمثيلات والتفضيلات بين الطلبة. فالطلبة يتعلمون إذا راعى الكتاب أو أسلوب المعلم تفضيلاتهم.

التمثيلات المفضلة لديهم، سواء كانت لفظية أم كمية أم سمعية أم بصرية. فلا يطلب من الطالب قراءة كتاب معين أو نص معين، لأن بعض الطلبة يهتمون بالجداول والأرقام، وبعضهم يهتم بالألوان والصور، وآخرون يهتمون بالعمل التعاوني أو العمل في البيئة.

ثالثاً: الذكاء المتعدد وانعكاساته على الكتب المدرسية

1- يكاد يكون من المتفق عليه أن الكتب المدرسية عالمياً ما زالت تخاطب جانباً أو أكثر من ذكاءات الطلبة. ولم تمتد لتخاطب جميع هذه الذكاءات، فالكتب تخاطب الذكاء اللفظي بشكل عام، وقد تخاطب على نطاق محدود جداً الذكاء المنطقي أو الرياضي. ولكنها لم تخاطب ذكاءات أخرى. كما أن الأسئلة في الكتب المدرسية مازالت تخاطب مستويات دنيا من التفكير:

- إنّ 85 % من الأسئلة في الكتب الأمريكية الحديثة مازالت على مستوى التذكر والاستيعاب.
- إنّ 88% من الأسئلة في الكتب الأردنية المتطورة حديثاً(بعد خطة التطوير) مازالت تخاطب التذكر والاستيعاب.
- إنّ الكتب المدرسية عامة مازالت تعتمد الجانب الأيسر من الدماغ وهو الجانب التحليلي الجزئي.

2- إن هذه المعلومات تثير أسئلة متعددة حول مدى ارتباط النظري بالتطبيقي، او مدى قدرة المعلمين والمشرفين التربويين على تطبيق واستخدام هذه المفاهيم.

3- والمعلمون فخورون بأعمالهم وبمستوى معلوماتهم وبتفوقهم على طلابهم، هكذا كان الوضع حتى الآن، ولكنه لن يكون بعد أيام. فالطلبة أكثر صلة من المعلمين بالمصادر الحديثة للمعرفة وأكثر قدرة

> يصرف الطلبة جزءاً هاماً من وقتهم مع شبكات الإنترنت، وإن تحويل هذا الاهتمام إلى اهتمام دراسي سوف يجعل من الطلبة أنفسهم أهم مصادر للمعلومات.

على استخدامها. وإذا لم يمارس المعلمون- وهذا تحذير جـاد- دورهـم كمتعلمـين فلـن يستطيعوا ممارسة أدوارهم كمعلمين..... وهذا ما يدفعهم إلى ضرورة البحث عـن أفكار وتطبيقات وتجارب جديدة.

4- عودة إلى الذكاء المتعددة كأحد أبرز التجديدات في الفكر التربوي نشـأت هـذه النظريـة في بداية الثمانينات. فكم مدرسة استخدمت هذا الفكر؟ وكم معلماً حـاول إدخـال هـذا الفكر إلى الصف؟

لقد تعامل المعلمون مع الذكاءات المتعددة كما تعاملوا مـع مختلفـة تقنيـات التعليم: إهمالاً ورفضاً تشكيكاً! باستثناء بعض المحاولات الفردية، وعلى مستوى إداري لا صفي.

ولنترك العتاب واللوم جانباً، ولنر ما المطلوب منا كمعلمين أو قادة تربويين؟ هـل نحـن مسؤولون عن النظام التعليمي وتحويله من نظام تقليدي يخاطب الـذكاء النظـري إلى نظام يخاطب الذكاءات المتعددة؟ وعلى أي مستوى يمكن العمل؟

هل نعمل على مستوى المدرسة أو على مستوى الصف؟

وهل نطبق الذكاء المتعدد من خـلال المنـاهج والكتـب أم مـن خـلال الأنشـطة والوسائل والأساليب؟

وهل نطبقها بشكل اجتهادات فردية أم بشكل منهجي ومنظم؟

هل نطبقها في الموقف الصفي أم في جزء من الموقف الصفي؟

هل نطبقها في الموقف الصفي أم على مستوى الواجبات المنزلية؟

ومن المسؤول عن ذلك؟ النظام أم المدرسة؟ المدرسة أم المعلم؟

5- جميع الأسئلة السابقة تبدو مشروعة، فالمعلم حتى لو اعتبرناه ليس صاحب قرار بل هو تابع منفّذ! ليس قائداً بل ملتزماً بتعليمات وأنظمة. إن المعلم مقيد بما يلي:

• بكتاب لم يضعه هو، ولكنه مطالب بتنفيذه.

• بوقت لم يحدده هو، لكنه مطالب بانتهاء الكتاب خلاله.

- بأساليب لم يضعها هو، بل ألزمه بها المشرف، وحدد له معايير الصح والخطأ، بل حدد له أين يقف؟ وكيف يتحدث؟ وكيف يكتب على السبورة؟
- بامتحانات لو خرج عن خطها لغضب عله الآباء والأبناء والمدير والمجتمع والنظام.

فماذا أنا فاعل كمعلم؟

هل أمارس حريّتي؟ وأصدر قراري على ضوء ما أراه - كمهني مختص- وما الذي يمكن عمله؟

لاشك!! إنني أستطيع عمل ما أريد دون ملامة من أحد، فأنا كمعلم أستطيع تطبيق الذكاء المتعدد في المجالات التالية:

إنّ تطبيق نظرية الذكاءات المتعددة في التدريس لا يتطلب أية تعديلات في المناهج والكتب المدرسية. فاستراتيجيات التدريس يمكن أن تفيد من هذه النظرية في أكثر من موقف صفي.

- في تنظيمي لمادة الدرس، وإعادة صياغتها.
- في تخطيطي لتدريسي وفي أساليبي وتنويعها لتشمل ذكاءات متعددة.
- في الواجبات والمهام التي أكلّف بها طلابي أو يختارها طلابي.
- في أوراق العمل التي أعدها.
- في الأنشطة الصيفية وغير الصيفية التي أنظمها.
- في التقويم التكويني ومن خلال أسئلتي الصفية.
- في الامتحانات ومن خلال أسئلة الامتحان.

إذن لا حدود لإمكانات العمل.

ولكن بشرط أن يدربني أحد على ذلك.

إنني آنذاك أستطيع ممارسة كل جديد حتى لو بقي الكتاب كما هو: جامداً، نظرياً، لغوياً، مملاً، وغير مقبول من الطلبة.

فأنا كمعلم هو المنهج والكتاب والحركة والتفاعل.

6- وماذا عن الكتاب المدرسي؟ وكيف يمكن أن أفتحه على هذه الأفكار؟

للإجابة عن هذا السؤال لابد من التفكير بعناصر الكتاب. فما عناصر الكتاب؟

يتكون الكتاب من:

- أهداف الكتاب، وأهداف كل وحدة أو درس فيه.
- محتوى الكتاب من معلومات وحقائق.
- أسلوب عرض الكتاب ومحتوياته.
- أسئلة الكتاب: نوعها، كميتها، طريق توزيعها، مستوياتها.
- أنشطة الكتاب: نوعها وكمّها.
- هناك عناصر أخرى مثل: شكل الكتاب، حجمه، وطريقة استخدامه.

ولنأخذ هذه العناصر واحداً واحداً ونرى كيف يمكن أن نضمّنها ذكاءات متعددة.

7- أهداف الكتاب وأهداف وحداته ودروسه.

إنّ الكتاب التقليدي لم يضع أهدافاً للكتاب ولكن بعض الكتب التقليدية المطورة نسبياً اهتمت بوضع مثل هذه الأهداف ولكن غالباً ما تكون هذه الأهداف لفظية في معظمها وقد يمتد بعضها ليكون منطقياً أو حركياً. لنأخذ هذه القائمة من أهداف وحدة في اللغة العربية عن التعاون:

- أن يعرف الطالب الحقائق الأساسية في الوحدة.
- أن يستوعب الطالب المفاهيم والمصطلحات في الوحدة.
- أن يميز الطالب بين الآراء والحقائق في الوحدة.
- أن يحلل الطالب......
- أن يلخص الطالب......
- أن يكتب الطالب.......

إنّ جميع هذه الأهداف لفظية من (1-6) كما أن الهدف الثالث والرابع هدفان لفظيان ومنطقيان.

فكيف يمكن تطوير هذه الأهداف لتشمل ذكاءات متعددة؟

لاحظ هذه القائمة من الأهداف:

- أن يستوعب الطالب المفاهيم والحقائق والمصطلحات (لفظي).
- أن يحدد الطالب علاقة رياضية بين التعاون وبين النجاح (رياضي).
- أن يرسم الطالب مخططاً للعلاقات بين الأسباب والنتائج (بصري - رياضي).
- أن يعمل الطلبة في مجموعات لمناقشة أثر التعاون (بينشخصي).
- أن يفكر الطالب في أهمية التعاون وأثره على حياته (داخلي).
- أن يجمع الطالب خمس عناصر من البيئة الخارجية بينها علاقات تعاون (طبيعي).
- أن يعبر الطالب بجسمه عن التعاون في العمل المنزلي (جسمي- حركي).
- أن يذكر الطالب أغنية، موقفاً، بيت شعر عن التعاون (موسيقي- إيقاعي).

إننا ببساطة نوّعنا من أهداف الوحدة لتشمل الذكاءات المتعددة.

وهكذا يمكن أن نعمل في بقية الأهداف.

8- محتوى الكتاب

يتكون الكتاب عادة من معلومات وحقائق في معظمها تقدّم بشكل سردي ولفظي يتسلسل فيه المؤلف- إن كان ناجحاً - وفق منطق معين.

إن إحدى الدراسات تشير إلى أن الكتاب التقليدي مكوّن من:

%95   معلومات لفظية

%4   صور

%0.5   رسوم

%0.5   جداول وتمثيلات مختلفة.

إنّ هذا يعكس اهتماماً بالذكاء اللفظي بشكل عام.

فكيف يمكن أن يتسع هذا الاهتمام ليشمل الذكاءات المتعددة؟

ماذا لو افترضنا ما يلي:

%20   معلومات لفظية

%20 صور، مناظر طبيعية

%20 رسوم توضيحية، خرائط، أشكال.

%20 تمثيلات بيانية، جداول.

%10 مواقف إيقاعية، فنية، حركية.

%10 تأملية، انفعالية.

هل يمكنك تطبيق ذلك؟

هل يمكن أن نقدم عرض بعض الدروس من خلال الصور؟

هل يمكن أن نطلب قراءة الجداول والرسوم والتمثيلات؟

لماذا يدخل السرور إلى قلب المعلم والطالب من صور الكتب التي يمرون عليها دون أن تثير اهتمامهم؟

إن أسئلة الكتاب وأنشطته يمكن أن تكون في معظمها بينشخصية، تأملية، حركية، بيئية، إيقاعية، بصرية، جسمية.

9- أسلوب عرض الكتاب:

يقدم الكتاب دروسه بشكل سردي لفظي تسلسلي وينتقل من فكرة إلى فكرة، وقد يتخلل هذه الدروس بعض الصور والرسوم والأشكال.

لكن ما رأيك بما يلي:

يبدأ الدرس بما يلي:

1- انظر إلى الجدول .... الرسم ... الصورة

ولاحظ ما يلي:

- ماذا نستنتج من هذا الجدول؟
- أي الاستنتاجات التالية صحيحة؟
- ما الأرقام غير المتناسقة في هذا الجدول؟

- إعمل مع مجموعتك وأجب عما يلي....
- ثم قارن إجابتك بالإجابات الموجودة على صفحة....
- هل تذكر مثلاً شعبياً، بيت شعر، يعبر عن بعض حقائق هذا الجدول؟
- قارن بين العلاقات في هذا الجدول والعلاقات في الطبيعة.
- ضع رسماً تخطيطياً يصحح العلاقات في الجدول.

أو يبدأ الدرس بما يلي :

- عرض فيلم، لحن موسيقى
- ماذا تلاحظ....
- ما الأشياء التي شدت انتباهك؟
- اعمل في فريق ورتب الأشياء حسب أهميتها لديك.
- لماذا كانت الملابس في الفيلم شتوية؟

10- أسئلة الكتاب:

تهتم الكتب المدرسية عادة بالأسئلة وغالباً ما تضع الأسئلة في نهاية كـل درس وبعـد نهاية كل وحدة دراسية.

ولنأخذ هذه الأمثلة من أحد الكتب المدرسية:

أسئلة نهاية الدرس :

1- عرّف ما يلي: العمل، السلع، الخدمات.
2- لماذا يعد العمل من أهم عناصر الإنتاج؟
3- وضّح العلاقة بين التشغيل والإنتاج!
4- وضّح العوامل المؤثرة في الإنتاج!
5- ناقش العبارة التالية: العمل هو الدعامة الأساسية للإنتاج.

تلاحظ أن الأسئلة الخمسة هي أسئلة تذكر واستيعاب، كما تلاحـظ أنهـا أسـئلة تخاطب الذكاء اللفظي أولاً وأخيراً.

فماذا يمكن أن نفعل لجعل هذه الأسئلة تخاطب ذكاءات متعددة؟

س1: ضع معادلات على النسق التالي(ذكاء رياضي)

العمل + الإتقان = إنتاج عال.

حوافز العمل + مؤهل عال =

العمل - الحوافز =

البطالة + الفراغ =

النظام الرأسمالي +   = النظام المختلط + ... + ...

س2: اقرأ الجدول التالي وعبّر عنه برسم بياني(ذكاء بصري).

س3: اعمل مع مجموعتك على إعداد جدول (ذكاء بينشخصي) بمؤهلات العاملين في مجال التعليم.

س4: ما مشاعرك تجاه الشباب العاطل عن العمل (ذكاء داخلي).

س5: اعمل مع مجموعة من خمسة أشخاص (ذكاء جسمي).

لتمثيل الصعوبات التي يواجهها كل من:
العامل المتعب، العامل العاطل، العامل قليل المهارة.

س6: اعمل خطة لإعادة تنسيق المنتجات الغذائية وعرضها في منزلك (ذكاء إيقاعي).

س7: اذهب إلى الحقل وسجّل مباشرة مواد طبيعية لها صلة بالإنتاج (ذكاء طبيعي).

هل بالإمكان عمل ذلك؟

ما أثر ذلك على تعلم الطلبة؟

كما أن بإمكانك أن تنوع الأسئلة إلى أسئلة (مفتوحة ومغلقة)، (لامة، ومبعثرة) مستويات (دنيا وعليا)....الخ.

ومن المهم أن نعرف أن الأسئلة ليست لها وظيفة التقييم فقط فالأسئلة يمكن أن تكون أساساً للعرض ومنطلقاً للتعلم، كأن يبدأ الدرس بما يلي:

من يعرف عاملاً؟ ماهراً؟ بماذا يعمل؟ كيف يقضي وقته؟

من يعرف عاطلاً عن العمل؟ ما مؤهلاته؟ ما أسباب بطالته؟

كيف يقضي وقته؟ كيف يشعر؟ من أصدقاؤه؟...إلى آخره.

11- أنشطة الكتاب:

تكاد تخلو الكتب التقليدية من الأنشطة ولكن الكتب التقليدية المطوّرة تحتـوي عـلى أنشطة متنوعة ولكن هذا التنوع يقتصر على:

: أنشطة فردية وأنشطة جماعية.

: أنشطة داخل الصف وأنشطة خارجه.

وغالباً ما تكون الأنشطة مثل:

- اكتب تقريراً عن النظام الاقتصادي الرأسمالي.

- ابحث في الأسباب التي دعت الاتحاد السوفيتي إلى التفكّك.

- يقسم العمل وفق اعتبارات كثيرة. اذكر اعتبارات غير مذكورة في الدرس.

تلاحظ أن هذه الأنشطة أشبه بأسئلة لفظية وأنها تركز على معلومات لفظية في حين أن الأنشطة يمكن أن تكون مجالاً واسعاً جداً لإشباع حاجات الطلبة ومخاطبة ذكاءات متعددة، وهذه بعض الأمثلة:

- قابل بعض العاطلين عن العمل، وسجّل انطباعك عن مشاعرهم وهمومهم وعن مشاعرك نحوهم (ذكاء اجتماعي- تأملي).

- ألّف أغنية، قصيدة، أمثلة شعبية تتحدث عن قيمة العمل (ذكاء موسيقي- إيقاعي).

- ارسم لوحة تبين فيها قيمة العمل والإنتاج (ذكاء بصري).

- اعمل مع مجموعتك على جمع مواد طبيعيـة مـن البيئـة المحليـة يمكـن أن تسـتخدم في إنتاج مواد بسيطة تقلل من البطالة (ذكاء طبيعي- بينشخصي).

12- ما العمل؟

إنّ أفكار الذكاء المتعدد كما ترى أمكن تطبيقها بسهولة، وقد شاهدت أمثلة على مختلف المواقف.... فماذا بعد؟

لماذا لم نبدأ؟

علينا المباشرة بوضع بروفيل ذكائي لكل طالب وتضمين الكتب ما يتفق مع الذكاءات، فإذا لم نستطع تغيير الكتب، فإننا نستطيع مراعاة ذلك بأساليب تدريسنا....

درس عملي تطبيقي
وفق الذكاءات المتعددة

موضوع الدرس: معرض المدرسة.

الصف الثالث: بنات

المادة: لغة عربية / المنهج السعودي.

ملخص الدرس:

نقلت أمينة وأختها دعوة إلى أم أمينة لزيارة المعرض يوم الخميس القادم. استعدت الأم وزارت المعرض مع بنتيها، وتحدثت معهما عن أعمالهما في المعرض.

يعرض الدرس صورتين:

1-   الأم تتسلم الدعوة.

2-   الأم تتجول في المعرض.

تم تقديم الدرس وفق الذكاءات المختلفة السبعة:

البصري - المنطقي - الإيقاعي - الاجتماعي - البيئي - التعلّمي.

أما الذكاء اللغوي فلم يعرض لأن جميع المعلمين يدرسون عادة وفق هذا الذكاء.

ملاحظة:

ليس من الضروري تنفيذ كل الأنشطة في درس واحد، يمكن اختيار بعضها إذا لم يسـمح الوقت.

معرض المدرسة

1- بصري - صوري

1

انظري إلى الصورة الأولى والصورة الثانية

- جدي خمسة فروق بين الصورتين.

- أين الدعوة التي أحضرتها أمينة

- أعرض نموذجاً لبطاقة دعوة فيها كلمات غير واضحة.

- من تقرأ ما في هذه الدعوة؟

- من تصمم غلافاً جميلاً للدعوة؟

2

في الصورة الثالثة

- أين بقية الطالبات؟

- من زار المعرض؟

- أين أخت أمينة؟ ما اسمها؟

- أين أخوات وأخوة أمينة؟

3

أرسم معرضاً لك. وضحي اللوحات. الأعمال.

4

أين تضعين ما يلي في المعرض:
الأزهار، النماذج، الحيوانات ...... اللوحات

معرض المدرسة

2- حركي - جسمي

1

نريد أن نقيم معرضاً .. ما الأدوات التي نحتاجها؟

2

كيف نستخدم المطرقة ؟ المسمار ؟ البرواز؟

3

كيف نعلق اللوحات؟

4

كيف نحمل أدوات المعرض والمعروضات ؟

5

مشهد تمثيلي

- طالبات يعلقن اللوحات.
- طالبات يحملن الأدوات.
- طالبات يتفرجن على المعرض.
- طالبة تحاور معلمتها عن المعرض.
- طالبة تتحدث عن المعرض مع والدها.
- طالبة تدعو صديقتها لزيارة المعرض.

معرض المدرسة

3- بيئي - طبيعي

• ما رأيك أن نقيم معرضاً في الهواء الطلق؟

أين تختارين المكان؟

رتبي الأماكن التالية لإقامة المعرض حسب   أهميتها لديك:

• جبل
• وادي
• صحراء
• غابات
• حديقة طيور

معرض المدرسة

4- اجتماعي

نريد أن نعمل معرضاً (نقسّم الطالبات إلى مجموعات)

1- مجموعة إعداد مواد المعرض.

2- مجموعة لتحديد مدة المعرض وتاريخه.

3- مجموعة إعداد بطاقات الدعوة.

4- مجموعة إعداد دليل للمعرض.

5- مجموعة إعداد وتجهيز المكان.

تعرض كل مجموعة أعمالها لمناقشتها.

معرض المدرسة

5- منطقي - رياضي

1

في معرض المدرسة مجموعة من الأعمال رتبي هذه الأعمال:

- حسب أهميتها !
- حسب عددها !
- حسب كثرة المعروضات !
- رسوم طالبات.
- رسوم معلمات.
- أعمال يدوية للطالبات.
- نماذج حيوانات.
- أعمال خرازة.
- أعمال جريد.
- صور.
- أزهار.

نريد أن نقيم معرضاً جميلاً ماذا نضع في المعرض رتبيها حسب أهميتها :

- أزهار.
- نماذج حيوانات.
- أوراق شجر.
- صور عن الجبال والوديان.
- رسومات عن بحر أو نهر.
- صورة لفرس جميلة.
- صورة لغابات كثيفة.

معرض المدرسة

6- تأملي

1

في معرض المدرسة مجموعة من الأعمال رتبي هذه الأعمال:

- لماذا نقيم معارض ؟ ماذا يستفيد الطالب ؟ المعلم؟ الأهل؟

- ماذا لو لم تقم المدرسة معرضاً ؟

- فكري في معرض بدون رسوم . بدون لوحات . ماذا يكون في هذا المعرض ؟

- فكري في معرض لم يزره أحد ؟ ما الخطأ في هذا الموقف ؟

- عملت كل طالبة لوحة جميلة وتجمع لدينا 300 لوحة .

- كيف نختار منها عشرين لوحة فقط ؟

- أين يمكن أن نحتفظ بالباقي ؟

- ما مواصفات اللوحات التي تختارينها ؟

- قامت أمينة بخمسة أعمال قبل أن تذهب إلى المعرض. ما الذي فعلته ؟

2

أردنا أن نقيم معرضاً جميلاً

من يساعدنا من هؤلاء في ترتيبهم حسب الأهمية:

- المديرة.
- الأم.
- معلمة الفن.
- معلمة الفصل.
- حارسة المدرسة.
- الطبيب.
- المصور.

3

لماذا لم تغير أم أمينة ملابسها وشكلها خلال خمسة أيام؟

معرض المدرسة

7- إيقاعـي

1

نريد كلمة على وزن:

معرض: مقبض

.... ، .... ، ....

لوحة : فرحة

.... ، .... ، ....

دعوة : لوعة

.... ، .... ، ....

معروضات: مسموعات

.... ، .... ، ....

أزهار: أنهار

.... ، .... ، ....

2

- من تؤلف مقطع من أغنية عن المعرض:

معـرضـي جميـل	يمـوج بالـلآلـي
يـــزوره طـــلابٌ	برفقـة الأهالـي
وضعت فيه لوحتي	وبهجـة الأعمالِ

أغنية أخرى:

....	....
....	....

الفصل التاسع

التعلم من أجل التفكير

أنماط التفكير

The Thinking Styles

الفصل التاسع

التعلم من أجل التفكير

أنماط التفكير The Thinking Styles

أنماط التفكير Thinking Styles

لماذا يفشل بعض الطلبة في المدرسة وينجحون في حياتهم المهنية والعملية؟ لماذا ينجح بعض الناس في المدرسة ويفشلون في الحياة العملية؟ ولماذا يميل بعض الطلبة لدراسة تخصص جامعي ما، في حين يميل غيرهم إلى تخصصات أخرى؟ ولماذا يتفوق بعض الطلبة في دراسة الطب، ولا يتفوقون في ممارسة مهنة الطب؟

ولماذا يحصل طلبة على A+ في عدد من الدروس، في حين يفشل طلبة من نفس قدراتهم على النجاح في هذه الدروس؟

إنّ الإجابة عن هذه الأسئلة تبدو واضحة من خلال أن النجاح في الحياة والعمل لا يعتمد على كم نتقن مهارات التفكير الجيد، بل يعتمد أساساً على كيف نفكر! فالأشخاص يفكرون بطرق مختلفة وهذا يعتمد على أنماطهم في التفكير. وان فهمنا لنمط التفكير أو نمط التعلم يزيل كثيراً من سوء الفهم الذي يحدث عادة بين المعلم والطالب، أو بين الزوجة والزوج، أو بين الرئيس والمرؤوسين.

247

ما المقصود بأنماط التفكير؟

إن فهمنا للأنماط، يساعدنا على معرفة لماذا ينجح بعض الأفراد في أنشطة، بينما لا ينجح آخرون في هذه الأنشطة. إن هذا النجاح يعتمد على أنماطهم لا على قدراتهم.

إنّ النمط هو الطريقة المفضلة في التفكير، فهو ليس قدرة بل إنه طريقة استخدام القدرة. وإننا لا نملك نمطاً واحداً بل نملك عدداً من الأنماط Profile of styles.

فالأشخاص قد يكونون متساويين في قدراتهم، ومع ذلك فهم من أنماط مختلفة. إن الأشخاص الذي تتوافق أنماطهم مع موقف معين، عادة ما نحكم عليهم أنهم يمتلكون قدرات عالية على الرغم من أنهم لا يمتلكون هذه القدرات.

إنهم فقط متوافقون مع الوضع. فالطالب الذي يتوافق نمطه مع أسلوب معين للمعلم أو موضوع معين، يظهر أنه متفوق. في حين نصف الطالب الذي لا يتوافق نمطه مع هذا الموضوع بأنه طالب فاشل. هل هذه أحكام صحيحة؟

أبداً هذه أحكام غير صحيحة. فقد يكون هذا الطالب الأخير أعلى قدرة من المتفوق. لكنه لم ينسجم مع هذا النوع من الموضوعات. وبهذا نستطيع تفسير لماذا يفشل كثيرون في ممارسة المهن التي اختاروها حسب قدراتهم لا حسب أنماطهم.

نظرية الحكومة الذاتية:

إن الفكرة الرئيسية في هذه النظرية تقوم على أن أشكال الحكومات لم تظهر صدفة، بل إنها انعكاس لما يدور في عقول الناس. فالحكومات تمثل الطرق المختلفة التي يعالج بها الناس طرق تفكيرهم. فأشكال الحكومات وأنواعها هي مرآة لما يجري في عقول الناس (Sternberg, 97). فهناك تشابه وصلات كبيرة بين ما يجري في عقول الأفراد وبين أنظمة أو تنظيمات المجتمع، فالمجتمع يحتاج إلى أن ينظم نفسه ويحكمها، كما يحتاج الفرد إلى تنظيم نفسه. نحتاج إلى تحديد أولوياتنا كما تحتاج الحكومة. نحتاج إلى الاستجابة لما حولنا كما

تحتاج الحكومة. وكما نحتاج إلى تغيير الحكومات نحتاج إلى تغيير أنفسنا، وكما تواجه الحكومات صعوبات في إحداث التغيير، نواجه نفس الصعوبات.

أنماط التفكير:

الأنماط
حسب وظيفة التفكير.
حسب أشكال التفكير.
حسب مستويات التفكير.
حسب اتجاه التفكير.
حسب خط التفكير.

صنّف ستيرن بيرغ (Stern berg) الأفراد حسب أنماط تفكيرهم في الأنماط التالية:

1- الأنماط حسب وظيفة التفكير: وتضم النمط التشريعي، والقضائي، والتنفيذي.

2- الأنماط حسب أشكال التفكير: وتضم النمط الموناركي والهرمي والاوليغاركي.

3- الأنماط حسب مستويات التفكير: وتضم النمط المحلي والنمط العالمي.

4- الأنماط حسب إتجاه التفكير: وتضم النمط الداخلي والخارجي.

5- الأنماط حسب خط التفكير: وتضم النمط الليبرالي والنمط المحافظ.

وسنتحدث فيما يلي عن هذه الأنماط، وخصائص كل نمط بما يساعدك على التعرف إلى النمط الذي تنتسب إليه. ولكن قبل عرض هذه الأنماط لابد من ذكر الأسس التالية:

أسس أنماط التفكير:

إنّ من المهم، ونحن نتحدث عن أنماط التفكير أن نوضّح بأن هذه الأنماط ليست تصنيفات مرتبطة بالسمات الأصلية للإنسان، بمقدار ما هي خصائص مكتسبة يمكن تعلّمها، ويمكن تغييرها حسب الخبرات التي نمر بها. فقد ينتقل الإنسان من نمط إلى أخر حسب الخبرات، أو حسب الظروف. فقد يكون شخص ما ليبرالياً في تفكيره السياسي، بينما يكون محافظاً في سلوكه المنزلي، فالأنماط ليست طبائع لا يمكن التخلّص منها أو تطويرها أو تعلمها، وهذه خصائص الأنماط بشكل عام:

1- تعكس الأنماط خياراتنا وتفضيلاتنا وليس قدراتنا، فقد يكون الشخص قادراً على ممارسة سلوك أي نمط، ولكنه في خياراته وتفضيلا ته قد يفضّل الانتماء أو التصرف وفق نمط آخر.

2- إنّ الحياة وأحداثها، لا تلزمنا بالتصرف وفق نمط معين، ولا تحدد لنا النمط المفضل وغير المفضل. فالحياة تتطلب تناسقاً بين الأنماط وتفاعلاً بينها، وتكاملاً بينها.

3- إن خبراتنا تميل إلى تنمية قدراتنا باتجاه نمط معين، وإضعافها باتجاه نمط آخر، وغالباً ما تكون قدراتنا عاليه في السلوكيات المرتبطة بتفضيلاتنا وأنماطنا ولذلك تتعلم بسهولة الخبرات الملائمة لتفضيلاتنا وأنماطنا.

فهناك تناسق بين القدرات والأنماط، ومع ذلك يمكن أن تنمي أي قدرة لدينا حتى لو كانت بعيدة عن أنماطنا.

> **القدرات والأنماط**
>
> **التناسق بين القدرات والأنماط قد يقود إلى تقوية قدراتنا المرتبطة بالنمط الخاص بنا، وإضعافها بالنمط غير المرتبط بنا.**
>
> **إلاّ أن ذلك لا يعني بأننا لا نستطيع أن ننمّي قدراتنا حتى في مجالات غير مرتبطة بأنماطنا.**

4- يختلف الأفراد داخل النمط الواحد في شدة تفضيلاتهم. فالطلاب مثلاً الذين يمكن تصنيفهم ضمن النمط التنفيذي يختلفون في شدة تفضيلاتهم للمهام التنفيذية، فبعضهم يمكن أن يكون تنفيذياً بدرجة عالية وبمستويات تختلف عن زملائه التنفيذيين.

5- وإذا اختلف الأفراد من النمط الواحد في شدة تفضيلاتهم، فإنهم يختلفون في مرونتهم النمطية. فهناك تشريعي متشدد، وتشريعي متساهل. أو هناك قضائي صارم، وقضائي متسامح.

6- إن الأنماط لا تعكس طبائع وخصائص موروثة، بل هي سلوكات اجتماعية مكتسبة، وهذا يعني أنها تنمو، وتتغير، وقد تقوى أو تضعف.

> **تغيّر قيمة النمط**
>
> **في فترة ما، قد يعطى المجتمع قيمة للنمط المحافظ، وفي فترة أخرى قد تكون القيمة الأولى للنمط الليبرالي. إنّ ذلك يعتمد على عوامل اجتماعية معقدة.**

7- قد تتغير الأنماط عبر رحلة الحياة، فقد ينتقل شخص ما من النمط المحافظ إلى النمط الليبرالي، أو العكس. وقد ينتقل شخص آخر من النمط العالمي إلى النمط المحلي.

8- إن الأنماط تتمتع بدرجة من الثبات إلى الحد الذي تستطيع أن نقيسها بحيث يحصل كل شخص على درجة محددة داخل النمط. أو داخل كل نمط.

9- قد تتغير قيمة النمط الاجتماعية، ففي فترة ما قد تكون القيمة والمكانة للشخص التشريعي، ويكون عضو البرلمان مثلا هو قمة المجتمع، في حين تأتي فترة تكون القيمة فيها للشخص التنفيذي.

وفي المؤسسات قد يعجب المدير العام للمؤسسة بالأشخاص التنفيذيين الذين يطيعون الأوامر، وينفذون التعليمات بدقة. فيصبح التنفيذيون هم أصحاب المكانة العليا في هذه المؤسسة. ولكن حين يتغيّر المدير العام، تنقلب سياسة المؤسسة، ويعجب المدير الجديد بالأشخاص التشريعيين ويقلل من أهمية التنفيذيين.

10- إن الأنماط لا توصف بأنها إيجابية أو سلبية. فليس هناك نمط جيد على إطلاقه. ونمط سيء على إطلاقه. ففي فترة ما قد نحتاج إلى تنفيذيين. وفي فترة أخرى نحتاج إلى تشريعيين. بل إن كل مؤسسة تحتاج إلى عاملين من أنماط مختلفة.

> ### الحكم على الأنماط
>
> لا مفاضلة بين الأنماط، فهناك ليبرالي ناجح، ومحافظ ناجح، كما أن هناك ليبرالي أحمق وفاسد ومحافظ أحمق وفاسد.

11- لا يجوز الخلط بين النمط والقدرة. فهناك قدرات متباينة داخل النمط الواحد. وهناك متفوقون من كل نمط. فلدينا تنفيذي ناجح جداً، أو تشريعي ناجح جدا أو قضائي ناجح جداً.

12- إن أنماطنا تعكس تفضيلاتنا. ولذلك

> ### استغلال تفضيلات الطلبة
>
> شخص يحب الرياضة، ولا يحب اللغة الإنجليزية، يمكن أن تستغل المعلمة تفضيلاته في الرياضة لتعلّمه اللغة الإنجليزية تطلب منه تقديم تقرير يومي عن الرياضة باللغة الإنجليزية.

فإننا نتعلم كل ما يناسب تفضيلاتنا بسهولة ويسر ويصعب علينا تعلم ما يخالف هذه التفضيلات ولذلك يميل الطلبة إلى تعلم ما يناسب أنماطهم. واستغلال تفضيلاتهم في تعلم المواد التي لا ترتبط بأنماطهم.

13- وأخيرا، فإن كل شخص يمتلك سلوكات من كل نمط. ولذلك قد نكون ليبراليين بدرجة عالية، ومحافظين بدرجة قليلة. أو قد نكون تشريعيين بدرجة متوسطة وقضائيين بدرجة متوسطة، وتنفيذيين بدرجة متوسطة.

فالأنماط لا تحددنا في بعض الأحيان، فالإنسان أكثر سعة من أن نحدده في نمط معين.

عوامل تؤثر على الأنماط:

ما دامت الأنماط مكتسبة ومتعلمة، فإنّ من الطبيعي أن تتأثر بعدد من العوامل أهمها:

عوامل مؤثرة

- **ثقافة المجتمع.**
- **الجنسوية.**
- **العمر.**
- **البيئة الأسرية.**
- **البيئة المدرسية.**
- **الوظيفة والمهنة.**

1- ثقافة المجتمع أو ثقافة المؤسسة:

لكل مجتمع ثقافته الخاصة، ولكل فئة من فئات المجتمع ثقافة فرعية خاصة، كما أن لكل مؤسسة ثقافة خاصة.

وهذه الثقافات تؤثر على الأفراد. بل إنّ المجتمع يشجع أنماطاً على أخرى فالمجتمع المحافظ قد يشجع النمط التنفيذي أو النمط المحلي ويعادي النمط الليبرالي.

كما أن بعض المؤسسات تشجع النمط التنفيذي وتعجب بالموظف المطيع الملتزم بالقوانين والأنظمة، في حين تميل مؤسسات أخرى أو مجتمعات أخرى لتشجيع أنماط أخرى مخالفة لهذه الأنماط.

ولذلك قد ينتشر التنفيذيون كثيراً في صفوف المعلمين، بينما يزداد النمط الليبرالي في صفوف الإعلاميين، وهكذا، تشجع بعض الفئات أو المؤسسات أنماطاً معينة.

2- الجنسوية:

تهتم بعض المجتمعات بأن تقدم ثقافة خاصة للرجال وأخرى للنساء. فتشجع النساء على السلوك المحلي أو التنفيذي في حين تشجع الرجال على السلوك العالمي أو التشريعي أو القضائي.

3- العمر:

تتأثر الأنماط بالأعمار. فالأطفال قد يكونون أكثر ليبرالية من الكبار. والكبار يزدادون محافظة مع تقدمهم في العمر.

إنّ الأطفال غالبا ما يكونون تشريعيين، وحين يدخلون المدرسة يبدأون بالتحول التدريجي ليكونوا من النمط التنفيذي المطيع لأوامر المعلمين. وهكذا يتّهم الأطفال الذين لا يرضخون لقوانين مدرستهم بأنهم مشاغبون وخارجون عن النظام.

4- البيئة الأسرية:

> إن بعض الآباء يميلون إلى مكافأة سلوك أبنائهم إذا كانوا من نفس نمط الآباء. ويعاقبونهم إذا سلكوا وفق نمط آخر مختلف.

تميل بعض الأسر إلى تشجيع نمط دون نمط آخر، ذلك يعتمد على ثقافة الوالدين واتجاهاتهما الفكرية وربما أنماطهما. فهل الآباء يشجعون النمط التنفيذي الذي يريده المجتمع أم يريدون من أطفالهم أن يكونوا تشريعيين أو قضائيين؟ هل يريدون من أطفالهم أن يكونوا تشريعيين أو قضائيين؟ هل يريدون النمط المحافظ أم النمط الليبرالي.

إن تعامل الآباء مع أسئلة أبنائهم تؤثر كثيرا في تشكيل نمط الابن. فالذين يتقبلون الأسئلة يدعون إلى نمط معين، بينما حين يرفض الآباء أسئلة أبنائهم فإنهم بذلك يشجعون نمطاً محافظاً أو تنفيذياً.

كما أن النموذج الذي يقدمه الأب أو الأم أمام الأبناء يؤثر على نمط الأبناء. فالآباء الذين يهتمون بالقضايا الواسعة ويفكرون ليبرالياً ينقلون رسالة واضحة إلى أبنائهم. والمتزمتون ينقلون رسالة معاكسة.

5- البيئة المدرسية:

يمكن أن تكون البيئة الأسرية والبيئة المدرسية من أكثر العوامل تأثيرا على نمط الأطفال. فالمدرسة غالبا ما تكون محافظة وتقليدية، تشجع أنماطاً معينة، بعيدا عن أنماط أخرى.

إنّ أسئلة الأطفال قد تتعارض مع قواعد المدرسة، وإن حرية الأطفال قد تتعارض مع صرامة المدرسة وجديتها، ومن هنا ينشأ الصراع، وغالبا ما تكون الغلبة للمدرسة حيث تفرض قيمها وطريقتها في التفكير. فتكافئ الطفل الهادئ المهذب المطيع والملتزم بقوانين المدرسة وأخلاقياتها. فالأطفال المتفوقون هم التنفيذيون والمحافظون، والمبدعون هم الخارجون عن القانون.

6- المهنة أو الوظيفة:

> هل تؤيـد أن تفرض المدرسة أنماطاً معينة أم تسمح للطلبة باختيار النمط الملائم؟ كيف يمكن للمدرسة أن تفعل ذلك؟

تشجـع مهـن معينة السـلوك المحافظ، فالمهن المرتبطـة بالعاملين في المؤسسـات التربوية والدينيـة والاجتماعية غالبـاً مـا تفرض قيمـاً تنفيذية محافظة، فالمعلم المحافظ ورجل الدين المحافظ هـما نموذجان ممتازان للالتزام بالقيم والعادات والتقاليد.

> إن شخصـاً ليبراليـاً، قـد يواجه صـعوبات كبـيرة إذا التحـق بجهـاز التعلـيم، لأن مهنـة التعلـيم ترحـب بالمحـافظين والتنفيذيين.

كما أن هناك مهنا أخرى مثل التسويق والإعلام والعمل الدبلوماسي قـد تشجع أنماطاً أخرى أو تتيح الفرصة أمام منتسبيها لاختيار أنماطهم الخاصة.

الأنماط في الصف

أولا: أنماط المعلمين:

أوضحت دراسة لمعرفة أنماط الطلبة والمعلمين، وأنماط التفاعلات الصفية أن المعلمين في المرحلة الإبتدائية يبدون سلوكا تشريعيا Legestative بدرجة كافية في حين يبدون سلوكا تنفيذا Executive أقل. (Grigorenko and Sternberg:93)

وهذا يعني أن الأشخاص التشريعيين قد ينجذبون إلى مهنة التدريس في المرحلة الابتدائية، أو أن طبيعة العمل في المرحلة الابتدائية تحولهم إلى أشخاص تشريعيين.

أما معلمو المراحل العليا فيبدون سلوكا تنفيذيا، ربما بسبب اضطرارهم للتقيد بالتعليمات وإعداد طلابهم للمنافسة في الامتحانات. وهذا يعني أن خريجي المرحلة الثانوية لا يتلقون من معلميهم حفزاً لممارسة سلوك إبداعي. فمن يبدي سلوكاً إبداعياً لا يحصل على علامات عالية في الامتحانات. ومن يلتزم بحرفية المناهج، ومطالب المصحّح في الامتحانات يحصل على التفوق. وتكون النتيجة نجاحا في الامتحانات وصعوبات عديدة في الحياة العملية.

إن معلمو المرحلة الثانوية غالباً ما يكونون تنفيذيين، يعدون طلابهم للامتحانات. وهذا أسوأ إعداد للمستقبل. فبدلاً من أن يدربوهم على سلوكات أخرى، يلزمونهم باتباع قواعد وتعليمات للنجاح في الامتحانات.

وكشفت نتائج البحوث أن المعلمين الأكبر سنا يبدون سلوكا تنفيذياً محلياً محافظا بدرجة تفوق سلوك المعلمين الأقل سنا. وهذا قد يفسر بأن ظروف العمل تجبرهم على التحول إلى المحافظة. فالمعلمون يقلصون مجالات اهتمامهم مع تقدمهم في العمر والخبرة فيبدون سلوكا جامداً متزمتاً، ولا عجب في ذلك، فالمعلمون يواجهون عمليات الاحتراق الداخلي (Burn - out)، فيقل التسامح وتزداد الرغبة في استخدام السلطة.

يبدأ المعلمون منفتحين، بسلوك ليبرالي، عالمي، ثم ينتهون بعد فترة إلى محافظين، محليّن، تنفيذيين.

وتختلف أنماط المعلمين حسب فلسفة المدرسة التي يعملون فيها، فالمعلمون في المدارس الخاصة أبدوا سلوكا تشريعياً عالياً، بينما أبدى زملاؤهم في المدارس الحكومية أقل درجات السلوك التشريعي. كما أظهر المعلمون في المدارس التي تهتم بمشاعر الطلبة أدنى درجات السلوك التنفيذي.

> أبدى معلمو المدارس التي تركز على النواحي الأكاديمية درجة عالية من النمط القضائي Judical بينما انخفضت درجة ممارسة هذا السلوك كثيراً لدى معلمي المدارس التي تهتم بالمشاعر.

ومن النتائج الواضحة أيضاً أن معلمي المدارس الثانوية الحكومية مارسوا السلوك المحلي Local بدرجة عالية. في حين لم يظهر هذا السلوك لدى معلمي المدارس التي تركز على المشاعر.

فالمعلمون يميلون إلى مواءمة سلوكهم على نمط أو فلسفة المدرسة التي يعملون فيها.

ثانيا: أنماط الطلبة:

أوضحت النتائج أن أنماط الطلبة تتأثر بالمستوى الاجتماعي والاقتصادي لهم. فالطلبة من المستويات الدنيا، يمارسون سلوكاً محافظاً، محلياً، واوليغاركياً يفوق ما يمارسه الطلبة من فئات إجتماعية عليا، وهذا يرجع إلى أن القيم الاجتماعية لهذه الطبقات تميل إلى السلطوية والجمود.

كما أشارت دراسات إلى أنّ الأنماط تتأثر بترتيب الطفل في الولادة. فالأطفال الذين جاء ترتيب ولادتهم مبكراً، أقل ممارسة للسلوك التشريعي من إخوانهم ذوي الترتيب المتأخر.

ثالثاً: العلاقة بين أنماط الطلبة وأنماط معلميهم:

أثيرت أسئلة عديدة مثل: هـل يرتفـع تحصيل الطلبة حين يتشابه نمطهم مع نمط معلميهم؟ هناك دراسات وملاحظات عديدة على أن الطلبة يقيمون بشكل إيجابي من قبل معلميهم مـن نفـس النمط، ويتأثر أداء الطلبة بـاختلاف فلسفة المدرسة التي يدرسون فيها. فكل مدرسة لها نظام مختلف في تقويم طلبتها، وأن التقويم يتأثر بنمط المدرسة.

> يحتار الطلبـة كثيراً خاصة حين ينقلـون مـن مدرسـة إلى أخـرى حيـث تختلـف معايـير التقـويم ومعايير السلوك حسب فلسفة المدرسـة. فـما هـو مفضّـل في مدرسـة قـد يكـون معاقبـاً في أخرى.

إن بعض المدارس تفضل الطلبة مـن النـمط الليبرالي، ومـدارس أخـرى تفضل النـمط المحافظ أو المحلي.

إن الطلبة التشريعيين والقضائيين يتفوقون في المهام التحليلية، أمـا التنفيذيون فيبـدون ضعفاً في هذه المهام. كذلك يعمل الطلبة من النمط القضائي بتفوق في المهام العمليـة، أمـا في المهام الإبداعية فالقضائيون يتفوقون. والتنفيذيون لا علاقة لهم بالإبداع.

أنماط التفكير

يحتوي هذا الجزء عرضاً مفصلاً عن الأنماط المختلفة للتفكير. حيث يقدم وصفاً لكل نمط، يتضمن الخصائص الرئيسية أو الملامح الخاصة للنمط. ثم يعرض السلوكيات التي يمارسها كل نمط. وطريقة قياس الأنماط المختلفة بحيث يتمكن القارئ من التعرف إلى البروفيل الخاص بأنماطه، ومدى امتلاكه للأنماط المختلفة. والأنماط الأكثر نمواً لديه.

أولاً: الأنماط حسب طريقة التفكير

يمكن تقسيم الأفراد حسب وظائف الدولة الثلاث: ففي كل دولة ثلاث سلطات: السلطة التنفيذية، والسلطة التشريعية، والسلطة القضائية.

وهكذا فإن لدينا أفراداً تنفيذيين وتشريعيين وقضائيين، فكما قلنا فإن سلطات الدولة هي انعكاس لأنماط الأفراد.

1- النمط التشريعي The Legislative style

التشريعي

شخص مستقل، يضع قوانينه، ويعمل وفق ما يراه مناسبا، لا وفق أوامر تصدر إليه.

يميل الشخص من النمط التشريعي إلى ممارسة الأعمال بطريقته الخاصة. ويقرر لنفسه ما الذي سيفعله وكيف سيفعله، فهو لا يتلّقى أوامر من أحد بل يختار ما يريد. وينفّذ حسب ما يريد، وحسب قوانين يضعها هو بنفسه لا يفرضها عليه أحد. وغالباً ما يكون المبدعون من النمط التشريعي.

فالفنان والأديب والشاعر والمخترع والمكتشف والمجدد، ورجل الأعمال، هم من النمط التشريعي الذي لا يقولب نفسه في إطار معين. والجدول التالي يلخص خصائص النمط التشريعي: ما يحب وما يكره.

خصائص النمط التشريعي Legislative

يحب	يكره
كتابة الموضوعات الإبداعية.	التلقين والتكرار - التلقين والتكرار وإعادة ما ذكره المعلم.
كتابة قصص قصيرة.	تلخيص قصص يرويها آخرون.
كتابة أشعار.	حفظ الأشعار.
وضع نهايات متنوعة لقصص.	تذكر الأحداث في قصة معروضة.
يضع مشكلة رياضية.	عمل تجارب علمية وفق خطوات محددة.
يصمّم مشروعاً علمياً.	عمل تجارب علمية وفق خطوات محددة.
يكتب عن مشكلات مستقبلية محتملة.	أن يبلغ بنوع العمل الذي يطلب منه.
يضع نفسه مكان شخصيات تاريخية هامة.	حفظ تاريخ ولادة أو موت شخصيات.
يقرر ويختار نوع العمل الذي يرغب به.	أن يتقيد بسياسة المؤسسة.
يعطي أوامر.	تلقي الأوامر.
يقرر سياسة المؤسسة.	ينفذ الخطط الموضوعة.
يضع خططاً لتنفيذ الملائمين.	يقيم العاملين وفق معايير المؤسسة.
يختار ويقرر ماذا سيأكل.	الترتيب للأماكن التي ستزورها العائلة.
يقرر من سيدعو.	إرسال الدعوات.
يخطط لأمور العائلة.	أخذ العائلة في رحلة لجهات معينة.

2- النمط التنفيذي The Executive Style

يميل الأشخاص من النمط التنفيذي إلى الالتزام بالقوانين والأنظمة والتعليمات. فلا يبدأ العمل إلاّ بعد أن يعرف متى؟ وما؟ وماذا؟ وأين؟ ومن؟ .....

فإذا حصل على هذه الإجابات كان قادراً على بدأ العمل. فهو غير مستعد للاجتهاد، والسير وفق ما يراه مناسباً. ولذا يميل إلى التنفيذ، وتطبيق القوانين، إنه يبرع في حل مسألة بتطبيق القاعدة أو القانون.

إنّ بعض المهـن تحتــاج إلى تنفيذيين مثـل التعليم، رجل البوليس، العسكري، مساعد المدير، السكرتير...

> ### التنفيذي
>
> هو شخص ملتزم بما يصدر إليه مـن أوامـر وتعلـيمات، لا يكـاد يخـرج عنها.
>
> وقد يتعرض للعقوبات إذا عمل في مؤسسة مثل المؤسسة العسكرية أو التربوية: فالأوامر هي الأوامر.

كما أن بعض المديرين يعجبون بالشخصية التنفيذية، كما أن المدرسـة المحافظـة تشجع هذه الشخصية، والمجتمع المحافظ يشجعها أيضاً.

خصائص النمط التنفيذي:

يتمتع التنفيذي بالخصائص التالية:

1- يحب العمل، ويخلص له.
2- يرغب في تلقي توجيهات كاملة.
3- يتبع القوانين والأنظمة ولا يخرج عنها.
4- يحب العمـل في النظـام البيروقراطـي الـذي ينظم كـل خطـوات العمـل، والسـلطة، والاتصالات.
5- شديد الالتزام بالقوانين، ويدعمها بشدة، ويطالب بوضع المزيد منها.
6- يحب العمل في وظيفة محددة المهام والاختصاصات.

7-   يستمد مجده ورضاه من القوانين.

8-   يفضل عملاً مثل: معلم، شرطي، مدير.

9-   يكره النمط التشريعي.

3-   النمط القضائي The Judicial Style

يميل الشخص مـن هـذا الـنمط إلى النقد والتقييم وإصدار الأحكـام، وتحليـل الأحـداث. فالكاتـب الناقـد، والمـؤرخ المحلـل، والقاضي، والناقـد، والمقيّم، والمشرف، والمستشـار، والمحقـق، ومبرمج النظم هم أشخاص قضائيون.

في المدرسة تحتاج إلى قضائيين، فالتاريخ هو تحليل للأحداث مثلاً وهـذا يتطلـب نمطـاً قضائياً. لكن حين يتحول درس التاريخ إلى أسماء وتواريخ وأرقام وسرد، فإنه يتحول إلى نمـط تنفيذي. ولذلك تتّهم المدرسة بأنها تحوّل النمط القضائي والتشريعي إلى نمط تنفيذي.

خصائص النمط القضائي:

- يبحث في المقارنات ويكره التذكّر.

- يحلل الفكرة الرئيسة في الموقف. ويكره كتابة القصص.

- يحدد الخطأ والصواب في الموقف العلمي، ويكره التجريب.

- يقيّم أعمال الآخرين ويكره أن يقيّم من الآخرين.

- يهتم بتحليل الدوافع والأسباب والبدايات وتطورات الموقف. ويكره تذكر التواريخ.

- يقيّم استراتيجيات الموقف. ويكره تلقي التعليمات من المدرب أو المعلم.

- يحلل الأعمال الفنية، ويكره إنتاجها.

- يبحث عن الخطأ في برهان رياضي، ولكنه يكره حفظ البرهان.

- يقيّم خطة العمل. ويكره التقيد أو التنفيذ.

- ينفّذ إعلاناً ولا يصمّم.

- يقرّر كلفة المشروع، ويكره أن يحدد له أحد طريقة الإنفاق.

- يقارن بين الاقتراحات.

نظرة تحليلية إلى الأنماط الثلاثة:

قلنا سابقاً ليس هناك نمط جيد. أو نمط سيء. فلكل نمط مزاياه وعيوبه، كما أن المجتمع يحتاج إلى الأنماط الثلاثة: التشريعي والتنفيذي والقضائي. فلو كان كل الأفراد قضائيين، فمن سيقوم بالتنفيذ؟ ولو كان كل المعلمين تنفيذيين فمن سيخطط لهم ويوجههم؟

إذن هناك مهن تحتاج إلى تنفيذيين، وأخرى إلى قضائيين وتشريعيين، وهناك مؤسسات تحتاج إلى كل هؤلاء. فليس معقولاً أن يكون المدير تنفيذياً وجميع العاملين معه تنفيذيون! إذن من سيطوّر العمل.

الترقي الوظيفي
يحصل التنفيذيون على فرص واسعة للترقّي الوظيفي بعكس القضائيين والتشريعيين.

إنّ المشكلة أن ثقافة المجتمع، وثقافة الوظيفة - خاصة الحكومية- تميل إلى تشجيع السلوك التنفيذي. فالتنفيذيون يحصلون على معظم فرص الترقي الوظيفي، لأنهم عاملون مخلصون، نشطون، ملتزمون، محافظون مطيعون، ولذلك يترقون ويصلون إلى المراتب العليا. وهنا تحدث المشكلة، لأن الوظائف العليا لا تحتاج إلى تنفيذيين بل إلى تشريعيين وقضائيين. فأي مؤسسة تلك التي يحكمها تنفيذي؟ إنه أشبه بساعٍ للبريد، أو ناسخٍ للقوانين.

أما المشكلة الأكثر خطورة فهي أن التشريعيين والقضائيين غالباً ما يعاقبون وتوضع العراقيل أمام ترقيتهم، فنصل إلى وضع يكون فيه المسؤول أو المدير العام تنفيذياً ضعيفاً، ويكون من هم دونه في المؤسسة مبدعين مطورين!!

ثانياً: الأنماط حسب أشكال التفكير:

تحدد نظرية الحكومة الذاتية التي وضعها «ستيرن بيرغ (Sternberg:97)» أربعة أشكال للحكومة أو لأشكال التفكير هي: النمط الموناركي، والأوليغاركي، والهيراركي، والأناركي.

وستتعرف فيما يلي على هذه الأنماط:

1- النمط الموناركي The Monarchic Style

> الطالب الموناركي يمكن بسهولة أن تجعله متفوقاً في الموضوع الـذي لا يهتم بـه. بشرط أن تقدمـه لـه ضـمن تفضيلاته الأساسية.

يفكر الموناركي تفكيراً جزئياً، ومحدداً، وغالباً ما يكون أسيراً لموضوع معين لا يستطيع التفكير بغيره. ولا يسمح لأي شخص أن يقف في طريقه. ويعرقل اهتمامه في هـذا الموضوع.

والموناركي شديد الاهتمام بالإنجاز، فإذا كـان مـديراً فإنه يتوقع من الجميع أن ينجزوا أعمالهم، ولا يقبل أي عذر أو تبرير لعدم إنجاز العمل.

وحين يجلس الموناركي معك، يكون مشغولاً بمـا يـدور في ذهنه، فلا تكاد تـرى هذا الشخص لأنه مشغول عنك بقضيته أو الموضوع الذي يفكر فيه.

والزوج الموناركي أو المدير الموناركي لا يهتم بموضوعات أخرى، ولا بأشخاص آخرين. أمـا إذا قلت أو تحدثت بما يشغله أعطاك كل عناية واهتمام.

ويواجه الطفل الموناركي مشكلة في المدرسة، فهو يهتم بموضوع ما في ذهنه، بينما يحدثه المعلم في موضوع آخر، إنه لن ينتبه إلى المعلم. ولذلك يصنفه المعلـم ظلماً إلى طالـب غير منتبه أو طالب فاشل.

فالطالب الموناركي الذي لا يحب الأرقام ومنشغل بالفنون. فإن الوسيلة الناجحة لإثارة اهتمامه بالأرقام هـي أن تقدم لـه الأرقام ضـمن نشاطات فنيـة، والـذي لا يحب اللغـة الإنجليزية ويحب الرياضة، يمكن مساعدته على التفوق في اللغـة الإنجليزية إذا قدمت لـه اللغة عبر الأنشطة الرياضية التي يفضلها.

خصائص النمط الموناركي:

1- يكون مهتماً ومندفعاً نحو موضوع واحد يشغل تفكيره دائماً.

2- لا يهتم إلاّ بموضوعه، ويهمل أي موضوعات أخرى تهمّ الآخرين.

3- عادة ما يتهم إنه تحت وسواس قهري Obsessive - compulsive. ولكنه ليس كذلك، فعلاً، فهو ليس مريضاً. إنما مهتم بموضوع يشغل باله، ولكنه لا يكرره دائماً كشخص موسوس يغسل يديه 100 مرة في الساعة.

4- إنه يحاول حل مشكلته بسرعة، فهو حاسم في قراراته ومثابر ومخلص.

5- ينسجم جداً مع شخص من نفس نمطه. فالمعلم المونارکي يحب أن يتفهّم ما يشغل بال الطالب أو ما يسمى «مونارك الطالب» حتى يستطيع أن يساعده.

6- إذا عرفت شخصاً موناركياً، وعرفت ما يشغل باله، تستطيع التعامل معه بنجاح.

2- النمط الهيراركي الهرمي The Hierarchic Style

يختلف الهيراركي عن الموناركي بأنه يفكّر في عدد من الموضوعات والقضايا، وليس في موضوع واحد يشغله ويسيطر عليه كالموناركي. فما دام الهيراركي مهتماً بعدد من الموضوعات، فإنه يحتاج إلى أن يضع أولويات، فالأهداف لا تتحقق جميعها دفعة واحدة.

والهيراركي يتقبل التنوع والتعدد بعكس الموناركي. وينظر لموضوعاته من زوايا متعددة وليس من زاوية واحدة محصورة. إنه يضع أولوياته في مقابل أولويات المؤسسة التي يعمل فيها. فإذا انسجمت هذه الأولويات كان شخصاً فاعلاً وناجحاً في المؤسسة. أمّا إذا اختلفت أولوياته مع أولويات المؤسسة فإنه سيواجه مشاكل ومصاعب.

> الهيراركي يكون مقبولاً إذا انسجمت أولوياته مع أولويات المؤسسة التي يعمل فيها، وإلا واجه متاعب عديدة.

فالمعلم الذي وضع تعليم التفكير في أولوياته قد يواجه متاعب في مدرسة تركّز على الحفظ والتذكر، والمحامي الذي وضع نصرة العامل في أولوياته، يواجه متاعب مع الإدارة التي تفصل العمال.

> حاولت زوجة أن تبحث مع زوجها أمور الزواج. ولكنه كان مشغولاً بعمله. فالأولوية للعمل. نجح في عمله، وفشل في زواجه لأنه لم يغير أولوياته.

خصائص النمط الهيراركي:

يكون الهيراركي متصفاً بالسلوكيات التالية:

1- يضع أهدافه حسب الأولويات، ويرتبها هرمياً الأهم، فالمهم، فالأقل أهمية.

2- يركز على تحقيق جميع الأهداف، ويحشد الإمكانات اللازمة لذلك. إنما يعمل على تحقيقها بالترتيب.

> **قد لا ينجح الهيراركي في العمل في مؤسسة لها اهتمام واحد، لأن الهيراركي متعدد الاهتمامات.**

3- حين يحضر اجتماعاً أو حين يتحدث، يرتب أفكاره حسب الأولوية ويتنقّل من موضوع إلى آخر بعد الانتهاء من الموضوع الأول.

4- مقبول في مجال العمل، لأن مديره يعتبره منظماً، وخاصة في المدارس.

5- الطالب الهيراركي يضع خطة لدراسته، وينظم وقته بدقة.

6- ليس كل سلوكاته ناجحة، حيث يحتاج أحياناً إلى أن يمارس سلوكاً «موناركياً»، فالطالب الذي يعد للدكتوراه يحتاج إلى أن يركز في موضوع واحد، بدلاً من أن يشتت ذهنه في أكثر من موضوع.

7- يكون الهيراركي جامداً خاصة حين يفشل في تغيير أولوياته حسب متطلبات الموقف. فقد يواجه الهيراركي موقفاً طارئاً يحتّم عليه تغيير أولوياته.

8- فلا يجوز أن يقول كإمرؤ القيس:اليوم خمر. وغداً أمر!!

النمط الاوليغاركي The Oligarchic Style

يختلف «الاوليغاركي» عن «الموناركي» بأنه متعدد الاهتمامات. ويتشابه مع «الهيراركي» في أنه يهتم بعدة موضوعات، ولكنه يختلف عنه في أنه يعطي نفس الاهتمام لجميع الموضوعات دون أن يرتبّها في أولويات. وغالباً ما يشعر الأوليغاركي بالضغط نتيجة تعدد اهتماماته، فهو ليس متأكداً أي الموضوعات يبدأ فيها أولاً، وأيّها يمكن أن تؤجل، ولذا يحتاج هذا النمط إلى توجيه حتى يميّز بين الأولويات.

خصائص الاوليغاركي:

1- يبذل جهداً متساوياً لكل موضوع يواجهه، فلا يمتلك ترتيباً لأولوياته.

2- يواجه مشكلات في وضع الأولويات.

3- غالباً ما يبدأ بموضوع لا يحتاج إلى الاهتمام، ويهمل موضوعاً آخر مهم.

4- إنه نسخة سيئة عن الهيراركي: تعدد موضوعات لكن دون أولويات!

5- قد يفشل في الإدارة، خاصة إذا ركّز على غير المهم، وأهمل المهم.

6- يفشل إذا عمل في مؤسسة هرمية ذات اتصالات منظمة ولها أولويات.

7- الاوليغاركي أكثر مرونة من الهيراركي، لأنه يمكن أن يحوّل اهتمامه من أي موضوع إلى آخر بسهولة، لأنه ليس ملتزماً بتنظيم معين كالهيراركي.

> يهتم الاوليغاركي بعدة موضوعات ويشعر بضغط الوقت لأنه لا يضع أولويات بل يحاول حل مشكلاته جميعها بنفس الوقت.

> **سكرتيرة اوليغاركية**
> وصف أحد المديرين سكرتيرته قائلاً:
> إنها تعمل أولاً آخر شيء أحتاج إليه. وتهمل دائماً أول شيء أحتاج إليه إنها: اوليغاركية.

4- النمط الأناركي «الفوضوي» The Anarchic Style

يسير الأناركي عشوائياً، دون خطة، فهو يقع تحت تأثير عدد من الأهداف التي يصعب عليه تحقيقها. ولذا يهاجم مشكلاته عشوائياً، فيتجاوز الأنظمة، ويصطدم مع أي نظام يعيقه. ومن الصعب عليه أن يتكيف سواء إذا كان طالباً في المدرسة أو عاملاً في مؤسسة، خاصة إذا كانت المؤسسة جامدة لا مرونة فيها.

إنه يمتلك فرصة كبيرة ليكون مبدعاً، إنه مشتت، يأخذ فكرة من هنا وأخرى من هناك، يلم ما تبعثر، يوحد بين الأشتات فينتج شيئاً جديداً مبدعاً.

إنّ مشكلة الآباء والمعلمين الذين يتعاملون مع طفل أنار كي هي كيف ينمّـون الانضباط الذاتي لدى هذا الطفل والذي يعتبر أساساً للعمل الإبداعي.

خصائص النمط الأناركي:

1- غالباً ما يهتمون بموضوعات صعبة، لا يهتم بها غيرهم، فهم مبدعون.

2- يميلون للتقليل من أهمية القواعد والقوانين بسبب أو بدون سبب.

3- الأناركيون طلاب أو أشخاص جريئون، مغامرون في المدرسة وفي الحياة.

4- يميلون إلى تحدي السلطة: سلطة المعلم، الأب، وأي سلطة أخرى.

5- يفشلون في ممارسة السلطة إذا أعطيت لهم، لأنهم لا يحافظون على نظام معين.

6- حين يناقش شخصاً آخر، يتنقّل من موضوع إلى آخر دون تركيز، ويربك الآخـرين خاصـة في مناقشة مع شخص هيراركي.

7- لا يمكن وصف النمط بالجيد أو السيئ. إنّ بعض الناس يرفضون الأناركي ويتهمونـه بأنـه لا يصلح لشيء، لكنه في الحقيقة مهم جداً خاصة في مجال تحدي الجمود وتحريك الأشياء الراكدة.

نظرة تحليلية إلى الأنماط الأربعة:

من هو النمط الناجح؟

المونارکي ذو الاهتمام الواحد؟ أم الأوليغاركي ذو الاهتمامات المتعددة دون أولويات؟

الهـيراركي ذو الاهتمامـات المتعـددة والأولويـات الواضـحة أم الأنـاريكي الفوضـوي ذو الخطوات العشوائية؟

أي الأنماط أكثر نجاحاً؟

إننا نحتاج المونارکي خاصة إذا كـان أمامنـا هـدف واحـد نسـعى إلى تحقيقـه إنّ قاسـم أمين «مونارکي» حين ركز عـلى تحريـر المـرأة. وقـد يكـون جـمال عبـد النـاصر مونارکيـاً حـين

ركّز على تحرير العامل. وقد يكون العالم الـذي قضى عمـره يبحـث في موضوع مـا مونـاركيـاً. فالموناركي مطلوب جداً إذا كنّا في مؤسسة لها هدف واحد.

لكن إذا كنّا نعمل في مؤسسة متعددة الأهداف، فلا مجـالاً واسـعاً أمـام المونـاركي. إننا نحتاج «هيراركياً» يعمل في عدة موضوعات حسب الأولوية.

أما إذا كنّا نعمل في مؤسسـة تواجـه مواقـف طارئـة فقـد نحتـاج إلى الاوليغـاركي الـذي يستطيع التعامل مع أكثر من موضوع في نفس الوقت.

لكن ماذا عن «الأناركي الفوضوي» هل نحتاج إليه؟ الجواب نعم! نحتاج إليه في كل مؤسسة، فهو الذي يرمي حجراً في بركة راكدة!! إنه قد يكون مشروعاً إبداعياً.

ثالثاً: مستويات أنماط التفكير The Levels of Thinking Styles

يمكن التحدث عن نمطين للتفكير حسب المستوى هما:

- النمط العالمي، ويظهر في الاهتمام بالقضايا الكبرى.
- والنمط المحلي، ويظهر في الاهتمام بالتفاصيل.

وفيما يلي عرض مفصّل لهذين النمطين:

1- النمط العالمي The Global Style

ينظر أصحاب هـذا النـمط نظـرة كليـة، فهـم يهتمـون بـالموقف الكـلي دون الاهـتمام بالتفاصيل. فحين يـرون الطـائرة، فإنهم يشـاهدون موضـوعاً واحـداً لا علاقـة لـه بتفاصيله الدقيقة، فهو لا يركز على الجناح أو المقدمة أو مقاعد الطائرة، إنما يهتم بإدراك الموقف ككل. فهو صاحب نظرة جشتالتية.

خصائص هذا النمط:

1- يفضل الأعمال التي لها طابع كلي.
2- يهمل التفاصيل الدقيقة للأشياء أو في المواقف.

3- يخوض في موضوعات كبرى عامة، مثل التجارة الدولية، العولمة، الأخلاق، نمو الطفل، التكنولوجيا .... الخ.

> ينظر صاحب النمط العالمي إلى الغابة، فيرى الغابة ولا يرى الشجرة. أما صاحب النمط المحلي: فيرى الشجرة ولا يرى الغابة! إنهما شخصان متباينان يمثلان: الكل والجزء.

4- إنه ينظر نظرة عامة دون تركيز على أي جزء في الموقف.

5- يستخدم الجانب الأيمن من الدماغ: فهو صاحب نظرة كلية، إبداعية بصرية.

2- النمط المحلي The Local Style

يهتم صاحب هذا النمط بالقضايا الجزئية، وبالتفاصيل. فحين ينظر إلى موقف ما، لا ينظر إليه نظرة كلية، بـل يتطلـع إلى جوانبـه وتفصيلاته.

> ### النملة والنحلة
> يشبّه النمط العالمي بالنحلة، تطير فوق الأشياء، فترى أفقاً أوسع ولكن لا ترى دقة الأشياء. ويشبّه النمط المحلي بالنملة. تسير على الأرض فـترى كـل شيء أمامهـا بدقة ووضوح. ولكنها لا ترى أفقاً واسعاً.

خصائص هذا النمط:

1- يظهر حرصاً على التفاصيل، وبذلك يحافظ على بقائه واقعياً.

2- دقيق جداً، لا يسمح لأي جزء في الموقف أن يمر دون فحص كامل، فهو أشبه بالفاحص المدقق.

3- قد يتحوّل إلى موظف روتيني، يغوص في تفاصيل يومية لكنه لا يملك نظرة تطويرية.

4- يستخدم الجانب الأيسر من الدماغ، فهو صاحب نظرة تحليلية، لغوي، منطقي.

نظرة تحليلية إلى النمطين: العالمي والمحلي:

إذا كان صاحب النمط العالمي صاحب نظرة كلية. فهو يمتلك الأفق الواسع، الذي يمكّنـه من النظرة الشاملة مما يساعده على فهم الموقف الكلي والعمل على تحسينه وتطويره. ومع ذلك فإنه يخسر كثير من التفاصيل.

أما صاحب النمط المحلي فعلى العكس من ذلك، إنّه مدقق فاحص لكل جزء، ولكنه يتوه في الروتين والتفاصيل. فلا يتمكن من إدراك الموقف أو تكوين وجهة نظر شاملة عنه.

ويبقى السؤال: من الأفضل؟ المحلي أم العالمي؟

العالمي المتطرف، والمحلي المتطرف كلاهما يخسر قضيته: الأول يحلق في الفضاء، فلا يرى الأرض. والثاني يغوص في الوحل، ولا يرى الأفق.

تبدو الإجابة في أننا نحتاج كلا النمطين. ففي أي مؤسسة نحتاج إلى أصحاب النظرة البعيدة الشاملة ليطورا المؤسسة. ونحتاج إلى أصحاب النظرة الجزئية ليراقب الجزئيات والتفاصيل. فإذا عمل شخصان «عالميان» في مشروع ما. فلن يهتم أحد منهم بالتفاصيل. وإذا عمل شخصان «محليان» في التخطيط، فلن نستطيع الحصول على نظرة بعيدة المدى. فالعلاقة بينهما كالعلاقة بين الحكومة المركزية والحكومة المحلية. حيث تهتم الحكومة المركزية بالسياسات والخطط والمبادئ العامة، في حين تهتم الحكومة المحلية بالواقع والتنفيذ والعمل اليومي.

ويمكن للعالمي المعتدل أن يكون مكملاً للمحلي المعتدل.

لكن إذا كان الشخصان متطرفين: عالمي متطرف، ومحلي متطرف فلن يستطيعا التفاهم، فلا يمكن لأحدهما أن يفهم وجهة نظر الآخر.

إنّ بعض المؤسسات وبعض المعلمين يميلون إلى الشخص المحلي. فالمعلم قد يفضل الطالب المحلي صاحب النظرة التفصيلية، الذي يحفظ كل معلومة.

والمدير في المؤسسة يفضّل الموظف البيروقراطي الملتزم بدقائق الأمور.

إلاّ أن هذه التفصيلات تبقى خاطئة. فلابدّ من المزج بين النظرتين الكلية والجزئية.

رابعاً: أنماط التفكير - حسب المدى Scope of Styles

تّصنف أنماط التفكير حسب المدى إلى:

- النمط الداخلي Internal، حيث ينكفئ الشخص على ذاته.
- النمط الخارجيExternal، حيث يهتم الشخص بالآخرين.

وفيما يلي عرض مفصّل للنمطين:

1- النمط الداخلي Internal

يفضل صاحب هذا النمط أن يكون مستقلاً، مهتماً بشؤونه على حساب العلاقات الخارجية. يهتم بعمله، وبممارسة هذا العمل بشكل مستقل عن الآخرين.

إنه يمثل الجزء من الحكومة الذي يهتم بالسياسة أو القضايا الداخلية.

خصائص هذا النمط:

1- يهتم بذاته، وعمله بعيداً عن الآخرين.
2- يواجه صعوبات أو لا يفضل إقامة علاقات وثيقة مع الآخرين.
3- مكرّس للعمل.

النمط الداخلي أشبه بوزارة الداخلية التي تهتم بالشؤون المحلية. والنمط الخارجي أشبه بوزارة الخارجية التي تهتم بالعلاقات مع الآخرين.

2- النمط الخارجي External

يكون صاحب هذا النمط منفتحاً للآخرين. يهتم بإقامة علاقات مع الآخرين. وهو يمثل الجزء من الحكومة الذي يهتم بالسياسة الخارجية.

خصائص هذا النمط:

1- منفتح على الآخرين، يحب العمل معهم.
2- يتمتع بعلاقات ناجحة.
3- يهتم بالقضايا العامة.

نظرة تحليلية إلى النمطين: الداخلي والخارجي:

يشكل النمطان تكاملاً. فكما تحتاج الحكومة إلى من يهتم بالشؤون المحلية الداخلية، والشؤون الخارجية، فإنّ أي مؤسسة تحتاج إلى النمطين: الداخلي: يمكن أن يعمل في داخل المؤسسة مثل: الديوان، المحاسبة، الإجازات ....الخ.

العب وحدك، تشرجع راضي

أما الخارجي فيمكن أن يعمل في التخطيط، العلاقات العامة، التسويق، الإعلان ....الخ.

إن المدرسة الحالية تشجع النمط الداخلي، حيث تحفز التنافس والعمل الفردي على حساب العمل الجماعي والتعاوني. كما أن بعض القيم والأمثال الشعبية تشجع هذا النمط أيضاً فهناك قيمة لمن يهتم بشؤونه ولا يتدخل في شؤون الآخرين.

وإذا كان النمط الداخلي مطلوباً في بعض المجتمعات الفرعية مثل: المجتمع المدرسي المنغلق، فإنّ النمط الخارجي مطلوب في مجتمعات أخرى مثل مجتمع المدرسة المنفتحة أو الإعلام، فالتركيز على العمل مهم. والتركيز على الآخرين مهم. وإن التوفيق بينهما يبدو ناجحاً، فنحن بحاجة إلى المزج بين الاهتمام بالعمل، والاهتمام بالناس.

خامساً: أنماط التفكير حسب الاتجاهات Learning of Thinking

يمكن التحدث عن نمطين حسب هذا التصنيف هي: النمط الليبرالي وهو النمط المتحرّر الذي يسعى إلى التغيير والنمط المحافظ وهو النمط المتمسك بالقواعد والتقاليد. وفيما يلي توضيح لخصائص كل نمط:

1- النمط الليبرالي The Liberal Style

يتمتع الليبرالي بقدر واسع من المرونة والانفتاح على التغيير والتجديد، ويدعو إلى تعديل أية قواعد وقوانين تعيق هذا التجديد. وتجديد دماء المؤسسة وإحداث تغيرات أساسية ومستمرة فيها.

2- **النمط المحافظ The Conservative**

يتميـز المحافـظ بتمسكه بـالقوانين والأوضـاع السـائدة. لا يرغب في إحداث تغييرات سريعة، بل يؤمن بأن التطور الطبيعي وحده كاف لإحداث التغيير، فلماذا السرعة.

التعرف إلى الأنماط

يتضمن هذا الجزء عرضاً للأداة التي وضعها ستيرنبرغ Sternberg للتعرف على الأنمـاط المختلفة. ووضع بروفيل لأنماط الشخص.

تتضمن أداة التعرف عـلى كـل نمـط مـا يـلي: التعليمات ثمـاني فقرات متنوعة تصـف مختلف خصائص النمط.

أولاً: اقرأ كل فقرة بشكل جيد، وضع أمامها درجة من 1-7 بحيث تعبّر الدرجة «7» عن انطباق الفقرة عليك بدرجة عالية.

وتعبّر الدرجة «1» عن عدم انطباقها عليك حسب السلم التالي:

1- لا تنطبق علي الإطلاق.
2- لا تنطبق علي بشكل واضح.
3- تنطبق علي بشكل بسيط.
4- تنطبق علي إلى حد ما.
5- تنطبق علي جيداً.
6- تنطبق علي بدرجة عالية.
7- تنطبق علي بدرجة عالية جداً.

ثانياً: اجمع الدرجات التي وضعتها لنفسك على جميع الفقـرات الثمانية، ثم اقسـمها على العدد 8، وقرّب النتيجة لرقم عشري واحد.

ثالثاً: انظر في الجدول الموجود أسفل الفقرات الثمانية، تجد مـدى انطبـاق هذا النـمط عليك.

الأنماط حسب أشكال التفكير

أولاً: النمط الموناركي The Monarchic

1- أهتم بفكرة واحدة فقط حين أتحدث أو أكتب.

2- أهتم بالفكرة الأساسية أكثر من اهتمامي بالتفاصيل.

3- حين أنهي عملي فإنني أتجاهل ما يمكن أن يحدث من مشكلات.

4- أستخدم أي وسيلة تقودني إلى هدفي.

5- حين أتخذ قراري فإنني أنظر عادة إلى جانب واحد من الموضوع.

6- حين أكون أمام أشياء أو مهام عديدة، فإنني أعمل ما هو الأكثر أهمية.

7- أحب أن أركز على مهمة واحدة في وقت واحد.

8- أحب أن أنهي عمل قبل أن أنتقل إلى عمل آخر.

طلبة		كبار		الدرجات / الرتبة
إناث	ذكور	إناث	ذكور	
7-5	7-4.6	7-5	7-5.2	عال جداً
4.9-4.4	4.5-4.1	4.9-4.1	5.1-4.6	عال
4.3-4	4-3.6	4-3.8	4.5-4.1	فوق المتوسط
3.9-3.5	3.5-3.2	3.7-3.2	4-3.4	أقل من المتوسط
3.4-3.1	3.1-3	3.1-2.6	3.3-3.1	قليل
3-1	2.9-1	2.5-1	3-1	قليل جداً

ثانياً: النمط الهرمي The Hierarchic

1- أحب أن أضع أولوياتي قبل أن أبدأ بالعمل.

2- حين أكتب أو أعلن أفكاري، أحب أن أنظمها أولاً حسب أهميتها.

3- قبل أن أبدأ مهمة، أرغب في أن أعرف ما الأشياء التي سأعملها وبأي ترتيب.

4- حين أواجه مواقف صعبة، فإنني امتلك حساً دقيقاً لمعرفة مدى أهمية كل منها وأرتبها حسب ذلك.

5- حين أكون أمام أشياء كثيرة علي أن أعملها، فإنني أمتلك حساً لترتيبها حسب أولوياته.

6- حين أبدأ عملاً ما، فإنني أعمل قائمة وأرتب الأشياء التي سأعملها.

7- حين أمارس عملاً ما، فإنني أعرف تماماً العلاقة بين العمل وبين كل جزء منه.

8- حين أناقش أو أكتب أفكاراً، فإنني أركز على الفكرة الرئيسية، ومدى الانسجام بين الأفكار.

الدرجات / الرتبة	كبار		طلبة	
	ذكور	إناث	ذكور	إناث
عال جداً	7-6.2	7-6.5	7-6.8	7-6.1
عال	6.1-5.8	6.4-6	6.7-5.9	6- 5.5
فوق المتوسط	5.7-5.1	5.9-3.5	5.8-5	5.4-5
أقل من المتوسط	5-4.5	5.2-4.2	4.9-4.8	4.9-4.3
قليل	4.4-4.1	4.1-3.4	4.7 -4	4.2- 3.9
قليل جداً	4-1	3.3-1	3.9-1	3.8- 1

ثالثاً: النمط الأوليغاركي The Oligarchic

1- حين أمارس أعمالي، فإنني أستطيع البدء بأي منها، وأعطيه نفس الاهتمام.

2- حين أكون أمام أعمال متعادلة في أهميتها، فإنني أحاول أن أنفذها بتلقائية ودون وضع معايير أو أولويات.

3- حين أكون أمام أعمال متعددة، أقسّم وقتي واهتمامي بالتساوي بينها.

4- أستطيع القيام بأعمال متعددة في وقت واحد، والانتقال من عمل إلى آخر أو العودة إليه في أي وقت.

5- أواجه صعوبات في وضع أولويات لممارسة أعمالي.

6- عادة ما أقوم بأعمال عديدة بنفس الوقت.

7- عادة أعرف الأشياء التي يجب أن تنجز، ولكن أواجه صعوبات أحياناً في وضع خطة منظمة لأدائها.

8- حين أقوم بعمل ما، فإنني أنظر إلي جميع جوانبه بنفس الأهمية.

الدرجات / الرتبة	كبار		طلبة	
	ذكور	إناث	ذكور	إناث
عال جداً	7-5.3	7-5.3	7-4.4	7-5
عال	5.2-4.7	5.2-5.4	4.3-4	4.9-4.3
فوق المتوسط	4.6-3.7	4.4-3.5	3.9-3.4	4.2-3.8
أقل من المتوسط	3.6-2.6	3.4-2.8	3.3-2.8	3.7-3
قليل	2.5-1.9	2.7-2.1	2.7-2.1	2.9-2.4
قليل جداً	1.8-1	2-1	2-1	2.3-1

رابعاً: النمط الأناركي الفوضوي The Anarchic

1-حين أكون أمام مهام متعددة، أبدأ بالعمل الذي يأتي أولاً.

2- أستطيع الانتقال من عمل إلى آخر بسهولة، لأنّ جميع الأعمال تبدو لي بنفس الأهمية.

3- أحب أن أهتم بجميع المشكلات حتى التافهة منها.

4- حين أناقش أو أعرض أفكاري فإنني أبدأ بالفكرة التي تأتي إلى ذهني أولاً.

5- أرى أن حل أي مشكلة يقود إلى مشكلات أخرى بنفس الأهمية.

6- حين أتخذ قراراً فإنني آخذ جميع وجهات النظر بعين الاعتبار.

7- حين أكون أمام أعمال هامة، أحاول عمل كل ما يمكنني مهما كان الوقت المتاح لي.

8- حين أبدأ عملاً ما، أفكر في جميع الطرق الممكنة لممارسة هذا العمل حتى لو كانت مضحكة.

الدرجات / الرتبة	كبار		طلبة	
	ذكور	إناث	ذكور	إناث
عال جداً	7-5.8	7-5.8	7-5.2	7-5.5
عال	5.7 -5.4	5.7-5.4	5.1-4.8	5.4-4.9
فوق المتوسط	5.3-4.9	5.3-4.8	4.7 -4.5	4.8-4.4
أقل من المتوسط	4.8 -4.1	4.7-4	4.4-3.9	4.7-3.8
قليل	4-3.5	3.9-3.5	3.8-3.4	3.7-3.4
قليل جداً	3.4-1	3.4-1	3.3-1	3.3- 1

الأنماط حسب المستويات

هل أنت من النمط العالمي أم المحلي؟

أولاً: النمط العالمي The Global

1- أفضل المهام والأعمال التي لا تلزمني بالخوض في التفصيلات.

2- أهتم بمراعاة الموقف العام للعمل أو الأمور المهمة بدلاً من التفاصيل.

3- في أثناء قيامي بالعمل، أفضل أن أرى كيف وماذا أكون داخل الإطار العام للعمل.

4- أميل إلى الاهتمام بالملامح العامة للموضوع أو النظرة الكلية للمشروع.

5- أفضل الحالات التي تجعلني أركز على موضوعات عامة أكثر من الأشياء المحددة.

6- حين أتحدث أو أكتب أفكاري، أحب أن أرى المدى والمحتوى في الإطار العام.

7- أعطي اهتماماً قليلاً جداً للتفاصيل.

8- أفضل العمل في مشروعات تتعلق بموضوعات عامة وليست تفاصيل دقيقة.

الدرجات / الرتبة	كبار		طلبة	
	ذكور	إناث	ذكور	إناث
عال جداً	7-5.5	7-5.2	7-.35	7-.55
عال	5.4-4.9	5.1-4.8	.25-.54	5.4-4.8
فوق المتوسط	4.8-4.4	4.7-4	.44-4	4.7-4.1
أقل من المتوسط	4.3-3.6	3.9-3.5	.93-.53	4-3.6
قليل	3.5-3.2	3.4-3.1	.43-.13	3.5-2.9
قليل جداً	3.1- 1	3-1	3-1	2.8-1

ثانياً: النمط المحلي The Local

1- أفضل التعامل مع أسئلة محددة وليس عامة.

2- أفضل التعامل مع مشكلة واضحة، منفصلة وليست عامة أو معقدة.

3- أفضل تحليل المشكلة إلى عناصر أجزاء.

4- أفضل أن أجمع تفاصيل ومعلومات محددة عن المهمة التي أنفذها.

5- أحب المشكلات التي تتطلب النظر فيها إلى تفصيلات.

6- أعطي انتباهاً لأجزاء أكثر مما أهتم بالموقف الكلي وأهميته.

7- حين أكتب موضوعاً، فإنّ اهتمامي يتركـز علـى التفاصيـل والحقـائق المفـردة أكـثر مـن الصورة الكلية.

8- أحب حفظ الحقائق والمعلومات حتى لو لم تكن ضمن سياق معين.

الدرجات / الرتبة	كبار		طلبة	
	ذكور	إناث	ذكور	إناث
عال جداً	7-5.1	7-5.1	7-4.9	7-4.5
عال	5-4.4	5-4.4	4.8-4.4	4.4-4.3
فوق المتوسط	4.3-3.9	4.3-3.8	4.3-3.8	4.2-4
أقل من المتوسط	3.8-3.6	3.7-3.4	3.7-3.2	3.9-3.5
قليل	3.5-3.4	3.3-3	3.1-2.8	3.4-2.9
قليل جداً	3.3-1	2.9-1	2.7-1	2.8-1

الأنماط حسب الاتجاه

هل أنت من النمط الداخلي أم الخارجي؟

أولاً: النمط الداخلي The Internal

1- أحب أن أشرف على العمل وأنفذه دون استشارة أحد.

2- حين أقيم مشروعاً أعتمد على أحكامي وآرائي.

3- أفضل الحالات التي أنفذ فيها آرائي وأحكامي دون الاعتماد على الغير.

4- حين أناقش أو أكتب أفكاري، أستخدم فقط أفكاري الخاصة.

5- أحب المشروعات التي أستطيع استكمالها وحدي.

6- أحب أن أقرأ التقارير للحصول على المعلومات التي أريدها، ولا أرغب في طلبها من الآخرين.

7- حين تواجهني مشكلة، أقوم بالعمل وحدي.

8- أحب أن أعمل منفرداً.

الدرجات / الرتبة	كبار		طلبة	
	ذكور	إناث	ذكور	إناث
عال جداً	7-6.1	7-6.1	7-5.3	7-5
عال	6-4.5	6-5.2	5.2-4.5	4.9-4.5
فوق المتوسط	5.3-4.8	5.1 -4.2	4.4-3.9	4.4-4
أقل من المتوسط	4.7-3.8	4.1-3.3	3.8-3.1	3.9-3.5
قليل	3.7- 3.4	3.3-2.5	3-2.8	3.4-3
قليل جداً	3.3-1	2.4-1	2.7-1	2.9-1

ثانياً:النمط الخارجي The External

1- حين أبدأ عملي أفضل جلسة عصف فكري مع الآخرين.

2- حين أحتاج إلى معلومات، أفضّل الاتصال بالآخرين للحصول عليها بدلاً من قراءتها أو البحث عنها.

3- أفضّل العمل الذي يتيح لي فرصة التفاعل والاتصال مع الآخرين كعضو في فريق.

4- أفضّل العمل مع الآخرين.

5- أفضّل العمل حين تتاح لي فرصة التفاعل مع الآخرين، وحيث يعمل كل فرد مع الآخرين.

6- في أي نقاش أو في كتابة تقرير، أفضّل تبادل الآراء مع الآخرين.

7- أحب أن أدمج أفكاري مع أفكار الآخرين.

8- حين أتخذ قراراتي، فإنني آخذ آراء الآخرين بعين الاعتبار.

الدرجات / الرتبة	كبار		طلبة	
	ذكور	إناث	ذكور	إناث
عال جداً	7-6.1	7-6.1	7-6.2	7-6
عال	6-5.7	6-5.7	6.1-5.6	5.9-5.6
فوق المتوسط	5.6-5	5.6 -4.8	5.5-5.1	5.5- 4.9
أقل من المتوسط	4.9-4	4.7-4.1	5-4.1	4.8-4
قليل	3.9-3.2	4-3	4-3.8	3.9-2.8
قليل جداً	3.1-1	2.9-1	3.7-1	2.7-1

الأنماط حسب الخط

هل أنت ليبرالي أم محافظ؟

أولاً: النمط الليبرالي The Liberal

1- أحب العمل في مشروعات تسمح لي بممارسة أساليب عمل جديدة.
2- أحب الأوضاع التي تسمح لي بممارسة طرق جديدة.
3- أحب أن أغير الروتين لتحسين طريقة أداء العمل.
4- أحب أن أتحدى الطرق والأفكار القديمة والبحث عن طرق جديدة.
5- حين تواجهني مشكلة فإنني أميل إلى استخدام استراتيجيات جديدة في حلها.
6- أفضّل المشروعات التي تسمح له بمعالجة الموقف من منظور جديد.
7- أحب البحث عن مشكلات قديمة لأحلها بأساليب جديدة.
8- أحب عمل الأشياء بطريقة جديدة لم يستخدمها أحد قبلي.

الدرجات / الرتبة	كبار		طلبة	
	ذكور	إناث	ذكور	إناث
عال جداً	7-6.6	7-6.5	7-6.3	7-6
عال	6.5-6	6.4-6.1	6.2-5.6	5.9-5.8
فوق المتوسط	5.9-5.5	6-5.4	5.5-5	5.7-5
أقل من المتوسط	5.4-4.9	5.3-4.5	4.9-4.1	4.9-4.2
قليل	4.8-4.1	4.4-3.3	4-3.6	4.1-3.8
قليل جداً	4-1	3.2-1	3.5-1	3.7-1

ثانياً: النمط المحافظ The Conservative

1- أحب أن أعمل الأشياء كما كانت تعمل سابقاً.

2- حين أكون مسؤولاً عن عمل، فإنني أتبع الوسائل التي كانت متبعة سابقاً.

3- أحب الأعمال التي لها تقاليد وقواعد ثابتة.

4- لا أحب التعامل مع المشكلات الجديدة التي تظهر في عملي.

5- التزم بالقوانين والقواعد المحددة.

6- أحب الأوضاع التي تتطلب السير وفق الروتين.

7- حين تواجهني مشكلة، أفضّل حلها بالطرق التقليدية.

8- أحب الأوضاع التي توفر لي دوراً تقليدياً.

الدرجات / الرتبة	كبار		طلبة	
	ذكور	إناث	ذكور	إناث
عال جداً	7-5.3	7-5.1	7-4.8	7-4.8
عال	5.3-4.6	5-4.4	4.7-4.2	4.7-4.4
فوق المتوسط	4.5-3.8	4.3-3.4	4.1-3.9	4.3-3.8
أقل من المتوسط	3.7-3.1	3.3-2.9	3.8-3.1	3.7-3.2
قليل	3-2.2	2.8-2.2	3-2.4	3.1-2.8
قليل جداً	2.1-1	2.1-1	2.3-1	2.7-1

الفصل العاشر

التعلم من أجل التفكير

الإبـــداع

استراتيجيات إنتاج أفكار إبداعية

الفصل العاشر

التعلم من أجل التفكير
الإبداع: استراتيجيات إنتاج أفكار إبداعية

> 99%
>
> من الإبداع جهد ووعي وتعب
>
> أما الإلهام فيشكل 1% فقط
>
> «أديسون»

الإبداع: مفهومه وخصائصه

اختلف المختصون في تحديد مفهوم الإبداع. فمنهم من تحدث عن مناخ الإبداع أو عن خصائص الشخص المبدع. ومنهم من تحدّث عن ناتج الفكر الإبداعي. ومنهم من عرّفه بأنه مجموعة من الاستعدادات والقدرات والخصائص (جروان: 98). ومنهم من ركّز على الجوانب التربوية للإبداع وعرّف العملية الإبداعية بأنّها تعليم المتعلّم ليصبح أكثر حساسية للمشكلات (تورنس: 63). ومنهم من حدّد الإبداع بأنه مهارات مثل: الطلاقة والمرونة والأصالة (جيلفورد: 59).

الناتج الإبداعي يجب أن يتجسد في عمل ملموس مثل: لوحة، فكرة، نظرية، قانون، أداة جديدة، نظرة جديدة، حل جديد، فالهدف من الإبداع هو الحصول على هذا الناتج.

ويرى الجشتالت أن الإبداع هو تدمير «كل» موجود أو شيء موجود وبناء «كل» جديد أفضل منه. أما أصحاب نظريات التحليل النفسي فيرون أن الإبداع هو ذلك النظام الذي يجمع بين الهو والأنا، والأنا الأعلى، بما يسمح لمكونات الهو اللاشعورية بالظهور العلني.

خصائص المبدعين

- **الأصالة.**
- **الطلاقة.**
- **الخيال.**
- **التفكير المجازي.**
- **المرونة.**
- **حل المشكلات.**
- **اتخاذ القرار.**
- **إثارة أسئلة لماذا؟**

أما ستيرنبرغ (Sternberg, 93) فيركز على خصائص المبدعين، وسماتهم الشخصية مثل: القدرة على توليد الأفكار من خلال استخدام المعارف السابقة وإثارة أسئلة لماذا؟

وانطلاقاً من هذه التعريفات، فإنّ ما يهمّنا هو أن الإبداع عملية أو مجموعة مهارات، يمكن تعلّمها من خلال استخدام عدد من الاستراتيجيات المسمّاه باستراتيجيات إنتاج أفكار إبداعية.

مراحل العملية الإبداعية

كانت النظرة التقليدية للإبداع على أنه وعي وإلهام. وأن مَن يمتلك هذا الإلهام هو شخص مبدع. وإن عملية الإبداع تتم من خلال مجموعة من الخطوات تبدأ بتحديد موضوع أو فكرة أو مشكلة والبدء بجمع معلومات وبيانات عنها، ثم تبدأ المرحلة الثانية في حفظ المشكلة وإبعادها عن مستوى التفكير الواعي (كما فعل نيوتن أو أرخميدس).

> **مراحل العملية الإبداعية**
> 1- تحديد المشكلة.
> 2- احتضان المشكلة.
> 3- التركيز والمثابرة.
> 4- الإلهام والإشراق.
> 5- التحقق من صحة الحل.

> أمضى نيوتن 14 سنة يفكر في موضوع النسبية حتى حقق الاختراق المطلوب.

وبعد أن تختزن الفكرة يبقى المبدع اهتمامه ومثابرته على التفكير فيها بين فترة وأخرى قد تطول أياماً أو سنوات أو مدى العمر. وتسمى هذه بمرحلة البحث الجدي والمثابرة. ثم تأتي المرحلة الأخيرة وهي مرحلة انبثاق الحل أو الاشراق والوصول إلى الفكرة المطلوبة، والتي توضع عادة أمام الاختبار للتحقق من مدى صحتها.

ويعتقد كثيرون أن الإبداع هو فعل غير واع ينبثق من اللاشعور أو بعد مرحلة اختمار الفكرة، أما النظرة الحديثة للإبداع والتي يقودها ادوارد دي بونو. فترى أن الإبداع فعل واع يتم من خلال جهد هادف، وأن كل إنسان يستطيع أن يتعلم هذه المهارة كما يتعلم سائر المهارات، وأن المبدع يحتاج إلى درجة من الذكاء.

لكن هذا لا يعني أن الأذكياء هم المبدعون، فقد نجد مبدعين من مستوى متفوق دون أن يكونوا بمستوى ذكاء عال، كما لا يعني ذلك أن الأذكياء هم بالضرورة أشخاص مبدعون.

> بعض الأذكياء ليسوا مبدعين وبعض المبدعين لا يمتلكون درجة عالية من الذكاء ولكن كل مبدع يحتاج إلى درجة تفوق المتوسط من الذكاء.

ولقد واجه المبدعون عبر التاريخ تهماً عديدة، مثل إنهم مرضى عقليون، ويذكرون

سقراط وديمقريطس وروسو كأمثلة على مبدعين واجهو اضطرابات عقلية غير أن الدراسات أوضحت عدم وجود علاقة بين الموهبة والإبداع وبين المرض العقلي.

كما واجه المبدعون ومن خلال ملاحظات عملية على عدد منهم تهماً بأنهم غالباً ما يكونون من غير المتفوقين دراسياً، حيث عرف عن عدد كبير من المبدعين مثل أديسون، واينشتاين وداروين والشاعر شيللي Sheley بأنهم لم يكونوا طلاباً متفوقين.

قد يكون في هذه التهم شيء من الصحة لأن المبدعين لا يتكيفون بسهولة مع مناهج دراسية غير مثيرة، ومع أوضاع مدرسية جامدة وهذا ما ينطبق أيضاً على سياسيين مثل تشرشل وجون كندي (كان طالباً عادياً في الجامعة).

أديسون

يروى أن معلمي أديسون طردوه من المدرسة بسبب ضعفه الدراسي، واقتادته أمه إلى المدرسة، وقالت للمعلمين: أنا على ثقة بأنه يحمل في رأسه عقلاً أكبر ممّا في رؤوسكم جميعاً.

وهذا لا يعني بأن كل المبدعين لا يتفوقون في الدراسة، فالوقائع تشير إلى أن المبدعين يتمتعون بسرعة الفهم والاستيعاب وأن العيب قد يكون في النظام المدرسي لا في قدرة المبدعين على التفاعل والإنتاج.

التفكير الإبداعي والتفكير المنطقي

إذا كان التفكير المنطقي يعتمد قواعد المنطق، ويسلك الخطوات الصحيحة والمألوفة للوصول إلى الحقيقة، فإن التفكير الإبداعي على خلاف ذلك لا يسلك الطرق المألوفة بل يرتبط بالخروج عن القواعد المألوفة والأنماط الشائعة.

فالتفكير الإبداعي ينطلق بحثاً عن الجديد وغير المألوف حتى لا يضطره ذلك القفز عن حقائق منطقية عديدة، ولذلك تبدو عمليات التفكير الإبداعي مرتبطة بغير المألوف أو نفي المألوف أو عكس المألوف أو المبالغة فيه أو التقليل منه وغير ذلك من الأساليب التي سنتحدث عنها بالتفصيل.

> التفكير المنطقي يستخدم قواعد المنطق، بينما التفكير الإبداعي لا يلتزم بقواعد منطقية، بل هو خروج عنها في معظم الأحيان.

ونبدأ أولاً بمعرفة الفروق بين التفكير المنطقي والتفكير الإبداعي.

التفكير المنطقي والتفكير الإبداعي

قد يتفق التفكير المنطقي والتفكير الإبداعي في استخدام مهارات عقلية عليا، وقد يتفقان في بعض الأهداف مثل حل مشكلة ما أو أزمة ما أو اتخاذ قرار ما. ولكنهما يختلفان كثيراً في المنهج، فبينما يسير المفكر المنطقي وفق خطوات قد لا يعترف بها أو لا يهتم بها المفكر الإبداعي، أو ينطلق المفكر المنطقي من نقطة بدء صحيحة أو مسلمة أو بديهية، في حين لا يهتم المفكر الإبداعي بذلك وقد ينطلق من نقطة خاطئة أو خيالية، أو وهمية فلا يهتم بالخطوات بمقدار ما يهتم بالنتائج.

المفكر المنطقي	المفكر الإبداعي
1- يستخدم قواعد المنطق	1- لا يهتم بقواعد المنطق وقد يخرج عنها بشكل دائم.
2- ينطلق من مقدمة صحيحة ليصل إلى نتيجة صحيحة.	2- قد ينطلق من مقدمة خاطئة ليصل إلى النتيجة الصحيحة.
3- يهتم بما هو مألوف.	3- يخرج عن المألوف.
4- يفكر تفكيراً تجميعياً لامّاً.	4- يفكر تفكيراً تشعيبياً.
5- يسير في اتجاه معين معروف.	5- لا يسير باتجاه ما، إنما يتحرك دائماً.
6- يبحث عن شيء معروف غالباً.	6- يبحث عن شيء جديد أو حل جديد في أي اتجاه
7- جميع خطواته صحيحة.	7- يهتم بصحة النتيجة، حتى لو كانت الخطوات كلها خاطئة.
8- أفكاره مقبولة منطقياً واجتماعياً.	8- أفكاره لا تصمد أمام المنطق وأمام الناس إلا إذا انتظروا النتيجة.
9- أفكاره ظاهرها منسجم ومقبول ويمكن الدفاع عنها.	9- أفكاره ظاهرها متهافت، ضعيف، يصعب الدفاع عنها.
10- يمكن أن يعيش مرتاحاً في جو اجتماعي أو علمي دون صدام مع المجتمع.	10- على خلاف دائم بسبب غرابة أفكاره.
11- يسعى إلى التحسين، وحل المشكلات.	11- يسعى إلى التطوير والتغيير والتجديد.
12- يمكن التنبؤ بنتائجه مسبقاً، لأنه يحاول إثبات شيء ما.	12- لا يمكن التنبؤ، لأنه يبحث عن شيء غير معروف وجديد.

كيف نقتل التفكير الإبداعي؟

عرفنا أن المبدعين هم أشخاص خارجون عن المألوف، يطرحون أفكاراً جديدة، فهم يسألون أسئلة غريبة مثل:

- ما العلاقة بين الفراشة والإدارة الفعالة؟
- لماذا يكون قعر كأس الماء مستوياً وليس كروياً أو مخروطياً؟
- أيهما أثقل الجبل أم همّ شخص محب؟
- كيف نجعل المكالمات مجاناً؟
- ما العلاقة بين العلم والفتاة الجميلة؟
- إذا كانت المدرسة بحراً، فما هو سمك القرش؟ الشاطئ؟ اللؤلؤ؟
- الإنسان يشرب الماء، ماذا لو شرب الماء الإنسان؟

أقتل الإبداع

1- انقد الفكرة الجديدة.

2- قل إنها مكلفة.

3- قل جرّبنا هذه الفكرة ولم تنجح.

4- قل إنها لا تصلح في بيئة مثل بيئتنا.

إن مثل هذه الأسئلة تجعل الشخص المبدع، وكأنه يفكر تفكيراً ساذجاً أو مشوشاً أو خيالياً وهمياً، وبذلك يتعرض لنقد سريع وهجوم لاذع. حيث ضاعت كثيراً من الأفكار بسبب ما وجّه لها من نقد في مراحل نشوئها. ولم تعط الفرصة الكافية للعيش ولإثبات صحتها. إن كثيراً من المعوقات التي تعترض الإبداع تأتي غالباً من الآخرين الذين يتسرعون في مهاجمة الأفكار الجديدة. وسنحاول في هذا الجزء عرض أبرز معوقات الإبداع والإشارة إلى دور المؤسسات الاجتماعية في قتل الإبداع، حيث تعتبر المدرسة بوضعها الحالي، والأسرة والمجتمع من أشّد أعداء الإبداع، حيث ينشأ الطفل متسائلاً، شكاكاً، باحثاً، وسرعان ما يعمل المجتمع بمؤسساته المختلفة لإعادته إلى المألوف.

1- سرعة توجيه النقد

إنّ الأفكار الإبداعية تبدو في معظمها أفكاراً غريبة، فالمألوف لا يثير فضولنا، ولا يثير استنكارنا

كل طفل مبدع، تقضي الأسرة على جزء من إبداعه، وتتكفل المدرسة بالباقي، وإذا بقي جزء ضئيل تتلذذ الجامعة في القضاء عليه.

على عكس الأفكار الجديدة. فإذا عكس شخص مسلمة ما يبدو مضحكاً كأن يقول: الماء يستحم بي بدلاً من أستحم بالماء، أو يتنزّه المساء فيّ بدلاً من أتنزّه في المساء. فإن حديثه يبدو غريباً مضحكاً.

فالمثال في المربع إلى اليسار عن قطف ثمر التفاح يسهل نقده كالتالي: دمنا سنصعد إلى الشجرة، ونمسك كل حبة تفاح، ونلصق عليها حديد، لماذا لا نقطفها رأساً ونحصل على الثمرات جميعاً؟ إنّ مثل هذا النقد السريع قد يقضي على الفكرة، لأنها غريبة أولاً، وغير عملية ثانياً، ومكلفة ثالثاً، وتتطلب جهداً ووقتاً ضائعاً رابعاً تصمد أمام النقاش؟

إنّ الفكرة الإبداعية قد تكون كذلك: تافهة ساذجة، متهافتة، مكلفة، غير عملية، ولكنها قد تقود إلى حلول جذرية لمشكلات قطف الثمر واكتشاف طرق جديدة لقطف الثمار جميعها، وهذا ما أدت إليه هذه الفكرة فعلاً حين قادت إلى زراعة شجر مقزّم يسهل قطف ثماره.

إنّ الفكرة الإبداعية لكي تعيش يجب أن لا يسخر منها، لا تنقد، إلا بعد أن تعطي وقتاً كافياً:

2- الالتزام بالمألوف والإعجاب به.

نمارس يومياً نفس سلوكياتنا، ولو راقبنا أنفسنا لاكتشفنا أننا نمارس نفس العادات يومياً.

معوقات الإبداع

1- سرعة توجيه النقد.
2- الالتزام بالمألوف والإعجاب به.
3- مهاجمة التغيير ومقاومته.
4- انعدام الجرأة والحذر الشديد.

غرابة الموقف الإبداعي

طلب شخص قطف ثمر شجرة التفاح فقدمت له النصيحة التالية: ضع قطعة حديد صغيرة على كل تفاحة وأحضر مغناطيساً كبيراً، فتنجذب جميع ثمرات التفاح وتسقط على الأرض.

هل هذا منطق يمكن أن يصمد أمام النقد؟

نحن محكومين بعاداتنا وافتراضاتنا ومسلماتنا ومعجبون بها، وليس لدينا رغبة في الخروج عليها، ومن يخرج عنها يتعرض للسخرية والنقد.

ونقوم بنفس الخطوات نلبس ملابسنا بنفس الطريقة، نخرج من منازلنا بنفس الخطوات. نتناول طعامنا، نجلس على نفس المقعد، نقرأ بنفس الطريقة، إننا محكومون بسلوكيات محددة لا نخرج عنها، وهذا يجعل ما حولنا مألوفاً، لا استثارة فيه، ولا رغبة في تغييره، ولا قدرة لنا على رؤية عيوبه، فنحن نسير في مسرب، اعتدنا عليه كما يتضح من المثال التالي:

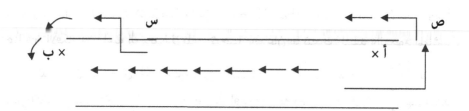

كيف ننتقل من النقطة أ إلى النقطة ب؟ إنّ معظم من يحاول الانتقال يختارون الطريقة المباشرة من أ. ب. ونادراً ما يسلك أحد طرقاً أخرى.

فلماذا نختار هذا الطريق المباشر؟ ماذا لو اختار شخص طريقاً طويلاً كذلك الطريق المتجه إلى ص، أو يسلك الممر عبر الفتحة «س»؟

إن الطريق غير المألوف قد يكون طويلاً، مكلفاً، خطراً ولذلك نلتزم بالمألوف ولا نغامر!! لكن من يغامر قد يتحمل المخاطر، ولكنه قد يجد في طريقه الجديد مكاناً ممتعاً أو كنزاً، أو يصادف صديقاً عزيزاً، فالطريق الآمن مألوف، لكن غير المألوف قد يكون مثيراً وممتعاً ومفيداً !!

مزايا الطريق المألوف

- طريق مألوف ومعروف وآمن.
- طريق سهل.
- طريق قصير.
- طريق يوفر وقتاً وجهداً.

فالمغامرون قد يستفيدون لكن من يسيرون حسب المألوف فإنهم يصلون دائماً إلى نفس النتائج.

3- مقاومة التغيير

إنّ من يعتاد على سلوك ما، يشعر بالراحة حين يمارس هذا السلوك، كما يشعر بـالخوف والانزعاج حين يواجه تغييراً ما، فالمعلم الذي اعتاد على طرق تـدريس معينـة، يشـعر بـالقلق إذا طلب منه تغيير هذه الطرق كاستخدام الكمبيـوتر، أو الـتعلم الـبصري مـثلاً. فيضـطر إلى الوقوف ضد التغيير الجديد ومهاجمته. وهكذا في معظم حالات التغيير يتخذ بعض النـاس أو معظمهم مواقف معادية، لأنهم اعتادوا على النمط القديم الذي ألفـوه وتكيفـوا معـه، ومـن هنا فإن الأفكار الإبداعية الجديدة لا تلقي ترحيباً، وسرعان ما تتعرض للنقد والهجوم المباشر.

ولذلك فإن من يحمل أفكاراً جديدة يريد تسويقها، عليه أن يسـتخدم إسـتراتيجية منظمـة لنشر التغيير وتهيئة الآخرين لقبوله، وإلا ضاعت أفكاره نتيجة رفض الآخرين السريـع لهـا، وهـذا هو سبب تعرض المبدعين إلى النقد والهجوم، باعتبارهم خارجين عن المألوف، وباعتبـار أفكـارهم غريبة عن الموقف.

4- الحذر الشديد وغياب الجرأة

إنّ من يعتاد على سلوك معين، قد لا يرغب في تغيير هذا السـلوك، وإذا اضـطر لسـبب مـا الخروج عليه فإنه يتعامل مع الموقف الجديد بحـذر شـديد وتـردد، ويبـدي مخاوفـه وانزعاجـه، فالخروج عن المواقف المألوفة يتطلب جرأة وقوة، لا تتـوفر لـدى كثـير مـن النـاس. فـالموقف المألوف كما أوضحنا سابقاً يتميّز بتوفير الأمن والراحة، وتوفير الوقت والجهد، والخـروج عليـه قد يعرضنا لمخاطر عديدة، لأننا في الحركة الإبداعيـة نسـير نحـو مجهـول ولـيس باتجـاه شيء معين.

الإنسان المبدع

يثـق بنفسـه، مغـامر، لا يخـاف مـن الفشـل والهزيمـة لا يـخشى المخـاطر والمواقف الجديدة.

إنّ الإنسـان يميـل إلى المجـاراة، وقبـول الأفكـار والسلوكيات الشائعة لأنها توفر لـه القبـول وتشـعره بالأمل، فهـو مسـتغرق فيهـا إلى الدرجـة التـي فقـد وعيـه في مـدى ملاءمتهـا لـه، أو شـعوره بضرورة

تغييرها. فلكي نبدع علينا أن نتخلى عن مخاوفنا وترددنا، ونمتلك الجرأة على ارتياد المجهول.

البيئة الإبداعية

عرفنا أن معوقات الإبـداع هـي الحـذر والجمـود والألفة ومقاومـة التغيـير، ولكي يبـدع الإنسـان عليـه أن يتخلص من هذه المعوقات، ويوفر بيئة ملائمة للإبداع، فـما هذه البيئة؟ وما عناصرها الأساسية؟

إن عملية الإبداع لا تتم في فراغ، بـل تحتـاج إلى بيئة توفر الإبداع، وهذه البيئة يجب أن تكون موجهـة بفلسفة عامة تشجع الإبداع والمبدعين. فلا يمكن أن تهتم مدرسـة ما بالإبداع إلا إذا كانت الفلسفة التربوية تشجع الإبداع والمبدعين.

> **خصائص البيئة الإبداعية**
> 1- توفر الأمن.
> 2- تخلو من النقد السريع.
> 3- تحث على المغامرة.
> 4- تسمح بارتكاب الأخطاء.
> 5- تخلو من التنافس.
> 6- تسمح بالتعددية والتنوع.

كما لا يستطيع الفرد أن يبدع إذا كانت فلسفة المجتمع تميل إلى المجاراة والتمسك بما هو مألوف وموجود حالياً. وسنتحدث فيما يلي عـن خصائص البيئـة الإبداعيـة في المدرسـة والأسرة والمجتمع، ومع أن هذه الخصائص تكاد تكون مشتركة كـأن تكون بيئـات متسامحة، تتقبل التغيير، وتحترم المحاولة والتجربة إلا أن تبسيط الموقف يتطلب ذكر تفاصيل محددة عن دور كل مؤسسة.

1- المناخ المجتمعي العام

تتفاوت المجتمعات في درجة انفتاحها وتسامحها، فهناك مجتمعات مغلقة تسودها السلطة، تفرض قيمها وعاداتها وسلوكياتها ولا تقبل خروجاً عليهـا، وهنـاك مجتمعات منفتحة تسمح بـالاختلاف وتعـدد السلوكيات

> **المجتمعات المغلقة والمجتمعات المفتوحة**
> تميل المجتمعات المغلقة إلى إعادة إنتاج النمـوذج التقليـدي للمواطن، بينما تهتم المجتمعـات المنفتحـة بإنتاج نماذج جديدة.

والأفكار. فالمجتمعات المغلقة عادة ما تميل إلى المحافظة والتمسك بالقيم الأصلية، ولا تسمح إلا بالقليل من التجديد. وبالتالي يكون الفرد النموذج فيها هو الفرد المنسجم مع أصالة المجتمع وقيمه وتقاليده. أما من يخرج عن سلوكيات المجتمع فإنه يتعرض للعقوبات مثل النقد والسخرية وربما عقوبات أشد قد تصل إلى التعزير والسجن ... الخ.

أما المجتمعات المنفتحة فهي المجتمعات التي تسمح بالتعددية والتنوع وتحترم جميع الآراء، ولا تمارس سلطة قاسية تعيق من حرية الأفراد وحركتهم والجدول التالي يبين الفروق بين المجتمعات التي تشجع الإبداع وغيرها التي تقتله:

الرقم	مجتمعات تشجع الإبداع	مجتمعات تعيق الإبداع
1-	تسمح بحرية التفكير، وتشجع الفردية.	تقيد حرية التفكير، وتشجع الروح الجماعية.
2-	ترحب بالاختلاف والتنوع والتعدد.	ترحب بالنمط الموحد.
3-	تسعى إلى التجديد والتغيير.	تحافظ على الأصالة وتهاجم التجديد.
4-	تمارس سلطة محدودة على الأفراد.	تمارس سلطة قوية وقاهرة.
5-	تسمح بالتجريب وارتكاب الأخطاء.	تقدم نموذجاً موحداً للاقتداء به، ولا تتسامح مع الأخطاء.
6-	تشجع التعاون والاعتماد المتبادل بين الأفراد والجماعات.	تشجع المنافسة.
7-	توفر الأمن الفكري.	تفرض جواً من الرهبة ومصادرة الأفكار.

وهكذا ينشأ المبدعون عادة في مجتمعات منفتحة، غير أن هذا لا يعني أن المجتمعات المغلقة لا تنتج مبدعين، فقد ينشأ المبدعون على الرغم من الصعوبات التي تواجههم، لكن مسألة الإبداع ليست مسألة حرية وانفتاح فحسب لأن الإبداع مهارة تكتسب بالتعلّم، ويمكن أن يتعلمها الفرد إذا أتقن مهارات إنتاج الأفكار الإبداعية التي ستعرض فيما بعد.

2- المناخ الأسري

يتشابه المناخ الأسري الذي يشجع الإبداع مع المناخ الاجتماعي المنفتح، فالأسرة التي توفّر موارد ثقافية غنية، ويتمتع أولياء الأمور فيها بالثقافة المنفتحة والوعي، وإشاعة جو من المحبة والأمن والتسامح هي التي تشجع الإبداع. أما الأسرة التي يمارس فيها الأهل سلطة قاسية تتسم بالشدة وعدم التسامح فهي أسرة تعيق الإبداع. ويمكن التمييز بين الأسرة المبدعة وغيرها من خلال دراستنا للجدول التالي:

الرقم	الأسرة التي تشجع الإبداع	الأسرة المعيقة للإبداع
-1	تثق بأبنائها، وتحترم أفكارهم.	تعامل أبناءها على أنهم غير راشدين.
-2	تدرب أبناءها على المبادرة والاستقلال وإثارة الأسئلة	توفر لأبنائها كل الإجابات التي يطلبونها.
-3	توفر موارد ثقافية (مجلات، كتب، ألعاب، إنترنت،...)	توفر موارد محدودة.
-4	تمارس سلطة نزيهة واعية.	تمارس سلطة أبوية وقاسية.
-5	توفر وقتاً كافياً للحديث مع الأطفال.	تمارس حديث الوعظ والنهي.
-6	يتلقى كل فرد اهتماماً كافياً	تضيع فيها الاهتمامات.

3- المناخ المدرسي

يتميز المناخ المدرسي الإبداعي بارتفاع سقف الحرية وإعطاء الطلبة فرصة كافية لإثارة الأسئلة، ووضع الفروض وتقديم المقترحات والموازنة بين البدائل، وحرية الاختيار دون أن يتعرض الطلبة للنقد والتهكم والسخرية والاتهام بالفشل، فالطلبة يبحثون ويقترحون حلولاً للمشاكل دون أن تفرض عليهم حلول معينة وإجابات جاهزة. والجدول التالي يوضح الفروق بين المدرسة التي توفر مناخاً إبداعياً وبين المدرسة التقليدية.

المناخ المدرسي الإبداعي

- التعبير حق للطالب.
- حرية الطالب في إثارة الأسئلة.
- الطلاب يقترحون الأنشطة.
- حق ارتكاب الأخطاء.
- البعد عن إصدار الأحكام والنقد.
- حق إجراء التجارب والبحث والاكتشاف.
- معلمون مؤهلون.

الرقم	المناخ المدرسي الإبداعي	المناخ المدرسي التقليدي
1-	مناهج واسعة وأنشطة حرة	مناهج مقررة، وأنشطة معدة مسبقاً.
2-	جو حافز مثير للتساؤل والرغبة في الاكتشاف.	حلول جاهزة، وإجابات معتمدة.
3-	أنشطة ومواقف وأسئلة لها حلول متعددة.	أسئلة لها إجابات واحدة صحيحة.
4-	جماعات عمل طلابية علمية متعاونة	المنافسة والنجاح والرسوب.
5-	معلمون يديرون الموقف ويسهلون التعلم.	معلمون يخططون وينفذون ويعلمون ويفرضون.
6-	مدرسة متمركزة حول الطالب.	مدرسة متمركزة حول المناهج والامتحانات والمعلمين.
7-	يقيم الطلبة بطلاقة تفكيرهم وانجازاتهم	يقيّم الطلبة بالامتحانات والعلامات.

مهارات التفكير الإبداعي

مهارات الإبداع

1- **الأصالة.**

2- **الطلاقة.**

3- **المرونة.**

4- **الرؤية الجديدة للمشكلات.**

يشير المهتمون بالإبداع إلى أن المفكر الإبداعي هو الذي مهارات معينة مثل أصالة التفكير والبحث عن حلول جديدة غير مسبوقة، ومهارة الطلاقة بمعنى القدرة على تذكر أشياء عديدة وحلول عديدة وبدائل عديدة سبق تعلمها، ومهارة المرونة بمعنى القدرة على توليد أفكار ومقترحات جديدة مثل: ذكر استخدامات عديدة جديدة لشيء ما كأن يستخدم القلم في عشرة مواقف لا علاقة لها بالكتابة، أو يستخدم المفتاح عدة استخدامات غير فتح الباب.

أما المهارة الرابعة وهي الرؤية الجديدة للمشكلات فهي من أهم المهارات حيث يعرف الإبداع بأنه القدرة على رؤية الشيء بطريقة جديدة وليس رؤية شيء جديد. فالمبدع قد لا يبتكر الأشياء. ولا يرى ما لا يراه الآخرون، وإنما يرى ما يراه الآخرون من زاوية جديدة أو بأسلوب جديد. وبذا يستطيع تحويل الموقف العادي إلى موقف جديد مثير. فالفنان الذي يرسم لوحاً رائعاً لامرأة غير جميلة أو لطفل مشرد هو إنسان مبدع. والشاعر الذي يحول موقفاً عادياً مثل سقوط فنجان قهوة أو صوت حمامة إلى قصيدة رائعة هو إنسان مبدع. فالإبداع ليس شيئاً جديداً بمقدار ما هو رؤية جديدة لشيء حتى لو كان هذا الشيء تافهاً !

إن التفكير الإبداعي يتطلب أن يتقن المبدعون هذه المهارات، ولكن الأهم من ذلك أن يتقنوا استراتيجيات إنتاج الأفكار الإبداعية، والتي ستكون موضوعنا التالي:

استراتيجيات إنتاج الأفكار الإبداعية

إن مهارة الإبداع تتجلى في إنتاج أفكار إبداعية، وبما أن الإبداع مهارة، فإن هذه المهارة يمكن تعلّمها. وأن الطلبة إذا ما تعلّموا استراتيجيات إنتاج الأفكار الإبداعية فإنهم سيتحولون إلى طلبة يفكرون إبداعياً، وينتجون الإبداع، فما هذه الاستراتيجيات؟

وقبل البدء بعرض هذه الاستراتيجيات لابد أن يضع الشخص نفسه أمام موقف جديد، يخرج فيه عن نطاق المألوف. ويكون مضطراً خلاله للبحث عن حلول جديدة.

فالإبداع يحتاج إلى حافز. ولا يتم إلا إذا تولد هذا الحافز.

إنّ الفكرة الأساسية في إنتاج أفكار إبداعية هي أن تخرج عن المألوف. لأن ذلك يخلق فراغاً في ذهنك وإنك لا تستطيع الاستقرار إلا إذا ملأت هذا الفراغ...

إنك تستطيع خلق هذا الفراغ بأحد الوسائل التالية:

1- أغلق مسربك

استراتيجيات إنتاج أفكار إبداعية
1- نفي المسلمات والبديهات والافتراضات.
2- عكس المسلمات.
3- تشويه المسلمات والافتراضات.
4- المبالغة والتضخيم.
5- التوقف المفاجئ.
6- تغيير منطقة الانتباه.
7- التركيز.
8- الإثارة العشوائية.
9- جعل المألوف غريباً.
10- جعل الغريب مألوفاً وغريباً.
11- اعمل قائمة إبداعية.

لكل منا عدة مسارب، اعتدنا على ممارستها يومياً. مثل الطريق الذي نسلكه في الوصول إلى العمل، والسلوك نفسه الذي نمارسه يومياً سواء في البيت أو الشارع أو مكان العمل. ولا تستطيع أن تتحرّر من هذه المسارب إلا إذا اتخذنا قراراً بإغلاقها. فالرسم التالي يوضح أحد مساربنا.

المسرب هو الطريق الذي اعتدنا أن نسير فيه أو السلوك الذي اعتدنا أن نمارسه يومياً وغالباً ما نسلكه ونحن مغمضو الأعين والذهن.

إننا لن نستطيع إيجاد مسرب جديد إلا إذا أغلقنا هذا المسرب.

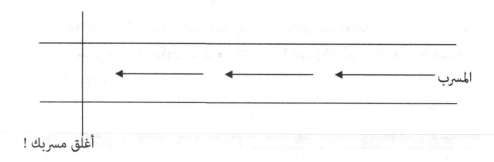

المسرب

أغلق مسربك !

فما الذي يحدث حين نغلق هذا المسرب؟ تخيل جدول ماء يجري في ممر. أغلق هذا الممر، ما الذي يحدث؟ إنّ الماء سيتجمع، ثم يفيض، ويجد مسارب أخرى عديدة وجديدة. ولم يكن بالإمكان أن نجد هذه المسارب لو لم نغلق هذا المسرب. وهكذا إذا أردنا البحث عن حل جديد، عمل جديد، سلوك جديد. فإنّ نقطة البدء هي إغلاق المسرب القديم. وحين نغلق هذا المسرب فإنّ مسارب عديدة قد تظهر أمامنا.

مثال: اعتاد شخص أن يقضي وقته أمام التلفاز يومياً. وضجر من ذلك وأراد التخلص من هذا السلوك. إنه لن يستطيع ذلك إلا إذا أغلق جهاز التلفزيون أو حفظه في المخزن أو باعه. وفي هذه الحالة ستتفجّر أفكار جديدة حول مسارب أخرى لقضاء الوقت. أما إذا بقي في مسربه (أمام تلفاز) فلن يتمكن من إيجاد المسارب الجديدة.

2- اترك مسربك

إننا كما ذكرنا سابقاً نعيش في مسارب متعددة اعتدنا عليها.

ولا شك أن هناك مسارب أخرى لا نعرفها.

دعا شخص زملاءه في العمل إلى غذاء في منزله. أعطاهم العنوان وغادروا المكتب في وقت واحد. فوجئ حين وجدهم قد وصلوا كلهم قبله, فلما سألهم قالوا سلكنا طريقاً معيناً, فوجئ بالطريق الأقصر الذي لم يكن يعرفه سابقاً.

وقد تكون هذه المسارب الأخرى أفضل من المسرب الحالي، ولن يتوصل الشخص على هذه المسارب إلا إذا ترك المسرب الأصلي الذي اعتاد أن يسلكه.

إن ترك المسرب الأصلي أو الهروب منه سيضع الشخص أمام موقف جديد وحافز جديد لاكتشاف مسرب جديد قد يكون أفضل من المسرب القديم والشكل التالي يوضح خيارات أخرى إذا ترتك المسرب.

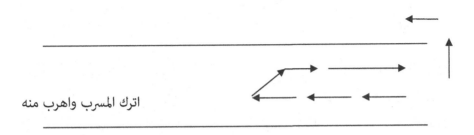

اترك المسرب واهرب منه

إننا بعد أن نغلق مسربنا أو نهرب منه، نكون قادرين على البحث عن مسارب جديدة باستخدام إحدى الاستراتيجيات التالية:

1- نفي المسلمات أو الافتراضات

يمتلك كل إنسان عدداً كبيراً من المسلمات والافتراضات والحقائق البديهية، اكتشفها الإنسان عبر تطوره، واكتشفها الفرد عبر خبراته. وقد أصبحت هذه المسلمات جزءاً أساسياً من أفكارنا ومعتقداتنا وسلوكياتنا ومنظومتنا الفكرية، وصارت مألوفة لدينا، وسلّمنا بصحتها. وليس هناك أي داع لتغييرها، فهي أشبه بالحقائق ونحن هنا نتحدث عن مسلماتنا اليومية لا مسلماتنا العقائدية. ومن أمثلة هذه المسلمات:

- المعلمون يدرسون الطلبة.
- الطلبة يتعلمون في الجامعة.

ما الذي يحدث حين ننفي المسلمات؟

يحدث فراغ في الذهن, يحفزنا على البحث عن حل يملأ هذا الفراغ. ولن نهدأ حتى نحصل على هذا الحل.

- تأتي المياه إلى منازلنا عبر الأنابيب.
- نجلس على الكرسي.

فماذا لو نفينا هذه المسلمات؟ لنأخذ المسلمة الأولى:

- المسلمة: المعلمون يدرسون الطلبة.
- النفي: المعلمون لا يدرسون الطلبة!

المناقشة:

س1: إذا كان المعلمون لا يدرسون فماذا يفعلون إذن؟

س2: وإذا كانوا لا يدرسون فمن يدرّس الطلبة؟

إن هذا النفي قد أثار سؤالين هامين، وهذان السؤالان يحتاجان إلى إجابة: **ماذا يفعل المعلمون؟**

الإجابات المحتملة

: يعدون المادة.

: يوجهون الطلبة.

: يعطون الواجبات.

: يجرون البحوث والدراسات.

: يهتمون بالكشف عن ميول الطلبة وقدراتهم.

إذن قادنا هذا السؤال إلى إجابات عديدة، يتضمن بعضها تطويراً جديداً لمهام المعلم.

أما السؤال الثاني: من يدرس الطلبة؟

الإجابات المحتملة:

- يتعلمون ذاتياً.
- يتعلمون تعاونياً في مجموعات عمل.
- يتعلمون عبر الانترنت.

- يتعلمون من خلال برمجيات.

- يتعلمون من مصادر متعددة.

نلاحظ أننا حين ننفي المسلمة تتولد أسئلة في الذهن. هذه الأسئلة تبحث عن إجابات جديدة، قد يكون بينها إجابات مبدعة أو مؤشرات على إبداعات وطرق جديدة.

فالمطلوب لكي نبدع، أن ننفي بعض مسلماتنا حيث يقودنا هذا النفي إلى حركة مستمرة تبحث عن حقائق أو حلول جديدة، وهكذا فإن نفي بعض المسلمات والافتراضات بين فترة وأخرى يحفزنا على البحث عن أفكار عديدة وربما جديدة ومبدعة.

2- عكس المسلمات أو الافتراضات

إذا كان نفي بعض المسلمات والافتراضات يؤدي إلى حركة والبحث عن فكر جديد، فإنّ عكس المسلمات يؤدي إلى حركة أقوى. ولنأخذ الأمثلة التالية وهي مسلمات معترف بها إلى درجة تكاد تكون حقائق بديهية:

- الطلاب يقرأون الكتاب.

- الطلاب يذهبون إلى الجامعة.

- نذهب إلى عين الماء لنشرب.

- نذهب في إجازة.

- نبحث عن الشهادة العلمية.

- نحن نحمي الوطن وندافع عنه.

- المعلمون يقيمون الطلبة.

ماذا يحدث حين نعكس هذه المسلمات؟

- الكتاب يقرأ الطلاب.

- الجامعة تأتي إلى الطالب.

- الماء يأتي إلى منازلنا.

- الإجازة تأتي إلينا.

- الشهادة العلمية تبحث عنّا.
- الطلبة يقيمون المعلمين.

لو أخذنا المثال الأول:

الطلاب يقرأون الكتاب، عكسها الكتاب يقرأ الطلاب !

ماذا تعني هذه الفكرة الجديدة؟

أيهما أفضل طلاب يقرأون الكتاب أم الكتاب يقرأ الطلاب؟

الكتاب يقرأ الطلاب تعني ما يلي:

- كتاب يعد وفق ميول الطلبة.
- كتاب يهتم بحاجات الطلبة ومشكلاتهم وقضاياهم.
- كتاب بفهم نفسية الطلبة ودوافعهم.

إنّ كتاباً يتمتع بهذه الخصائص هو كتاب مبدع ناجح، ولم يوجد بعد في أي مكان.

وهكذا، فإنّ كثيراً من مسلماتنا لو تمّ عكسها لحصلنا على أفكار جديدة بعضها إبداعي. وهذا طبعاً لا يعني أن كل مسلمة إذا عكست تعطينا معنى إبداعياً. ولذلك يحتاج الإنسان بين فترة وفترة لإجراء تمرينات عقلية يعكس من خلالها بعض مسلماته لعله يكتشف شيئاً جديداً.

كانت الفتيات يذهبن إلى النبع لإحضار الماء إلى المنازل. حين عكسنا المسلمة هذه: أصبح الماء يأتي إلى المنازل فأيهما أفضل؟ المسلمة أم عكسها؟

3- تشويه المسلمات أو الافتراضات

يؤدي تشويه بعض المسلمات إلى الحصول على أفكار جديدة، والتشويه قد يكون من خلال إعادة ترتيب الخطوات الصحيحة ووضع ترتيب مشوّه لها. أو من خلال تشويه المعنى نفسه أو من خلال تغيير زمن الأحداث والتحدث عن الماضي كأنه مستقبل والمستقبل كأنه ماضٍ.

ومن أمثلة التشويه:

المسلمة	تشويه المسلمة
1- تبدأ الحصة حين يدخل المعلم الصف.	تبدأ الحصة حين يغادر المعلم الصف.
2- انتهت المباراة وفاز فريقنا.	فاز فريقنا قبل بدء المباراة بأسبوع.
3- أعلنت النتائج، وكنا ناجحين.	نجحنا قبل تقديم الامتحان.

لو أخذنا المسلمة الأولى تبدأ الحصة حين يدخل المعلم الصف.

إنّ المعنى هنا واضح وأمام، ويشير إلى المسلمة وهي أن المعلمين يدخلون الصف، وتبدأ الحصة بمجرد دخولهم. لكن حين تم تشويه هذه المسلمة على النحو التالي: **تبدأ الحصة حين يغادر المعلم.**

إننا هنا أمام معنى جديد، وطريقة تدريس جديدة، فالمعلم لا يدخل ليدرّس ويشرح، بل يوزع الأعمال ويقدم التوجيه، ويرشد إلى المصادر. والطلبة يقومون بالعمل وحدهم، بعد مغادرة المعلم، وربما في منازلهم وهكذا قادنا تشويه المسلمة إلى معنى جديد ومبتكر.

أما تشويه الخطوات المنظمة فيظهر في المثال التالي:

إنّ خطوات الزواج هي:

1- التعرف.

2- الإعجاب المتبادل.

3- الخطوبة.

4- الزواج.

5- إنجاب الأطفال.

ماذا لو شوهنا هذه الخطوات على النحو التالي:

1- إنجاب الأطفال.

2- الزواج.

3- التعرف.

4- الإعجاب المتبادل.

5- الخطوبة.

كيف نفهم هذه الخطوات؟ وما الجديد فيها؟

إنّ هذا التشويه يحمل عدداً من الأفكار الجديدة وهي:

1- يبدأ الزواج بالتفكير في إنجاب الأطفال، والفحص الطبي لمعرفة القدرة على الإنجاب ومدى ملاءمة الدم، كما يبدأ بالبحث عن أعمام أو أخوال الأطفال، ومستوياتهم الاجتماعية والثقافية. أليس هذه هي الخطوة الأولى في الزواج الناجح؟

أنظر القصيدة البدوية إلى اليسار! كيف أدرك ذلك الشاعر هذه الحقيقة. وكيف شوه المسلمة بأسلوب إبداعي رائع !!

> **يا ونةٍ ونيتها قبل ما جيت، قبل حياة أبوي ما يوخذ أمي.**
> **قعدت أنا وأبوي بعتبة البيت.**
> **مشيت أنا وأبوي بجاهة أمي.**
>
> **شاعر بدوي أردني**

2- يتم الزواج أولاً ثم تتّم المعرفة الحقيقية وينتهي الزواج بالخطوبة. أي أن الزواج الناجح يحافظ على المعاني الجميلة الوردية التي تسود فترة الخطوبة، ويتحول الزواج إلى إعجاب متبادل دائم وعلى خطوبة مبهجة مستمرة.

وهكذا، فإن تشويه الخطوات يخلق معاني جديدة لم تخطر على بالنا، وإنّ قيامنا بهذا التمرين بين فترة وأخرى لتشويه تسلسل بعض الخطوات قد يقود إلى تنمية مهاراتنا في إنتاج أفكار إبداعية.

4- المبالغة والتضخيم

إنّ المبالغة هي إحدى استراتيجيات إنتاج أفكار إبداعية، فنحن حين نبالغ في شيء فإننا نخرج عن الواقع أو المألوف، ونقف أمام وضع جديد، يحفزنا إلى محاولة تحليلية وفهمه والوصول إلى أفكار إبداعية جديدة.

> تقودنا المبالغة إلى الحصول على أفكار جديدة، ونحتاج أحياناً إلى المبالغة في بعض المواقف أو الأحداث والأفكار بحثاً عن أفكار جديدة مبدعة.

فحين نقول يقوم المدير بمراقبة الموظفين كل دقيقة، أو يفحص المعلم طلابه مئة مرة في الحصة أو للبوليس خمسون عيناً. إلى غير ذلك من المبالغات، فإننا نصل إلى معان جديدة فالمثال الأول:

يقوم المدير بمراقبة موظفيه كل دقيقة.

هل هذا ممكن عملياً؟ هل يستطيع القيام بذلك ضمن المفهوم القديم للمراقبة؟ طبعاً لا. فالمعنى الناتج عن المبالغة يقودنا إلى التفكير بطرق رقابة أخرى مثل:

- يجلس المدير في غرفة زجاجية يرى من خلالها جميع العاملين.

- يضع المدير أجهزة تصوير تلفزيونية يرى من خلالها الجميع.

- يطلب المدير من الموظفين كتابة تقرير يومي عن إنجازاتهم.

وهكذا... قادتنا المبالغة إلى الكشف عن أفكار إبداعية جديدة.

5- التوقف المفاجئ

نندمج في أعمالنا إلى الدرجة التي لم نعد نسأل فيما إذا كان ما نقوم به صحيحاً أم لا. فالموظف في عمله يمارس سلوكيات متعددة بطرق معينة، وفي غمرة هذا السلوك تضيع الاهتمام، ولا يعود يفكر في طبيعة ممارسته وسلوكياته ولا يعود يدري ما الذي ينبغي أن يقوم به أو يمتنع عنه، إنه يسير مع التيار الجارف: تيار العادة والمألوف. إن من مثل هذه الظروف لا تشجع على تغيير السلوك. إنه بحاجة إلى وقفة مفاجئة يسأل نفسه فيها الأسئلة التالية:

- ما الذي أفعله حالياً؟

- هل ما أفعله هو المناسب؟
- ما الذي يمكن أن أفعله؟
- هل أنا في المكان الصحيح؟
- أين يجب أن أكون؟

إنّ مثل هذه الأسئلة تفتح ذهن الإنسان على قضايا لم تكن تخطر بباله وهو يسير في تيار الروتين، وتساعد على فتح منافذ جديدة، وتغيير بعض السلوكيات والخروج عن الروتين المألوف بحثاً عن أفكار جديدة.

الوقفة المفاجئة

توقف فجأة عن عملك مدة عشرين إلى ثلاثين ثانية، وافحص نفسك، واسأل ماذا تعمل؟ ولماذا؟ وأين يجب أن تكون وماذا يجب أن تفعل؟

بإمكانك التوقف مرتين - ثلاث مرات يومياً.

هذا التوقف يمنحك فرصة التساؤل والدهشة والحركة نحو الإبداع.

6- تغيير منطقة الانتباه

يقودنا التفكير المنطقي إلى البحث عن الحلول في المكان المتوقع. فإذا فقدنا مفتاحاً فإننا نفكر منطقياً ونبحث عنه في جيوبنا، في الأماكن التي اعتدنا أن نستخدمها في السيارة... الخ، ولا يخطر ببالنا أن نغيّر منطقة انتباهنا بعيداً عن المتوقع والمألوف، ونبحث عنه في علبة المجوهرات مثلاً أو في خزانة المطبخ. فينحصر ذهننا في المكان الذي نتوقعه، فلا نفتش بعيداً. كذلك إذا بحث الشرطي عن سبب حادث السيارة فإنه غالباً ما يوجه ذهنه إلى السرعة أو القيادة المتهوّرة. ولا يخطر بباله سوء الطريق، أو خلل في صناعة السيارة.

وهكذا نبحث عن حلول للمشكلات ضمن المألوف والمتوقع. ولو غيرنا منطقة انتباهنا، وذهبنا بعيداً لربما اكتشفنا كثيراً من الأشياء والحلول التي نكن نفكر فيها سابقاً.

غيّر منطقة الانتباه

كان رجل التحقيقات يشتبه بأحد المجرمين في قضية قتل. ووجه انتباهه للبحث عن أدلة تدينه. وفي غمرة التحقيق مرّ كلب داخل المنزل. انتبه المحقق وسأل: ماذا فعل الكلب أثناء الحادث؟

أجابه: لا شيء؟

عندها اكتشف المحقق أن القاتل هو من داخل المنزل وليس مجرماً خارجياً.

أمثلة عملية:

- من مأمنه يؤتى الحذر.

- كنا ننتظرهم من الشرق فجاؤونا من الغرب.

- إذا وقعت مشكلة، فإن الجهة غير المشتبه بها هي مكمن الخطر. إذن لكي نفكر إبداعياً، ونبحث عن حلول جديدة يجب أن نخرج عن الإطار أو البؤرة التي تشد انتباهنا، ونبحث عن بؤرة غير متوقعة.

7- التركيز

> في غمرة الأحداث التي تواجهـك اختـر موقفـاً. اعزلـه. ضـعه في بـؤرة الاهـتمام. ركـز عليـه، ابحث عن حلول له.

لا يستطيع الإنسان مواجهة مشكلاته كلها في وقت واحد.

فنجن محاطون بالعشرات مـن القضايا، ولا تمتلك القدرة على مواجهتها كلها دفعـة واحـدة. والبحـث عـن حلـول وأفكار جديدة لها. إن الآلية الملائمة لحل مشكلة أو للبحـث عن فكرة جديدة هي أن تختار موضوعاً ما.

> ## مراحل التركيز
> 1- التركيـز علـى موضوع مـا. وتحديد المشكلة بوضوح.
> 2- التفكير المتعمق فيه.
> 3- انبثـاق الحــل أو الفكـرة الجديدة.

وتضعه في بؤرة اهتمامك وتحفـر في عمقـه لاكتشافه أفكار جديدة فيه. فكر فيه دائماً، احمل ورقة وقلم حتى بجانـب سريـر النـوم. واحـرص علـى تسجيل أي أفكار تخطر ببالك تجاه هذا الموضوع.

إن تركيزنا على فكرة ما لفتـرة معينة، والبحـث في جوانب هذه الفكرة بعمق، والعيش معها قد يولد معها قد فجأة الحل المطلوب.

أمثلة:

- إنّ نيوتن كان مسترخياً تحت الشجرة، ولكن الفكرة أو المشكلة كانت تشغل كـل اهتمامه. فانبثق الحل فجأة.

- كان أرخميدس مسترخياً في حوض السباحة. ولكنه كان يفكر في حل المشكلة، **فانبثق الحل فجأة وصاح: وجدتها، وجدتها.**

8- الإثارة العشوائية

يقصد بالإثارة العشوائية، إيجاد مقارنة بين شيئين أو فكرتين لا رابط بينهما، كأن نقارن بين المديرة والفراشة، أو بين فتاة جميلة والقلم، أو بين النملة والمفكر التحليلي، أو بين المعلم وعمود الكهرباء أو التلفون. فكيف تتم المقارنة؟ وكيف نحصل على الإثارة العشوائية.

لو أردنا أن نحصل على أفكار عن الأستاذ الجامعي، فإننا بحاجة إلى الحصول على كلمة عشوائية. ولتكن كلمة منزل:

فما الأفكار التي تقدمها هذه الكلمة لمعرفة خصائص الأستاذ الجامعي؟

الرقم	المنزل	الأستاذ الجامعي
.1	المنزل يوفر الحماية والأمن.	كيف يوفر الأستاذ الحماية والأمن لطلابه؟
.2	المنزل تسوده المحبة والثقة والعلاقات الدائمة.	كيف يبني علاقات المحبة؟
.3	المنزل يبنى على أسس صلبة وجدران قوية.	ما أسس وجدران الأستاذ الجامعي؟
.4	في المنزل الجيد يتبادل الجميع الأدوار ضمن مفهوم الاعتماد المتبادل	ماذا يمكن للأستاذ أن يفعل؟
.5	في المنزل أسرار.	ما أسرار مهنة التعليم؟
.6	في المنزل مطبخ يعد الغذاء.	ما مطبخ التعليم الجامعي؟
.7	في المنزل حديقة جميلة.	ما حديقة التعلم؟

إنّ هذه المقارنة هي التي كشفت عن معانٍ جديدة عديدة. علماً بأن الكلمة كانت عشوائية. وإنّ أي كلمة أخرى تزودنا بمعانٍ أخرى.

إنّ كلمة مثل علم يمكن أن تؤدي نفس الغرض، فالعلم رمز وقيمة، ماذا يعني ذلك بالنسبة لأستاذ الجامعة؟ والعلم شفاف، والأستاذ الجامعي... والعلم عال، والأستاذ الجامعي...

> المهم في اختيار الكلمة العشوائية أن لا تكون لها علاقة مباشرة بالموضوع الذي تبحث فيه عن أفكار جديدة.

وهكذا، فإن الإثارة العشوائية تزودنا بأفكار لم تكن لنا على بال، كما أن استخدام هذه الإثارة سهل لا يتطلب تدريبات عميقة، ومن ايجابيات هذه الإثارة أنها تدخل جواً من البهجة والفرح لدى استخدامها والحصول على الأفكار الجديدة.

9- جعل المألوف غريباً

إنّ كثيراً من المواقف والمشاهد التي نعيشها، صارت مألوفة لدينا. والأشياء المألوفة لا تثير ولا تحفز، وكما أننا لا نستطيع رؤية ما فيها من جوانب سلبية أو ايجابية، فكثير من الناس لا يدركون قيمة الأشياء من حولهم إلا إذا خسروا أو حرموا منها. فالألفة تقودنا إلى روتين غير مثير. وهذا يؤدي إلى جمود الأشياء والأفكار من حولنا، وجمودنا نحن إزاءها.

> ## المألوف والغريب
> حين يصبح الشيء أو الفكرة مألوفة لدينا، فإنها تفقد بريقها وإثارتها، ولذلك يجب أن ندخل عليها تعديلات لجعلها غريبة. فالغريب دائماً أكثر إثارة.

ولكي نجعل الفكرة المألوفة مثيرة، يجب أن ندخل عليها تعديلات. إنّ مفهوم المطاعم مفهوم مألوف. ولذلك لا إثارة فيه. لكن إذا أدخلنا عليه تعديلاً مثل: مطاعم لا تقدم وجبات غذائية. إنّ هذا المفهوم أصبح غريباً. وهنا نسأل:

ما المطاعم التي لا تقدم وجبات؟

إنّ هذه الفكرة قد تقود إلى ما يلي:

«مطاعم تسمح للزائرين بأن يحضروا معهم طعامهم».

إنّ هذه فكرة جديدة تسمح للناس بأن يستمتعوا بأجمل ما في المطاعم (جلسات أنيقة، أدوات ثمينة، خدمة راقية) وبنفس الوقت فإنهم يتخلصون من أسوأ ما في المطاعم (طعام غير نظيف، فواتير مرتفعة...).

ومن الأمثلة على هذه الإستراتيجية:

- باب ليس له مفتاح.
- هاتف لا يرن حين يكلمنا أحد.
- قلم لا يكتب.
- سيارة لا عجلات لها.

إنّ إستراتيجية إدخال الغرابة إلى الموقف المألوف تزودنا بحيرة وشك وتساؤلات وبحث وتفكير، حتى نحصل على الفكرة الجديدة إننا حين نقول: هاتف لا يرن حين تأتينا مكالمة.

إنّ ذلك يحدث فراغاً في الذهن. وسؤالاً كبيراً: كيف نعي هذه المكالمة؟ وكيف نرّد عليها؟

إنّ هذه الفكرة قادت إلى استبدال جرس الهاتف بضوء أكثر جمالاً، وأقل إزعاجاً.

10- اجعل الغريب مألوفاً

إنّ المألوف لا يثيرنا، لأنه موجود حولنا منذ مدة، وصرنا نعرف عنه كل شيء. وكذلك فإن الغريب لا يثيرنا لأننا لا نعرف عنه شيئاً فلا نستطيع أن نفكر في الأشياء والأفكار الغريبة إلا إذا قرّبناها من الذهن أو الحواس.

الغريب والمألوف
إننا لا نفهم الأشياء والأفكار الغريبة، إذا بقيت غريبة. ولذلك نحتاج إلى أن نجعلها مألوفة أو نشبّهها بشيء مألوف حتى نستطيع فهمها والتعامل معها.

إننا حين نقول «سياسة غير مفهومة» قد يكون هذا المصطلح غريباً لـدى طلاب المرحلة الأساسية لأنه مفهوم غريب. فلكي نجعله مألوفاً يمكن أن نقول ما يلي:

«إن سياسة الولايات المتحدة تشبه الكيل بمكيالي».

إنّ الطلبة يعرفون ما معنى الكيل والكيل بمكيالين. ولذلك يسهـل عليهـم فهـم المصطلح المعقد.

وهكـذا، فإنّ كثيراً مـن الأمثلة يمكن أن تستخدم لجعل الغريب مألوفاً. سـواء في مجال التعليم أو في أي مجال آخر. وهذه بعض الأمثلة:

> إن جعـل الغريـب مألوفاً يختلف عن الإثارة العشوائية. فالإثارة العشوائية هي مقارنة بـين شـيئين لا شـبه ظـاهر بينهما. أمـا في الحالـة الأولى فإننا نقـارن بـين شيئين متشابهين: أحـدهما مـألوف والآخر غريب.

الدورة الدموية	:	تشبه حركة السير في المدينة.
عمل الكلية	:	يشبه عمل الغربال.
المكثّف	:	يشبه الخزان.
المفكر الجزئي التحليلي	:	يشبه النملة.
المفكر الكلي الإبداعي	:	يشبه النحلة أو الفراشة.
الإنسان المدعي	:	يشبه سنبلة القمح الفارغة.

إننا شبّهنا الأشياء والمفاهيم غير المألوفة بمفاهيم وأشياء مألوفة، ولذلك يسهل فهمها والحصـول عـلى أفكار جديدة منها. إن المهـم في هـذه الإستراتيجية أن نقـارن بـين شيئين متشابهين أحدهما معروف، والآخر غير معروف أو مألوف، وهذه الإستراتيجية تتطلب تـدريباً وخبرة، إذ ليس من السهل أن نجد دائماً التشبيه الملائم الذي يقرّب لنا المعنى، ويؤدي الغرض.

إنّ استخدام استراتيجيات جعل الغريب مألوفاً حتى نستطيع فهمـه. وجعـل المألـوف غريباً حتى يستطيع أن يثيرنا يحتاج إلى مهارة في اختيار التشبيهات أو التماثلات.

وهناك ثلاثة أشكال لهذه التماثلات.

أ - التماثل الشخصي:

التماثلات أو التشبيهات

1- التماثل الشخصي.

2- التماثل المباشر.

3- التماثل غير المباشر.

يقصد بالتماثل الشخصي أن يجد الإنسان علاقة بينه وبين الموضوع الذي يدرسه. وأن يتوحد مع هذا الموضوع. فإذا كنا بصدد تعليم الطلبة كيف ينبت القمح. **فإننا نستخدم التماثل الشخصي على النحو التالي:**

«تخيّل نفسك حبة قمح، وضعك الفلاح في وعاء، أخذك إلى الحقل المحروث، أمسك بحفنة من القمح كنت حبة فيها، ورماك في الأرض. سقطت بين ذرات تراب. وبعد يومين أمطرت السماء. فتبللت، واختفيت داخل التراب، بدأت الرطوبة تتسرب إلى جسدك، تحركت النواة بداخلك، أخرجت جذراً صغيراً، ثبتك في الأرض، وأخرجت ساقاً صغيرة، أشرقت الشمس، بدأت تشعر بالدفء، قوى جذرك... الخ.

إنّ هذا التوحد يجعل الشخص يعيش العملية نفسها ويستوعبها، ويفكر بدقائقها...

ب - التماثل المباشر:

يقصد بالتماثل المباشر أن تقيم علاقة بين الموضوع وبين شيء آخر يشبهه، كأن تشبه رجل البوليس القاسي بالجزّار، وتبحث عن أوجه الشبه بينهما. وقد سبق توضيح هذه الفكرة.

ج- التماثل غير المباشر أو الرمزي:

وهو إقامة علاقة بين الفكرة التي تبحث فيها وبين موضوع آخر بعيد عنها.

كأن تشبّه المؤتمر بالزهرة.

فالزهرة الأنيقة تعيش فترة قصيرة	والمؤتمر الناجح....
والزهرة تأتي في موسم معين	والمؤتمر....
والزهرة مبهجة واحتفالية	وافتتاح المؤتمر...
والزهرة تنتج ثمرة	والمؤتمر...

11- القائمة الإبداعية

إنّ من أسس التفكير الإبداعي، أن يعد الإنسان نفسه ويجهّز المجالات التي يحتاج إلى أن يبدع فيها، أو إلى أفكار جديدة فيها. وهذا يتطلب أن يكون الشخص قادراً على تحديد المشكلات التي يواجهها، والتطلعات والآمال التي يسعى إليها؟، حتى يحدد مجالات الإبداع المطلوبة.

وفيما يلي عرض لقائمة إبداعية أعدها مدير المدرسة ابتدائية، نظمها بشكل أولويات تحظى بالرعاية الدائمة والتفكير المستمر فيها:

القائمة الإبداعية لمدير المدرسة

1- تشجيع أولياء الأمور على التعاون مع المدرسة.

2- استراتيجيات جديدة لزيارة المعلمين في صفوفهم دون إحساسهم بالانزعاج.

3- واجبات بيتيه ممتعة للطلاب.

4- جعل جو المدرسة ممتعاً وجاذباً أكثر من أيام الإجازة والعطل.

5- حماية المعلمين من النقد الاجتماعي.

6- تقليل المشكلات السلوكية للأطفال.

7- حفز المعلمين على احترام كامل لمشاعر الكلبة.

8- إيجاد بدائل للامتحانات.

إنّ هذه القائمة تضم المجالات الرئيسة التي يحتاج المدير فيها إلى أفكار ويمكن أن يعلقها أمامه في المكتب، لتكون في بؤرة اهتمامه، ويتم التركيز عليها. ومن المهم أن يحدد كل شخص القائمة الخاصة به. لتكون عنواناً لاهتماماته ومجالاً لإبداعه أو تفكيره الدائم بها.

استراتيجيات إبداعية أخرى

صنف الباحثون استراتيجيات وتقنيات إنتاج أفكار إبداعية إلى ما يلي:

1- العصف الذهني Brain storming

وهي تنظيم جلسات حرة، يتمكن فيها المشاركون من استحضار أفكار عديدة حول موضوع ما، دون أن يتعرض المشارك للنقد أو السخرية، ثم سجّل الأفكار، وتعاد غربلتها للوصول إلى عدد محدود منها.

2- بناء علاقات قسرية

حيث يقوم الشخص بدمج أو تجميع أو إيجاد علاقات بين أفكار غير مترابطة أو بين أشياء لا يبدو بينها روابط، فيبحث عن روابط قسرية بينها، مثال:

مناقشة وخناق = خناقشة.

نعم + لا =؟

مفتاح + ضوء + قلم =؟

الساعة والقمر =

الضفدع والانتهازي:

فلو أخذنا فكرة العلاقة القسرية بين الضفدع والانتهازي ماذا نجد؟

الضفدع لا يسير خطوة خطوة. إنه يقفز. يتكيّف مع كل وضع: ماءً وبراً، سلوك كريه «النق» أليست هذه صفات الانتهازي؟؟

3- الأسئلة الإبداعية:

إن أسئلة مثل: ماذا؟ من؟ متى؟ أين تقودك إلى معرفة حقائق موجودة نادراً ما نقود إلى أفكار جديدة. فهناك أسئلة تسمى الأسئلة الإبداعية. مثل:

أ- أسئلة الكم

- اكتب أكثر عدد ممكن من الأفكار حول...
- كم طريقة يمكنك بها فتح باب معلق؟...

ب- أسئلة وجهة النظر

- كيف تبدو لك هذه الفكرة؟
- ماذا يعني لك سلوك...؟

ج- أسئلة خداع الذات «التمنّي»

- لو ربحت جائزة المليون، ماذا تفعل؟
- لو حصلت على بساط الريح. ماذا تفعل؟
- لو حصلت على خاتم سليمان. كيف تتصرف؟

د- أسئلة الربط القسري

- بماذا يتشابه العلم والمرأة الجميلة؟
- بماذا يتشابه الجسر مع مدير الدائرة؟

هـ- أسئلة إعادة التنظيم

- افترض أن الخبز انقطع مدة أسبوع؟ ماذا يحدث؟
- انقطع التيار الكهربائي أسبوعاً؟ كيف تتصرف؟

4- إستراتجيات إبداعية أخرى SCAMPER

تتكون استراتيجيات سكامبر من عشر استراتيجيات هي:

أولاً - الاستبدال: Substitute

إن لكل شخص دوره، يمارسه دائماً، لكن ماذا لو استبدل هذا الدور؟
ماذا لو أعطينا اللص مهمة الاشراف على الأمن؟
ماذا لو صنعنا مرآة بدلاً من المقعد؟

ماذا لو استخدمنا آلة التصوير بدلاً من النظارة؟

إن عمليات الاستبدال هذه تنتج لنا أفكاراً جديدة. مثال:

أعطني عشرة استخدامات جديدة للتعلم غير الكتابة؟

: عشرة استخدامات للعملة المعدنية غير الشراء؟

ثانياً - الجمع Combine

إن لكل فكرة غرض معين. فماذا لو دمجنا فكرتين معاً؟

ماذا لو دمجنا المعلم مع الشرطي؟

التعلم مع النظارة؟

الخبز مع اللحمة؟

إن الدمج بين مفردتين يعطينا شيئاً جديداً يختلف في خصائصه عن كل مفردة ولم يكن ببالنا قبل ذلك؟

ثالثاً - التكييف Adapt

يقصد بالتكييف إجراء تعديلات على فكرة ما أو شيء ما لجعله ملائماً لغرض جديد. إن كثيراً من الأفكار لا تعمل في ظروف معينة. وإن إدخال تعديلات عليها تجعل منها أكثر قبولاً.

فكيف نكيّف الديمقراطية حتى تقبل عندنا؟

كيف نعدّل من القلم ليصدر عطراً وهو يكتب؟

كيف نعدّل المفتاح ليصبح ملعقة؟

رابعاً - التعديل Modifying

يقصد بالتعديل تغيير المعنى أو اللون أو الشكل أو الحركة أو الرائحة. إن التعديل يعطي أفكاراً جديدة.

الوردة مثلاً حمراء، بيضاء، صفراء، فماذا لو صارت خضراء، سوداء؟

السيارة تقيس المسافات؟ ماذا لو قاست الحجوم؟ الأوزان؟ ما رأيك ببنزين معطر؟

خامساً - التكبير Magnifying

اعتدنا أن نرى الأشياء في حجمها الطبيعي، طولها الطبيعي، صوتها، شكلها!

فماذا لو صنعنا قلماً طوله عشرة أمتار؟

تفاحة بحجم القبة؟

مبراة قلم بقوة 3 حصان؟

ما الذي تطرحه مثل هذه الأفكار؟

سادساً - التصغير Minify

وخلافاً للتكبير، ماذا يحدث لو صغّرنا الأشياء؟

ماذا لو صنعنا قلماً طوله سم؟

كتاباً بحجم قطعة نقدية؟

نظارة بوزن غم واحد؟

منزلاً مساحته 10م^2؟

إن التصغير ينتج لنا أفكاراً جديدة أيضاً.

سابعاً - الاستخدام في أغراض أخرى Put to other use

حين نستخدم الشيء في غرض آخر غير ذلك الـذي أعـدّ لـه، أو حين نسـتخدم فكـرة مـا نجحت في موقف ما. حين نستخدمها في غير ذلك الموقف، فإننا قد نحصل على أفكار جديدة.

- ماذا لو استخدمنا الشاي في ري الأزهار؟
- ماذا لو استخدمنا قشر البصل في تلوين لوحة؟
- ماذا لو كتبنا بالمفتاح؟

ثامناً - الإلغاء Eliminate

لكل شيء خصائص وسمات معينة، تجعل منه نافعاً في غرض ما. فماذا ينـتج لـو حـذفنا بعض خصائص هذا الشيء؟

الحصان يركض بسرعة، ماذا لو حذفنا صفة السرعة؟

الكتاب له غلاف ويضم صوراً وكلمات، ماذا لو حذفنا الكلمات؟

إن إلغاء بعض صفات الشيء يخلق وضعاً جديداً.

تاسعاً - القلب Reverse

إن فكرة القلب أو العكس وردت في الاستراتيجيات السابقة وهي تعني عكس الفكرة أو الحركة أو الاتجاه.

- تهب الرياح من الغرب إلى الشرق! ماذا لو عكسنا اتجاهها؟
- يحدث النمو من الداخل إلى الخارج! ماذا لو نمت الأصابع قبل الذراعين؟
- يتجه سقوط الأجسام من أعلى إلى أسفل! ماذا لو انعكس ذلك؟
- نقرأ من اليمين إلى اليسار! ماذا لو عكسنا ذلك؟
- يأتي الماء من الوعاء إلى الوردة! ماذا لو أتى من الوردة إلى الوعاء؟

عاشراً - إعادة الترتيب Rearrange

تسير الأمور وأحداث في نسق معين:

ننام ← ننهض ← نتناول الفطور ← نذهب إلى العمل.

ماذا لو غيرنا هذا الترتيب؟

نذهب إلى العمل ← ننام ← نفطر ← ننهض!

ماذا تعتبر نتيجة هذا الترتيب؟

الفصل الحادي عشر

التعلم من أجل التفكير

مهارات التفكير: تطبيقات عملية من المناهج الدراسية

الفصل الحادي عشر

التعلم من أجل التفكير

مهارات التفكير

تطبيقات عملية من المناهج الدراسية

مهارات التفكير:

تطبيقات عملية من المناهج المدرسية

تناول هذا الجـزء مـن الكتـاب بعـض مهـارات التفكـير الأكـثر ارتباطاً واستخداماً بعمليـة التدريس الصفي، وتشمل بعض مهارات التفكير الأساسي والتفكير الناقد والإبداعي.

وقد تم عرض كل مهارة على النحو التالي:

1- تعريف بسيط بمفهوم المهارة.

2- درس تطبيقي من المناهج والمواقف الصفية.

3- أمثلة أخرى من دروس ومواد أخرى يمكن تدريسها وفق هذه المهارة.

4- التفكير حول التفكير بهـذه المهـارة، أي بمعنـى مـا الذي يدور في الذهن ونحن نمارس استخدام هـذه المهارة؟

المهارات
1- الملاحظة.
2- المقارنة.
3- التعميم.
4- علاقة الكل والأجزاء.
5- التنبؤ.
6- حل المشكلات.
7- تقييم صحة المصادر.
8- علاقة السبب بالنتيجة.
9- الفروض.
10- المجاز والتشبيهات.

أولاً- «مهارة الملاحظة»

يقصد بالملاحظة استخدام الحواس في التعرف إلى الأشياء. فنحن نرى الأشياء أو نسمعها أو نشم رائحتها أو نتذوقها أو نلمسها، والملاحظة أداة قوية للحصول على المعلومات، خاصة إذا كانت حواسنا سليمة، وملاحظتنا مقصودة.

> نلاحظ الأشكال والألوان والحجوم والأطوال والحركة كما نلاحظ الكل والأجزاء والعلاقات بين الأشياء.

وسواء كانت الملاحظة عفوية أم مقصودة، فهي من أكثر الوسائل استخداماً للحصول على المعلومات.

ويراعى في دقة الملاحظة ما يلي:

- سلامة الحواس، وعدم الوقوع في خداع الحواس.
- عدم الدقة في الملاحظة، والسرعة في الاستنتاج.
- شمول الملاحظة للموقف الكلي، وعدم اقتصارها على جزيئات.
- النسيان وتداخل الأشياء وعدم وضوحها.

ولكي تكون ملاحظتنا في الاتجاه الصحيح، علينا أن نسأل:

- ما الذي ألاحظه؟ - لماذا ألاحظه؟

ويمكن أن نضع نموذجاً للملاحظة، كما هو مبيّن في ما يلي:

> من المهم ملاحظة الأشياء والأحداث والمواقف والأجزاء بربطها بوظائفها.

نموذج الملاحظة

ما الشيء المطلوب ملاحظته؟

ما الذى ألاحظه؟ عناصر الملاحظة.

- الطول.
- اللون.
- الشكل.
- الحركة.
- الأجزاء.
- وظائف الأجزاء.
- المميزات والخصائص.
- تصنيف الشيء.

وصف تفصيلي للشيء:

مهارة الملاحظة

درس تطبيقي

موضوع الدرس: العلم

الهدف: أن يصف الطالب شكل العلم من خلال الملاحظة.

العلـــم

العناصر	الوظائف
قماش قوي نسبياً	لكي يصمد أمام تأثيرات الشمس والمطر.
قماش رقيق	لكي يرفرف مع الهواء.
له حامل معدنية	لكي تصمد بقوة.
الحامل المعدني طويل	لكي يرفع العلم عالياً.
ملون	يعكس رمزاً ما.
مستطيل الشكل	لكي تكون حركته انسيابية.
يرفع في مكان بارز	لكي يكون ماثلاً أمام الجميع.

الوصـــف

العلم قماش قوي ملون، مستطيل الشكل، له حامل معدني، يرتفع في مكان بارز، يعكس رمزاً وطنياً.

درس تطبيقي: الملاحظة

موضوع المهارة: المظلة.

الهدف: أن يلاحظ الطالب أجزاء المظلة ويصفها.

المظلة

عناصر المظلة ووظائفها	
محدبة الشكل.	لكي ينحدر عنها الماء.
لها عصا طويلة.	لكي ترتفع عن رأس حاملها.
للعصا ممسك.	لكي يسهل التحكم بها.
بداخلها أسلاك معدنية.	لكي تمنع انثناءها.
يمكن طيّها.	حتى يسهل حفظها.
مكونة من قماش لا يبتل.	حتى لا يبتل مستخدمها.

الوصف

المظلة قماش لا يبتل، تتخلله أسلاك معدنية تحافظ على وضعها محدبة لها عصا يمكن مسكها.

أمثلة لدروس عملية يمكن تنفيذها من خلال الملاحظة.

1- ما صفات الدائرة؟

2- ما محتويات الخلية النباتية؟

3- أجزاء الجهاز الهضمي.

4- خريطة المملكة.

5- موضوعات وبرامج الفضائيات.

6- وصف زهرة، حديقة، غابة.

7- ماذا يحدث للماء حين يتحلل؟

8- أحوال فرنسا قبل الثورة.

9- أي دروس أخرى...

الملاحظة: التفكير حول التفكير:

يُناقش الملاحِظ بما لاحظه للتعرف على الطريقة التي استخدمها في الملاحظة. والعمليات التي دارت في ذهنه وهو يلاحظ.

ويمكن أن نقدم الأسئلة التالية:

- ما الذي لاحظه أولاً؟ ما الذي جعلك تركز عليها؟
- ماذا دار بذهنك؟ كيف سجّلت ملاحظاتك؟
- ما الذي اكتشفته من خلال ملاحظتك؟
- كيف لاحظت هذه الأجزاء؟ كيف يمكنك تحسين
- ملاحظاتك؟

إن مهارة التفكير حول التفكير تهدف إلى معرفة العمليات الداخلية التي دارت في ذهن الشخص حتى يزداد وعيه بها.

> **التفكير حول التفكير**
>
> **يهدف إلى إثارة وعي الطالب بما لاحظه، وبالطريقة التي تمت بها الملاحظة.**
>
> **وهذه المهارة هي إحدى أهم مهارات التفكير.**

ثانياً- مهارة المقارنة:

يزداد فهمنا للأشياء والأحداث والظواهر حين نصفها ونلاحظها. ولكن يتعمق فهمنا لها حين نقارنها مع غيرها من الظواهر.

وتتم المقارنة حين نعرف خصائص الظاهرتين اللتين نقارنهما معاً. وتساعدنا المقارنة على اتخاذ قرار للحكم على بديلين أو فكرتين أو صحة قرارين.

والمقارنة مهارة تهتم بمعرفة أوجه الشبه وأوجه الاختلاف فهي لا تقتصر على معرفة الفروق فقط.

والمقارنة يمكن أن تكون:

أهداف المقارنة
• تساعد على فهم خصائص الشيء.
• تساعدنا في اتخاذ قرارات للاختيار بين بديلين.
• تساعدنا في التوصل إلى استنتاجات هامة والكشف عن أفكار جديدة.

1- مقارنة مفتوحة: بحيث نقارن بين ظاهرتين بشكل عام دون التركيز على جانب معين. كأن نقارن بين سيارة وسيارة أو بين فصل الشتاء وفصل الخريف. والهدف في هذه المقارنة عام وشامل.

2- مقارنة هادفة أو مركزة: بحيث نقارن بين ظاهرتين بما يخدم أغراضنا أو الهدف الذي نسعى إليه. كأن نقارن بين سيارتين من حيث الأقل استهلاكاً. أو بين منزلين من حيث الأفضل بيئة. أو بين كتابين من حيث الأكثر إقناعاً.

فالهدف في هذه المقارنة واضح ومحدد يرتكز إلى جانب معين.

نموذج للمقارنة (1)

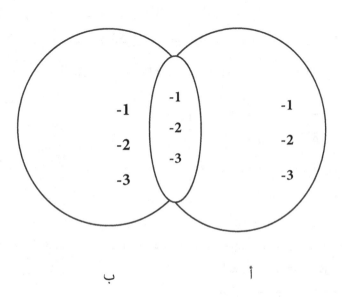

ب   أ

نقارن بين ظاهرتين أو فكرتين أو شيئين... أ، ب

- في الدائرة أ نضع ما يميز أ عن ب، وهي أوجه الاختلاف.

- وفي الدائرة ب نضع ما يميز ب عن أ، وهي أوجه الاختلاف.

- وفي التقاطع نضع ما هو مشترك بين أ، ب، وهي أوجه الشبه.

درس تطبيقي: المقارنة

الهدف: أن يقارن الطالب بين العصير والحليب.

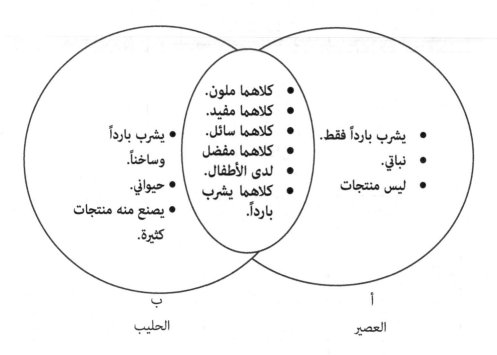

المقارنة: كلاهما سائل، مفيد، يفضله الأطفال ولكن يشرب الحليب ساخناً أو بارداً، وهو منتج حيواني يمكن أن يزودنا بمنتجات كثيرة مثل الزبدة والجبنة واللبنة.

بينما العصير يشرب بارداً، وهو نباتي وليس له منتجات.

نموذج للمقارنة (2)

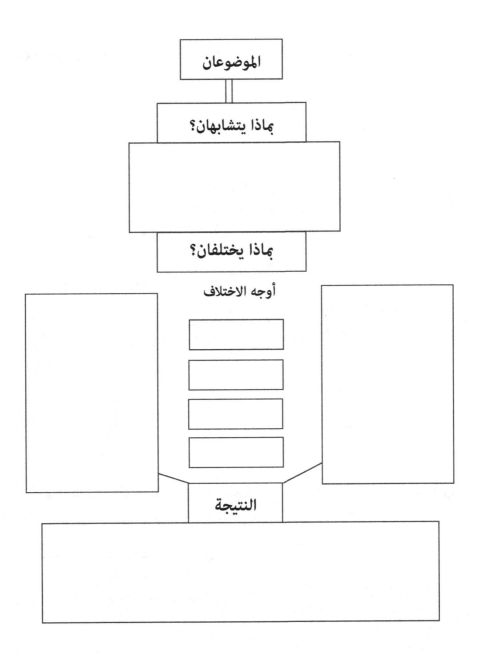

درس تطبيقي - مهارة المقارنة

المحتوى: القيادات المصرية.

الهدف: أن يقارن الطالب بين شخصية جمال عبد الناصر وأنور السادات.

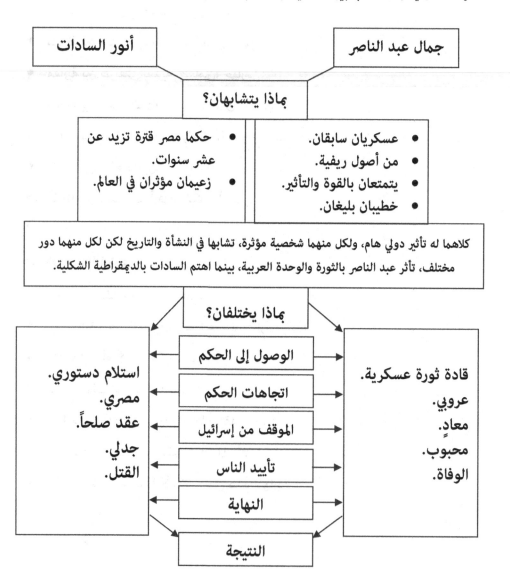

المقارنة: أمثلة لدروس:

- الحياة الريفية والمدنية.

- مقارنة بين شاعرين، أدبيين، شخصيتين، دورين.

- مقارنة بين عملين، فعلين، سلوكين.

- مقارنة بين منزلين، وسيلتي نقل، نباتين، حيوانين.

- مقارنة بين طريقتي تغذية، طعامين، جهازين.

- مقارنة بين الحاجات والرغبات، الحقوق والمسؤوليات.

- مقارنة بين حالات المادة، فصول السنة، أنواع الصخور، النباتات.

- مقارنة بين كلفة منزلين.

- مقارنة بين مساحات، أرقام، أشكال، أحجام.

- ....

التفكير حول التفكير:

تجري مناقشة على النحو التالي:

- بغض النظر عن الموضوعين، ماذا عملت لتقارن بينهما؟

- بماذا فكرت أولاً؟ لماذا فكرت هكذا؟

- ما الخطوات التي استخدمتها؟

- ما الجديد في هذا الأسلوب؟ ماذا استفدت منه؟

- هل ساعدتك هذه الطريقة؟ في أي المواقف؟

- ما الذي ستفعله مستقبلاً للإفادة من هذه المهارة؟

ثالثاً- مهارة التعميم

إننا نحصل على معلومات وحقائق من خلال اتصالنا المباشر مع الأشياء والأحداث. فنحن نلاحظ الشيء ونحصل على معلوماتنا عنه من خلال الملاحظة المباشر. وحين نصدر حكمنا على حلاوة الشاي مثلاً، فإننا نتذوقه ونحكم عليه، وحين نريد التأكد من سلامة شيء ما فإننا نفحص هذا الشيء. هذه المعرفة تسمى المعرفة المباشرة، لكن هناك مواقف كثيرة لا نستطيع أن نفحصها أو نلاحظها مباشرة، ومع ذلك نحكم عليها، مثل:

- في فصل الشتاء القادم تنخفض درجة الحرارة.
- إذا ازدادت كثافة السير تحدث أزمة مرورية.
- إذا سقط جسم من مكان عالٍ، فإنه يسقط إلى الأرض.

إن مثل هذه الأحكام هي تعميمات ناتجة عن خبرات سابقة أو ملاحظة مباشرة سابقة.

فوائد التعميم

- **يساعدنا في الحصول على معلومات بسهولة وبجهد قليل.**
- **تساعدنا في اتخاذ قرارات جديدة مشابهة لما حدث في مواقف سابقة.**

وعلى الرغم من أن التعميم يساعدنا في الحصول على معلومات دون جهد، إلاّ أنه من السهل أن نقع في الأخطاء. خاصة إذا تسرّعنا في إصدار الأحكام أو التعميمات. أو إذا بينا تعميماتنا على أساس ضعيف أو بناء على ملاحظات جزئية.

ولكي نحذر الوقوع في أخطاء التعميم علينا أن نراعي ما يلي:

1- هل ملاحظاتنا السابقة كافية لمساعدتنا في إصدار التعميم؟

2- هل العيّنة كانت كافية لإصدار التعميم؟

3- هل العيّنة التي شاهدناها ممثلة لكل الأشخاص؟

إننا لا نستطيع أن نحكم على جميع الطلبة بأنهم مهملون بمجرد أن نرى بعضهم مهملاً.

نموذج التعميم

التعميم المطلوب

العينة التي تدعم هذا التعميم

وصف العينة

النتائج التي اشتقت من العينة

التفسير: إذا كانت العينة غير مناسبة

درس تطبيقي - مهارة التعميم

المحتوى: حوادث السيارات.

الهدف: أن يستنتج الطالب عوامل تؤدي إلى الحوادث.

التعميم المطلوب

العوامل المؤدية إلى حوادث السيارات

العينة الداعمة:

- عشرون حادثاً نتيجة السرعة.
- 38 حادثاً نتيجة إهمال صيانة السيارات.
- 1 حادث نتيجة النوم.

صحة العينة:

تم الحصول عليها عشوائياً من سجلات الأمن على مدى أسبوع واحد.

التعميم المطلوب:

- إن أبرز عوامل تؤدي إلى الحوادث هو إهمال صيانة السيارات.
- ليس هناك حوادث ناتجة عن سوء الطرق أو سوء الطقس.

أمثلة لدروس عن التعميم:

- اختر قانوناً صفياً. اطلب من الطلبة إصدار تعميمات عن أغراض هذا القانون.

- لدينا ثلاثة حيوانات سيقانها طويلة. سريعة الحركة. وثلاثة حيوانات سيقانها قصيرة. بطيئة الحركة.

- ما التعميم الذي يمكن إصداره؟

- اشتريت كتاباً واحداً بغلاف أنيق. قرأته، كان ممتعاً. ما التعميم الذي يمكنك إصداره؟

- اكتب خمسة تعميمات عن سلوك الآباء، المعلمين، البوليس، الأمهات؟

- نجح الطالب في السنوات الثلاثة السابقة، ما التعميم الممكن؟

- حضرت مباراتي كرة قدم، كانتا مملتين، فقلت: جميع المباريات مملة.

- أين الخطأ في هذا التعميم؟

- ثلاث أعداد فردية متباعدة لا تقسم على اثنين. ما التعميم؟

- ثلاث أرقام فردية تقسم على ثلاثة. ما التعميم؟

التفكير حول التفكير:

- ماذا نسمّي الانتقال من الحكم على مجموعة صغيرة إلى الحكم على الجميع؟

- قام شخص بالتعميم، ما الأسئلة التي تسألها له لكي تعرف مدى صحة تعميماته؟

- في أي الأحوال تستطيع أن تعمّم دون الوقوع في الخطأ؟

- ما التوجيهات التي تعطيها لزميلك كي لا يخطئ في التعميم؟

- هل تستطيع أن تقول إن الشاي حلو بمجرد تذوقك له؟ لماذا؟

- هل تستطيع أن تقول إن الكتاب مفيد بمجرد تصفحك له؟ لماذا؟

رابعاً - مهارة إدراك علاقة الكل والأجزاء

إن كل ما يحيط بنا مكون من أجزاء أو عناصر. حتى الأفكار والقصص والأحداث لها عناصرها وأجزاؤها. وإن من المهم أن نعرف معرفة العلاقة بين الأجزاء والكل. وما وظيفة كل جزء؟ وما العلاقة بين كل جزء وجزء؟

كما أن من المهم أن نعرف أن الجزء نفسه يتكون من أجزاء أصغر منه. فالمكتبة مثلاً هي كل. ولكنها جزء من المدرسة. والمدرسة هي كل، ولكنها جزء من النظام التعليمي، والنظام التعليمي هو كل، ولكنه جزء من نظام الدولة، وهكذا.....

إن من المهم أن نعرف الحقائق التالية:

1- إن الكل يختلف عن مجموع أجزائه، فالكتاب يختلف عن مجموع صفحاته. فلو أعدنا ترتيب الصفحات بشكل عشوائي فإننا لا ننتج كتاباً. لأن المهم هو تنظيم الأجزاء مع بعضها وليس جمع الأجزاء مع بعضها.

إن عيوناً جميلة، وشعراً جميلاً، وأنفاً جميلاً لا تنتج في مجموعها وجهاً جميلاً. لأن المهم كيف تتناسق الأجزاء مع بعضها.

2- إن معرفتنا بالأجزاء من حيث الشكل والمظهر لا تقودنا إلى معرفة حقيقة. لأن المهم هو معرفة العلاقات بين الأجزاء. وبينها وبين الكل.

3- إن معرفة الأجزاء ووظائفها وعلاقتها بالكل ضروري لإنجاح عملية التحليل. فلا نستطيع أن نحلل فكرة أو موقفاً إلاّ إذا تعرفنا على أجزائها وعناصرها وعلاقاتها.

علاقة الجزء بالكل تساعدنا على:

- فهم الكل بشكل أفضل.
- المحافظة على وحدة الكل.
- سهولة تحليل الكل إلى أجزائه.
- إعادة تركيب الأجزاء لإنتاج كل جديد.

نموذج الكل والأجزاء

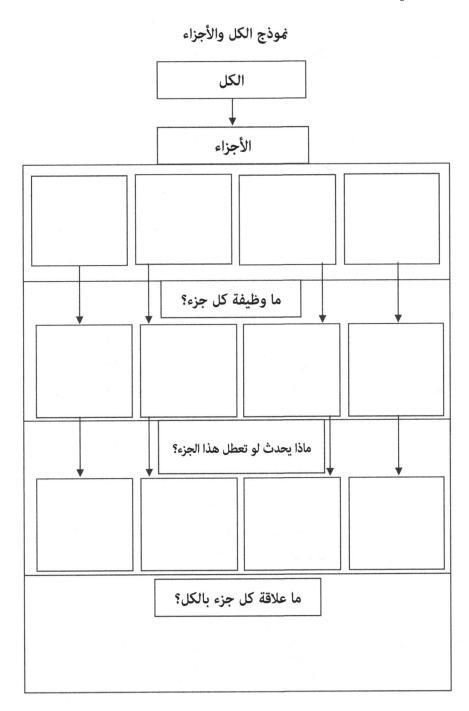

درس تطبيقي - الجزء والكل

المحتوى: الجهاز الهضمي

الهدف: أن يربط الطلب بين أجزاء الجهاز ودورها في عملية الهضم

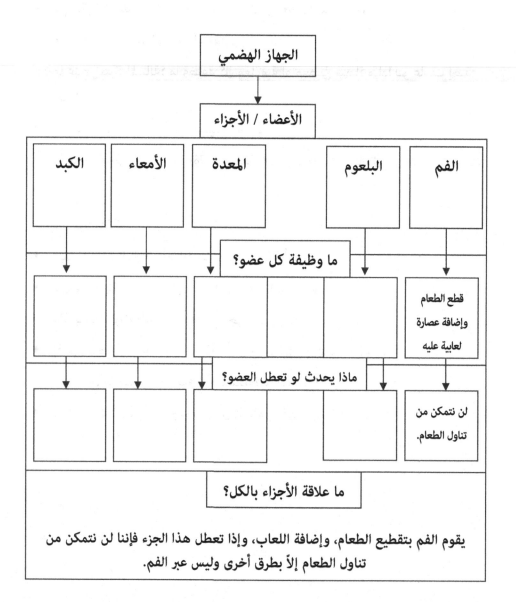

أمثلة لدروس على الكل والأجزاء

- ما وظيفة كل جزء في كتابك؟ الفهرس، الغلاف، الفصول،...؟ ما علاقتها بالكتاب؟

- مم تتكون المظلة؟ ما أجزاؤها؟ ماذا يحدث لو تعطل أحد الأجزاء؟

- ما أجزاء المثلث؟ ماذا يحدث لو فقد جزء منه؟

- ما عناصر هذه المسألة؟ ما وظيفة كل معلومة أو معطى فيها؟ ماذا لو غابت إحدى المعطيات؟

- ما أجزاء السيارة؟ ما عناصر القصيدة؟ الرواية؟

- ما عناصر وأجزاء ميزان الحرارة؟ ما وظيفة كل جزء؟ ما علاقته بالكل؟

- ....

التفكير حول التفكير:

- كيف قسمت الكل إلى أجزاء؟ هل هناك طريقة أخرى؟

- هل يمكنك تقسيم الكل إلى أجزاء أخرى غير تلك التي عملتها؟

- ماذا يحدث لو تعطلت وظيفة أحد أجزاء السيارة؟

- إذا لم تستطع معرفة ما يحدث إذا تعطل جزء. كيف يمكنك معرفة ذلك؟

- ماذا تقول لشخص يواجه موقفاً أو مشكلة؟ ما النصائح؟

- ماذا يحدث لو فكرت في جزء دون أن تربطه بالكل؟

خامساً - مهارة التنبؤ

تبدو مهارة التنبؤ في القدرة على توقع الأحداث القادمة في سياق معين. هناك عادة مؤشرات تساعد على التنبؤ، وإدراك الأمور المحتملة أو بعيدة الاحتمال.

> تبدو مهارة التنبؤ هامة في استكشاف المستقبل، والاستعداد للأحداث القادمة.
> أو في دراسة المترتبات على قرار معين أو تصرف معين.

إن المدرسة التقليدية عودت طلابها على الاهتمام بالأحداث الماضية أو تحليل الأحداث الحالية، ولكنها لم تحاول تنمية مهارات التنبؤ بالمستقبل.

إن مهارة التنبؤ وتنمية هذه المهارة من أهم أهداف المدرسة الحديثة، ويتطلب إتقان هذه المهارة التعرف على تسلسل الأحداث الماضية وعوامل حدوثها حتى نكون قادرين على التفكير بما ستتطور إليه الأمور في المستقبل. إننا ندرس الحادث الحالي أو الماضي حتى نكتشف مؤشرات تساعدنا على التنبؤ بما سيحدث.

> **المدرسة الحديثة**
> تطلق عقول الطلاب نحو المستقبل. ولا تتوقف عند ما يحدث حالياً أو ما حدث في الماضي.

مثال: كان أحد الطلبة ضعيفاً في مادة اللغة في المدرسة الثانوية، وأهمل دراسته لاحقاً.

ماذا نتنبأ بسلوك هذا الطالب إذا:

- إذا ألقى خطاباً.
- كتب موضوعاً.

ما الذي جعلنا نتنبأ بذلك؟ ما المؤشرات؟

نموذج التنبؤ

ما الذي يجعلنا نحكم بذلك؟	غير محتملة	محتملة الحدوث	التنبؤ (أفكار وأحداث)
			النتيجة:

درس تطبيقي: مهارة التنبؤ

موضوع الدرس: إنشاء الجسور في المدن.

الهدف: أن يتنبأ الطالب بنتائج بناء جسور في المدن.

التنبؤات	محتملة الحدوث	غير محتملة الحدوث	المؤشرات التي تجعلنا نحكم بذلك
1- تشويه المنظر الجمالي للمدينة	نعم		وجود اسمنت وحديد ودخان
2- إفساد الجو البيئي	نعم		—
3- انسياب المرور	نعم		فتح مسرب جديد للمرور دون إشارات
4- إحداث فوضى مرورية	—	نعم	لأن المسرب الجديد يوفر تنظيماً أكثر.
5- تقليل الحوادث	—	نعم	زيادة السرعة على الجسر يؤدي إلى حوادث.
6- هجرة السكان القريبين	نعم		بسبب الازدحام والضجيج وفساد البيئة.
7- نقل الأزمة المرورية إلى مناطق أخرى	نعم		سرعة عبور الجسر يزيد من الاختناق في مناطق أخرى.

النتيجة: إن وجود الجسور يشوه المدينة، ويزيد من تلوثها، وينقل الأزمة إلى مناطق أخرى.

أمثلة من دروس متنوعة:

1- ماذا تتوقع إذا جئت إلى المدرسة دون أن تحل واجباتك؟

2- ماذا تتوقع أن يحدث لو أن بطل القصة كان امرأة؟ رجلاً قوياً؟ كان أنت؟

3- ماذا يحدث لو تم إلغاء الامتحانات؟ إشارات المرور؟

4- ماذا يحدث لو لم تمطر السماء على مدى عامين؟ لو أمطرت خمسة أيام متتالية؟

5- ماذا تتوقع لو انقطع التيار الكهربائي عشرين يوماً؟

6- ماذا يحدث لو أضفنا ملحاً إلى الشاي في حفلة بهيجة؟

7- ماذا يحدث لو غادر الوافدون البلاد فجأة؟

8- ماذا يحدث لو اكتشف العالم مصدر طاقة غير النفط؟

9- ماذا يحدث للكائنات الحية في منطقة قلت فيها المياه؟

10- ماذا لو كان المنزل غرفة كبيرة واسعة؟

مهارة التنبؤ: التفكير حول التفكير:

- كيف تنبأت بذلك؟ على ماذا استندت؟

- هل هذه التنبؤات ممكنة كلها؟

- كيف تجعل تنبؤاتك القادمة أكثر دقة؟

- ما مدى ثقتك بتنبؤات الآخرين؟

سادساً - مهارة حل المشكلات

نواجه يومياً عدداً من المشكلات الحياتية أو الدراسية أو المهنية، وتتخذ كثيراً من القرارات لحل هذه المشكلات، وقد تكون حلولنا سليمة أو غير سليمة، فكيف نزيد من مهارتنا في حل المشكلات؟

إن حل المشكلة تتطلب عدة خطوات:

1- تحديد المشكلة: من المهم أن نتفق على تحديد المشكلة.

- هل ضياع مفتاح السيارة هو المشكلة، أم الوصول إلى العمل في الوقت المناسب هو المشكلة؟
- هل المشكلة هي الجوع أم عدم توفر الطعام؟
- هل المشكلة بناء منزل أم عدم وجود منازل ملائمة للإيجار؟

أخطاء في مواجهتنا للمشكلات

1- **نبحث عن الحل السهل والسريع.**
2- **نطبق أوّل حل يخطر ببالنا.**
3- **نهمل ما يترتب على حلولنا من مشكلات جديدة.**
4- **قد نهتم بمظهر المشكلة وشكلها دون أن نهتم بالمشكلة وأسبابها.**

إن تحديد المشكلة يوجهنا نحو الحل. أما إذا توجهنا إلى عرض المشكلة فإن المشكلة ستبقى دون حل.

2- البحث عن حلول محتملة للمشكلة ووضع عدة فروض لحلها. فإذا كانت المشكلة هي الوصول إلى العمل، فإننا أمام حلول محتملة عديدة مثل:

- الاتصال بالهاتف والاعتذار.
- الاتصال بزميل لنقلك إلى مكان العمل.
- استئجار سيارة.

إذن هناك عدة حلول، لكن ما الذي يترتب على كل حل؟

إن تحديد المشكلة هو الذي يجيب عن سؤال:
لماذا نعتبر هذه مشكلة؟
ما الوضع الراهن؟
ما المشكلة فيه؟

3- دراسة النتائج أو المترتبات على كل حل ومعرفة السلبيات والايجابيات في الحل المقترح.

4- اختيار الحل الملائم والذي يطرح أكثر الايجابيات ويقلّل من السلبيات.

نموذج حل المشكلة

المشكلة

الحلول الممكنة

الحل المستخدم

تقييم نتائج الحل	نتائج الحل

اختيار حل جديد

درس تطبيقي على حل المشكلات

المشكلة: فقدت معلمة دفتر التحضير، وعليها حصة هامة.

الهدف: أن يقترح المشارك حلاً للمشكلة.

وإعادة البدء باقتراح جديد وإجراء نفس العمليات السابقة.

المشكلة
فقدان دفتر التحضير

حلول ممكنة

- الاعتذار عن الدرس.
- تكليف زميلة أخرى بإعطاء الدرس.
- التدريس دون وجود التحضير.
- إعداد خطة سريعة بديلة.
- إرسال الطالبات إلى المكتبة.
- أخذ إجازة ليوم واحد.

الحل المقترح
إعطاء الدرس دون تحضير

المترتبات

- الارتباك في الحصة.   −
- صعوبة إدارة الحصة.   −
- اعتماد المعلمة على الذاكرة.   +
- إبقاء برنامج الطالبات دون تغيير.   +
- إحساس المعلمة بالثقة بالنفس.   +

النتيجة: حل غير مناسب.
حل مقترح جديد

أمثلة على دروس في حل المشكلات.

- في صف ما، خمس طالبات يحملن نفس الاسم، ما المشكلة؟ لماذا؟ كيف يمكن حلها؟

- شخص يريد تكوين أسرة، ما مشكلاته؟ كيف يمكن حلها؟

- يقطع المواطنون الشجر للحصول على حطب للتدفئة، ما المشكلة؟ كيف يمكن حلها؟

- كيف تحل الطيور مشكلات تناول طعامها بعد سقوط الثلج؟

- دعوت عشرة ضيوف إلى منزلك، فوجئت بوجود ثماني وجبات فقط، كيف تحل المشكلة؟

- في الصف ثلاثة طلاب يشكون من الرشح، ما الحلول؟ ما نتائج كل حل؟

- اتهمك المعلم بأعمال لم تقم بها، ما المشكلة؟ ما الحلول؟

- لا يمتلك بعض الطلبة نقوداً للإنفاق على حاجاتهم، ما الحلول؟ ما المترتبات؟

- كيف تحل مشكلات مثل تلوث البيئة الناتج عن دخان السيارات؟

التفكير حول التفكير

- ما الذي فكرت به حين اخترت هذا الحل؟

- ماذا تفعل لو كان الحل المقترح غير مجدٍ أو صعب التحقيق؟

- ما الذي تقوله لزميل لك يواجه مشكلات عديدة؟

- كيف حددت هذه المشكلة؟

سابعاً- مهارة تقييم موثوقية المصادر

نستخدم في حياتنا العملية معلومات من مصادر متعددة، مثل الصحف، الكتب، الأشخاص، الوثائق،... الخ، فهل هذه المصادر موثوقة أم أنها تقودنا إلى الوقوع في أخطاء؟

- ما المصادر الموثوقة؟ ما المصادر التي تقدم معلومات دقيقة؟
- أي المصادر أكثر صدقاً؟ ما علاقة الصدق بالمؤلف؟ بدار النشر؟ بالتاريخ؟
- ما المصادر الأولية التي تقدم معلومات مباشرة؟
- ما المصادر التي تقدم معلومات منقولة من مصادر أخرى؟

معايير موثوقة المصدر

1- **هل ما جاء فيه منسجم مع مصادر أخرى؟**
2- **هل مؤلفه يتمتع بالسمعة العلمية؟**
3- **هل المؤلف مختص بالموضوع؟**
4- **هل قدّم أسباباً مقنعة؟**
5- **هل المراجع التي اعتمد عليها دقيقة؟**
6- **هل المرجع يعرض حقائق أو آراء؟**

إن المهم أن يفحص الإنسان مصادره، ويبحث عن دقتها قبل أن يسترشد بها أو يأخذ عنها. فالمراجع والمصادر تختلف في دقتها وفي أحكامها، وفي وجهات نظر مؤلفيها، وفي طريقتهم في تحليل الأحداث.

ولذا يبدو تدريب الطلبة والأشخاص الباحثين على تحري صحة المصدر يعتبر من المهارات الأساسية للعمل العلمي والتفكير السليم.

ولفحص مصدر ما، فإننا نقدم مجموعة من الأسئلة التي تقودنا إلى إجابات تمكّننا من الحكم على صحة المصدر.

وسنقدم فيما يلي نموذجاً لفحص صحة المصدر مع تطبيق عملي على هذا النموذج.

نموذج فحص دقة المصدر

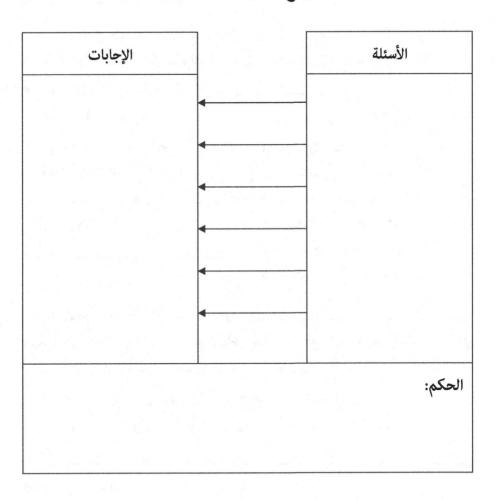

درس تطبيقي: دقة المصادر

محتوى الدرس: ادعى شخص أن كل طفل يمكن أن يتعلّم الإبداع.

الهدف: أن يكتشف الطالب دقة هذا الإدعاء.

الأسئلة	المعلومات والإجابات المتوفرة	الاتجاه + , -
هل هذا الشخص مؤهل علمياً وتربوياً؟	يحمل درجة الدكتوراه في الفزيولوجيا والدماغ.	+
هل هو موثوق من الآخرين؟	إنه غير معروف في الأوساط العلمية.	-
هل اعتمد على تجارب وبحوث علمية؟	إنه باحث ولديه تجارب غنية	+
هل عمل في تدريب الأطفال؟	لم يعمل	-
هل تنسجم أفكاره مع العلم السائد؟	هناك بحوث تؤيد وأخرى تعارض	-,+
هل لديه أسباب شخصية لهذا الادعاء؟	نعم إنه يدير مدرسة حديثة	-

الحكم: لا نستطيع الحكم. نحن بحاجة إلى متابعة البحث قبل إصدار قرار على صحة إدعائه. ولذا فإن علينا أن نطلب معلومات جديدة مثل:

- هل نشر بحوثه العلمية؟
- هل أقرّت بحوثه من مجلات علمية محكمة؟
- هل قدّم بحوثه في مؤتمرات علمية؟
- ....

أمثلة على دروس في فحص دقة المصدر.

1- أمامك تقرير عن زيارة قام بها زميلك إلى مؤسسة خيرية. كيف نفحص صحة التقرير؟

2- نبحث عن معلومات سياحية. من تسأل من هؤلاء؟ رتبّهم حسب درجة ثقتك بمعلوماتهم؟

- ضابط شرطة، معلم جغرافيا، نائب، معلم تاريخ، إعلامي.
- دليل سياحي، باحث جغرافي، مختص في الآثار.

3- أي الفضائيات التالية أكثر دقة في أخبارها؟ كيف تثبت رأيك؟

4- الجزيرة، العربية، CNN، الأردنية، السعودية، أبو ظبي.

5- قرأت إعلاناً عن أحد المشروبات، كيف تفحص صحة الإعلان؟

6- طلب منك ملاحظة سلوك أطفال الروضة، كيف تجعل ملاحظاتك دقيق؟

نشرت جريدة محلية استطلاع رأي عام عن حكومة متنفّذة، كيف تحكم على صحة نتائج الاستطلاع؟

التفكير حول التفكير

- كيف اخترت معاييرك؟ لماذا اخترت هذا المعيار كأفضلها؟
- ما المعايير التي أهملتها؟ لماذا أهملتها؟
- ما المعايير التي ساعدتك على الحكم؟ ما المعايير التي لم تساعدك؟
- فكر في طريقة لتعديل معاييرك؟

ثامناً - معرفة الأسباب

إن معظم النـاس يهتمـون بالنتـائج أكـثر مـن اهتمامهم بالأسباب. كما يخلطـون بـين الأسباب والنتائج. ولا يميزون بينها، وهذا من أكثر مزالق التفكير السليم.

فحين نقرأ إعلاناً، أو نسمع خبراً أو فكرة، لا نسأل لماذا نشر هذا الإعلان؟ أو لماذا أذيع هذا الخبر؟ وحتى لو سألنا، فإن من المحتمل أن لا نعـثر عـلى السـبب الحقيقي، إذ كثيراً ما تختلط الأسباب، وكثيراً ما تختفي الأسباب الحقيقية.

إن معرفة الأسباب، والتمييز بينها وبـين النتائج هـي مـن مهارات التفكـير التحليلي الأساسـية. فهـل صحيح أن السرعة هـي سبب حوادث السيارات؟ هل هناك أسباب أخرى أكـثر أهميـة؟ مـاذا عـن الطيش؟ الطقس؟ سوء الطريـق؟ الإهـمال؟ التعـب؟ صلاحية المركبة؟ ....الخ.

كيف نميّز السبب المباشر أو السبب القـوي؟ إن تمييز الأسباب عن النتـائج يتطلـب تـدريباً عـلى إتقـان هذه المهارة.

أسئلة هامة

- ما الأسباب التي أنتجت هذا الفعل؟
- مـا الإثبـات عـلى أن هـذه الأسباب هـي التـي أنتجت هذا الفعل؟
- ما السبب القريب؟
- ما الأسباب غير المباشرة؟
- مـا الأسباب المحتملة؟ غير المحتملة؟

نموذج مهارة معرفة الأسباب

النتيجة

الأسباب المحتملة	الأسباب غير المحتملة
1-	1-
2-	2-
3-	3-
4-	4-
5-	5-
6-	6-

درس تطبيقي: معرفة الأسباب

المحتوى: عوائق التقدم الاقتصادي العربي.

الهدف: أن يضع الطالب الأسباب الحقيقية التي تعيق الاقتصاد.

عوائق اقتصادية

أسباب محتملة	أسباب غير محتملة
1- ضعف الموارد الأولية	1- التنافس بين الجامعات.
2- اضطراب الأوضاع السياسية.	2- انتشار البطالة.
3- التخلف الثقافي.	3- زيادة نسبة الفقر.
4- الانقطاع أربعة أيام عن السوق العالمي.	4- عوامل الطقس.
5- تنافس الدول العربية.	5- تذبذب أسعار البترول.
6- الاهتمام بالزراعة.	
7- الاحتكار العالمي.	
8- غياب التنسيق العربي.	
9- ضعف رأس المال.	

أمثلة لدروس عن تمييز الأسباب

- ما الذي جعل المتحدث يقول هذا الكلام؟

- ما عوامل الزيادة السكانية في العالم العربي؟

- ما أسباب ضعف الطلبة في اللغة العربية؟

- ما الأسباب التي قدمها الطبيب لإقناعك بتخفيف الوزن؟

- ما أسباب نفور الطلبة من المدرسة الحالية؟

- لماذا تنخفض الروح المعنوية للعاملين في التعليم؟

- ما النتائج التي يمكن أن تحدث لطالب يعمل ليلاً لمساعدة أهله؟

- ما العوامل التي أدت إلى تقدم الثقافة العربية؟

- ما أسباب الاهتمام بالكتب الدينية والسياسية؟

- ما الأسباب التي تؤيد أو تعارض التحاقك بفريق كرة القدم؟

- ما أسباب اختيار المستطيل كأكثر الأشكال انتشاراً في البناء؟

- لماذا احتلت أمريكا العراق؟

- أعط أسباباً مقنعة لكي لا يشاهد الأطفال بعض الفضائيات؟

التفكير حول التفكير

- تحدث شخص عن عمل المرأة، ما الأسئلة التي تثيرهـا لكي تتعـرف عـلى دوافـع هـذا الشخص؟

- ما الذي جعلك تقول إن السرعة هي سبب الحادث؟

- لماذا أهملت عامل الطقس كسبب للحادث؟

- إذا أردت أن تعرف وجهة نظر متحـدث مـا في موضـوع حريـة المـرأة، مـا الأسـئلة التـي تثيرها؟

تاسعاً - الفروض والاحتمالات وتوليد الأفكار

حين نريد تفسير موقف، فإننا نخمّن أبعاد هذا الموقف، ونحاول وضع فروض أو احتمالات وأفكار تساعدنا في فهمه. فحين يتفوق أحد الطلبة فإننا نضع فروضاً لتفسير هذا التفوق، مثل:

- إنه شديد الذكاء؟
- إنه مجد وحريص.
- إنه متفاعل ومستمع جيد.
- إنه يدرس خمس ساعات يومياً.

الفروض هي تفسيرات مبدأية نضعها في محاولة لفهم الموقف. وحين نثبت صحتها تتحول إلى حقائق.

هذه فروض وليست حقائق، ولكن حين نقوم بدراسة لفحصها، فإن بعض هذه الفروض تثبت صحته، وبعضها تثبت عدم صحتها.

إن الفروض التي تثبت صحتها هي التي نأخذ بها في تفسيرات الموقف. أما الفروض التي لم تثبت صحتها فإنها تهمل.

إن الأسلوب العلمي هو أن ندرس المشكلة، ونضع عدة فروض لتفسيرها، ثم نختبر مدى صحة هذه الفروض حتى نحصل على النتيجة التي تفسّر المشكلة.

سنركز في هذا الجانب على زيادة مهارة الطالب في وضع فروض أو توليد أفكار لحل مشكلة معينة.

درس تطبيقي: مهارة وضع الفروض وتوليد الأفكار

موضوع الدرس: زيادة حوادث السير.

الهدف: أن يضع الطالب فروضاً عديدة لتقليل عدد لمشكلة حوادث السير.

المشكلة

الحلول المقترحة

- تدعيم إشارات المرور.
- تركيز المنهج الدراسي على موضوع التربية المرورية.
- رفع أسعار السيارات.
- رفع أقساط شركات التأمين.
- رفع أسعار البنزين.
- وضع غرامات على الحوادث.
- تخصيص شوارع آمنة للمشاة.
- تشديد العقوبة.
- صناعة السيارات من البلاستيك.
- منع السرعة الزائدة.
- وضع نجمة على السيارة الآمنة.
- وضع مطبات في الشوارع.

تصنيف الحلول

حلول تربوية	حلول قانونية	حلول قاسية	حلول وقائية	حلول مؤقتة
الحلول الإبداعية:				

أمثلة عملية لدروس حول وضع الفروض والخيارات:

- اقترح طرقاً متعددة لتحسين العلاقات بين الزملاء؟

- كيف تحل مشكلة البطالة؟ اقترح عشرة مقترحات.

- ضع مقترحات لخفض التلوث في البيئة؟

- كيف تحفز الطلبة على حل الواجبات المدرسية؟

- كيف تصل من مدينة إلى مدينة في أقصر وقت ممكن؟

- كيف تفسر ظاهرة الزواج المدني؟

- اقترح طرقاً لحل مشكلة زيادة أسعار المنازل؟

- قدم صورة لشخص يتحدث، ما الذي يقوله هذا الشخص؟

التفكير حول التفكير

- أردت أفكاراً حول خفض الزيادة السكانية، ما الأسئلة الهامة التي تسألها؟

- لماذا لم تكتف بتفسير واحد، لماذا بحثت عن تفسيرات أخرى؟

- هل طريقتك ملائمة لاشتقاق أفكار عديدة؟

- إذا رغبت في الحصول على أفكار عديدة حول موضوع. ما الذي تفعله؟

عاشراً- الإثارة العشوائية والمجاز

تستخدم هذه المهارة في الحصول على معلومـات عـن موضـوع أو فكـرة لا نعرفهـا مـن خلال تشبيه هذا الموضوع أو الفكرة بشيء آخر معروف.

ويمكن أن يكون الموضوع المشبه ما مرتبطاً بالمشبه ومختاراً بعنايـة، وفي هـذه الحـال تسمي المهارة: التعلم بالمجاز والتشبيه. كأن نشبه الدورة الدموية بحركـة المـرور. وقـد يكـون المشبه به غير مرتبط إطلاقاً بالمشبه، وفي هذه الحال تسمى المهـارة بالإثـارة العشـوائية. كـأن نشبه المعلم بالتعلم أو العلم أو الورقة.

ويمكن أن تستخدم هذه المهارة بتوسيع في كثير مـن الـدروس حيـث تحـدث جـواً مـن المرح والمتعة يميّز عملية التعلم.

الإثارة العشوائية

إذا أردت أن تحصل على معلومات عن مفهوم لا تعرفه. حاول استحضار مفهوم عشوائي آخر. ثـم قـارن بـين المفهـومين، فتحصـل عـلى معلومات هامة عن الموضوع الذي لا تعرفه.

درس تطبيقي: الإثارة العشوائية

موضوع الدرس: خصائص دفتر التحضير وأهميته للمعلم.

الهدف: أن يستوعب المعلم أهمية دفتر التحضير وخصائصه.

الموضوع العشوائي	أوجه الشبه	الموضوع الجديد
بطاقة الهوية		**دفتر التحضير**
نحملها معنا دائماً	← **الاحتفاظ** →	والدفتر...
معلومات أساسية هامة ومختصرة	← **المحتوى** →	والدفتر يحوي...
صغيرة الحجم يسهل حملها	← **الحجم** →	وحجم الدفتر...
نستخدمها دائماً ويطلب منّا	← **الاستخدام** →	والدفتر يستخدم
تعكس شخصيتي وتمثلها وتعرّف الآخرين بي	← **الأهمية** →	والدفتر يعكس...

النتيجة:

دفتر التحضير يعكس شخصية المعلم وأسلوبه، يحمله المعلم معه لأنه يحوي معلومات أساسية، وعادة يطلب من قبل المشرف التربوي.

أمثلة لدروس عملية

* المدير يشبه الفراشة.   ما أوجه الشبه؟
* الإنسان يشبه السيارة.   ما أوجه الشبه؟
* الأب يشبه الجسر.   ما أوجه الشبه؟
* الضغط الجوي يشبه الحجر.   ما أوجه الشبه؟
* المكثف يشبه خزان الماء.   ما أوجه الشبه؟
* المدينة تشبه المتجر.   ما أوجه الشبه؟
* الجذر التربيعي يشبه الخريف.   ما أوجه الشبه؟
* المدرسة تشبه البحر.   ما أوجه الشبه؟
* المعلم يشبه الدبوس.   ما أوجه الشبه؟
* الدائرة تشبه الوالدة.   ما أوجه الشبه؟

التفكير حول التفكير

* لماذا حددت هذه الخصائص؟ هل فكرت بأوجه شبه أخرى؟
* كيف وضعت الفكرة العشوائية؟ هل فكرت بإثارات أخرى؟
* ما الذي دار بذهنك وأنت تبحث عن أوجه الشبه؟
* ما قيمة المعلومات التي حصلت عليها؟

المراجـــع

أولاً: المراجع العربية

إدوارد دي بونو (1997) التفكير العلمي. ترجمة خليل الجيوسي. أبو ظبي. منشـورات المجمـع الثقافي.

إدوارد دي بونو (1995) التفكير الإبداعي. ترجمة خليل الجيوسي. أبو ظبي. منشورات المجمع الثقافي.

إدوارد دي بونو (2001) قبعات التفكير الست. ترجمة خليل الجيوسي. أبو ظبي. منشورات المجمع الثقافي.

إدوارد دي بونـو (1997) الصراعـات. ترجمـة خليـل الجيوسي. أبـو ظبي. منشورات المجمـع الثقافي.

إدوارد دي بونو (1997) التفكير العلمي. ترجمة خليل الجيوسي. أبو ظبي. منشورات المجمـع الثقافي.

إدوارد دي بونو (1998) برنامج الكورت لتعليم التفكير. ترجمة ناديا السرور وآخرين. عمان. دار الفكر.

إدوارد دي بونـو (1989) تعليـم التفكير. ترجمـة عـادل ياسـين وآخـرين. الكويـت. مؤسسـة الكويت للتقدم العلمي.

ايريك جنسين (2001) كيف نوظف أبحاث الدماغ في التعليم. مـدارس الظهـران. الريـاض، دار الكتاب التربوي للنشر.

بربارا مايتر، آنـا مـوانجي، رث شـليني. (2000). الأسـاليب الإبداعيـة في التـدريس الجامعي. ترجمة حسين وماجد خطايبة. عمان. دار الشروق.

روبرت ديليسل. (2001) كيف تستخدم التعلم المستند إلى مشكلة في غرفة الصف. ترجمـة مدارس الظهران. الرياض. دار الكتاب التربوي للنشر والتوزيع.

ديفيـد جونسـون. (1995) الـتعلم التعـاوني. ترجمـة مـدارس الظهـران. الريـاض. دار الكتـاب التربوي للنشر والتوزيع.

دانييل جولمان. (2001) الذكاءالعاطفي. ترجمة ليلى الجبالي. الكويت. عالم المعرفة.

سوزان ج كوفاليك، كارين د. أولسـن. (2000) تجـاوز التوقعـات. 1، 2، 3 دار الكتاب التربوي للنشر، ترجمة مدارس الظهران.

شيث مايرز (1993) تعليم الطلاب التفكير الناقد. عمان. مركز الكتب الأردني.

طارق سويدان. محمد أكرم العدواني. (2001) مبادئ الإبداع. الكويت. شركة الإبداع.

ذوقان عبيدات. (1990) تعليم التفكير. عمان. مدرسة عمان الوطنية.

ذوقان عبيدات. (2000) برنامج التعليم الإبداعي. جدة.

ذوقان عبيدات (2002) البحث العلمي: أسسه ومناهجه. عمان دار الفكر.

ذوقان عبيدات وسهيلة أبو السميد. البحث العلمي: الكمي والنوعي. عمان. دار الفكر.

فتحي جروان (1999) تعليم التفكير. الإمارات. دار الكتاب الجامعي.

فتحي جروان (1999) الموهبة والتفوق والإبداع. الإمارات. دار الكتاب الجامعي.

مارغريـت وايرسـون (2000) اسـتخدام خـرائط المعرفـة لتحسـين التعلـيم. ترجمـة مـدارس الظهران. الرياض. دار الكتاب التربوي للنشر والتوزيع.

ثانياً: المراجع الأجنبية

Andrew Pollard, and Sarah Tann. (1994). Reflective Teaching in primary school. Wiltshire U,K. Redwood Books.

Beyer. K. (1987) practical strategies for the teaching of thinking. Boston. Allynand Bacon, inc.

Costa, A. and Lowery, L, F. (1989). Techniques for Teaching Thinking . Alexandria. ASCD.

Davis, J . (1997) Mapping the mind . NJ . Carol publishing group.

Eric - Jensen. Brain Based lerrning . (2000:4) Educational Leadership.

Edward De Bono (1985). Six Thinking Hats. Toronto. Little Brown and Company.

Edward De Bono (1992) . Searions Creativity. N.Y. Harper Bussiness.

Gardener, H . (1993) Maltiple Intellegencies. The Theory in practice. N.Y. Basic Books.

Lazarus, R. and Blazarus (1995). Passion and reason N.Y. Oxford University press.

Le Doux, J. (1996) .The emotional Brain. N.Y. Simon and Schuster.

Maclean, P. (1990). The Truine brain . Mass Houghton Mifflin.

Mark, V. (1989) . Brain Power. N.Y. W. H. Freeman Company.

Robert Boostrom. (1993). Developing Creative and critical thinking. National textbook co. Lincolnwood, Illinois.

Sternberg, R.J. (1981) . Intelligencies as thinking and learning skills.

Sternberg, R.J.(2000). The Successful intelligencies Eduacational psychology.

Sternberg, R.J.(1992). The Metaphors of mind, Conceptions of the nature of intelligencies. Cambridge University press.

Sternberg, R.J. (2000) The Thinking Styles. Cambridge University press.

Sausan Capel, Marilyn Leask and Tony Turner. (1995). Learning to teach in Secondary school. London, N.Y.

Taylor, C.W. (1994) . Widening Horizons in Creattivity. N.Y.

Tony. Buzan and Dary Buzan. (1993). The mindmap book. London Bbc books.

Tony. Buzan (1995). USE your Head. London. Bbc books. Tony. Buzan (2001). Thinking about critical Thinking Gerat circle learning.

Printed in the United States
By Bookmasters